외국인을 위한
한국어 교수법

외국인을 위한 한국어 교수법

초판발행 | 2020년 8월 17일
2쇄 발행 | 2020년 10월 6일

저자 | 우형식 · 조위수 · 조윤경 · 한선경 · 임진숙 · 양민철 · 송정화 · 김혜진 · 김윤경 · 최서원 · 김세현 · 전영미
편집 | 정두철
디자인 | 황지애
제작지원 | 토픽코리아(TOPIK KOREA)

펴낸곳 | (주)도서출판 참
펴낸이 | 오세형
등록일 | 2014.10.20. 제319 - 2014 - 52호
주소 | 서울시 동작구 사당로 188
전화 | 02-6294-5742
팩스 | 02-595-5747
홈페이지 | www.chambooks.kr
인스타그램 | www.instagram.com/chambooksofficial
블로그 | blog.naver.com/cham_books
이메일 | cham_books@naver.com

ISBN | 979-11-88572-26-7 13710

※ 이 출판물은 저작권법에 의해 보호를 받는 저작물이므로 무단 전재와 복제를 금합니다.

외국인을 위한 한국어 교수법

13주제로 분석한 한국어 교수법의 이해

우형식 · 조위수 · 조윤경 · 한선경 · 임진숙 · 양민철
송정화 · 김혜진 · 김윤경 · 최서원 · 김세현 · 전영미

지음

머리말

　언어 교육에서 교수법에 관한 논의는 매우 활발하게 전개되어 왔다. 그것은 어쩌면 교수법이 언어 교육에서 제기되는 모든 문제를 해결해 줄 수 있을 것이라는 믿음에서였는지도 모른다. 그러나 그러한 절대적인 교수법은 가능하지도 않거니와, 이제는 기억하기조차 어려울 정도로 수없이 많고도 다양한 모습의 언어 교수 방법들이 교수법 또는 접근법, 기법의 차원에서 대두되었다.

　이러한 교수 방법의 다양성은 언어의 다양한 측면을 반영하는 정도와 방법의 차이에 따르는 것으로, 어느 특정한 것만이 타당하거나 우월하다고 할 수는 없다. 또한 교육 현장의 관점에서 보면 교수 방법은 그와 관련된 이론이 실제로 검증되지 않으면 타당하다 할 수 없으며, 특히 현장에 적용되지 않는다면 그 가치를 인정받지 못하게 될 것이다.

　한국어 교육은 일반적인 언어 교수의 이론과 방법을 수용하면서 발전해 왔으며, 교육 현장에서도 매우 다양한 교수 방법들이 소개되어 시행되고 있다. 그런데 한국어 교수법은 외부에서 도입한 언어 습득과 교수에 관한 이론을 그대로 적용하는 것이 아니라 형태적 교착성이나 문형의 다양성과 같은 한국어의 언어적 특징을 반영하여 재구성될 필요가 있다. 또한 학습자 변인이나 교수-학습 환경에 따라 다양한 교수 방법이 적용될 수 있는데, 여기에서는 이미 검증되어 시도되고 있는 교수 방법들에 대해 단점을 부각시키기보다는 이들 각각의 장·단점을 보완하는 방향으로 통합하여 활용하는 것이 더 적절할 것이다.

이런 의미에서 오늘날 한국어 교육에서 활용되고 있는 교수 방법들에 대한 연구 현황과 적용 실태를 중심으로 이론적 타당성과 적용상의 가치를 정리해 볼 여지가 있다. 이 책에서는 언어 교수법의 흐름을 일반적 관점에서 간략히 살피고, 한국어 교육에서 주목할 만한 교수 방법으로 모방과 문형 연습을 비롯하여 입력 홍수, 입력 강화, 문법 의식 고양, 고쳐 말하기, 듣고 다시쓰기, 처리 교수, 협력 학습, 의미 협상, 전략 학습, 과제 활동, 내용 중심 교수 등 12가지의 주제를 선정하여 그에 대한 연구 동향과 실제 활용에 관련되는 문제를 기술하였다.

한국어 교육에서는 다양한 교수 방법들을 이론적으로 검토하고 비판적으로 평가하면서 전통적인 것과 새롭게 도입되는 것을 조화롭게 적용할 필요가 있다. 특히 교육 현장에서는 교육과정과 교재의 구성, 수업의 실제를 위해 다양한 교수 방법에 대한 이해와 활용 능력이 요구된다. 이런 점에서 이 책은 한국어 교육에서의 교수 방법에 대한 연구와 실제 적용에 관한 문제를 돌아보게 하는 계기가 될 수 있을 것이다. 이런 책을 구상한 것은 여러 해 전이었으나, 여럿이서 공동으로 일을 하다 보니 예기치 않았던 크고 작은 일들이 생기면서 얼마만큼 시간이 지체되기도 하였다. 물론 교수 방법과 관련한 더 많은 주제들을 다루지 못한 것은 아쉽지만, 이것이 앞으로의 발전적 논의의 시작이 되고 그에 따라 창대한 나중이 이루어지길 기대한다.

사실 이 책은 우형식 교수님의 정년을 맞아 부산외국어대학교 대학원 한국어교육학과에서 한국어 교육의 다양한 문제들에 대해 함께 공부하고 토론했던 학문적 동료들이 집필한 것을 묶은 것이다. 교수님은 30년 간 부산외국어대학교에서 근무하면서 한국어교육의 학문적 토대를 다지고 많은 후학을 양성해 오셨다. 이 책을 엮으면서 함께 했던 교수님과의 공동 작업은 가르침을 받은 제자들로서는 소중하고 의미 있는 일이었다.

끝으로 이 책이 나올 수 있도록 응원해 주신 부산외국어대학교 한국어문화학부 교수님들과 동학 여러분들께 감사의 마음을 전한다. 또한 여러모로 부족한 글을 모아 어엿한 책으로 만들어 주신 도서출판 참의 오세형 대표님과 편집진들에게도 감사를 표한다.

2020년 8월
집필자 일동

차례

• 머리말 ·· 4

제1장 도입: 언어 교수법과 한국어 교육(우형식) ····························· 12

제2장 모방과 문형 연습(임진숙) ·· 38

제3장 입력 홍수(양민철) ·· 74

제4장 입력 강화(김혜진) ·· 92

제5장 문법 의식 고양(김윤경) ·· 116

제6장 고쳐 말하기(김세현) ··· 142

제7장 듣고 다시쓰기(최서원) ··· 162

제8장 처리 교수(한선경) ································· 182

제9장 협력 학습(임진숙·김세현) ························· 208

제10장 의미 협상(조윤경) ································· 232

제11장 전략 학습(조위수) ································· 254

제12장 과제 기반 언어 교수(송정화) ···················· 298

제13장 내용 기반 교수(전영미) ··························· 330

제14장 맺음말: 정리와 과제 ······························· 360

제1장
도입: 언어 교수법과 한국어 교육

우형식

제1장 도입: 언어 교수법과 한국어 교육

우형식

1. 언어 교수법 일반

1.1 개념과 의미

1.1.1 교육은 인간의 잠재적인 능력을 가치 있는 방향으로 계발하기 위하여 이루어지는 체계적인 활동이며, 가치 있는 목적을 이루기 위한 의도적이고 계획적인 절차 또는 행위를 의미한다(임창재, 2005:14-17 참조). 이에 따르면 언어 교육은 학습자들이 자신의 잠재적인 언어 습득 능력을 바탕으로 목표 언어를 습득하여 사용할 수 있도록 의도적, 계획적으로 수행되는 체계적인 활동이라 할 것이다. 그리고 이 활동의 수행 과정에서 주어진 교육 내용에 대하여 적절한 교수 방법(teaching method)을 활용하게 되는데, 언어 교육에서 교수 방법은 이론적 해석과 실제적 적용에서 다양한 문제가 제기된다.[1]

언어 교육에서 활용되는 교수 방법은 일반적으로 교수법(method)이라 불

---

1) 여기 제1장은 우형식(2009, 2012, 2013, 2015, 2016ㄱ, ㄴ, 2018)을 비롯한 필자의 앞선 글을 바탕으로 이 책의 취지에 맞게 내용을 재구성한 것이다.

려 왔다.[2] 그리고 여기서 교수법은 언어 교육에 대한 일반적인 이론과 함께 실제적인 적용의 절차나 모형, 그리고 교실에서의 구체적인 적용 방법 등을 포함하는 것이었다.[3]

1.1.2 '교수법'은 포괄적인 개념을 지니고 있어서 그것이 무엇을 의미하는지를 구체적으로 한정하기란 쉽지 않다. 그리하여 이것을 몇 가지 하위 개념으로 나누어 해석하기도 하는데, 예를 들어 Anthorny(1963)에서는 언어 교육에서 교수 방법을 접근법(approach)과 교수법(method), 기법(technique)으로 구별하였다.[4] 이에 따르면, 접근법은 언어 교수의 성격과 관련되는 기본적인 가정들을 묶어 놓은 것이고, 교수법은 특정 접근법에 근거하여 언어를 체계적으로 교수하기 위한 전반적인 계획이며, 기법은 교수법과 일관성을 유지하면서 접근법과도 조화를 이루는 구체적인 교실 활동이라고 해석할 수 있다. 따라서 하나의 상위 개념으로서의 접근법에는 여러 교수법이 있을 수 있고, 기법은 실제로 교실에서 수행되는 것으로 이론적 바탕이 되는 접근법과 조화를 이루게 된다.

그런데 Richards & Rodgers(2001:33)에서는 '방법(method)'을 새로운 개념으로 재구성하였다. 즉, Anthorny(1963)의 접근법, 교수법, 기법을 각각 접근 방법(approach), 교수 설계(design), 교수 절차(procedure)로 지칭하고, 이 세 단계의 과정을 총괄하는 상위 개념을 방법으로서의 교수법(method)이라

---

[2] '교수 방법'과 '교수법'은 혼용되는데, 여기서는 가급적 전자는 광의적이고 일반적인 개념을 지니고 후자는 이론적인 성격을 지니는 것으로 구별하여 쓰기로 한다.

[3] 일상적인 의미에서 보면 교수법은 '학문이나 기예(技藝)를 가르치기 위한 체계적인 지식과 기술'(「표준국어대사전」, 1999:619)이라 풀이되는데, 이것을 언어 교육의 관점에서 적용해 보면 언어 교육에서의 교수법은 '학습자에게 목표어에 대한 지식이나 그것을 사용할 수 있는 기술을 가르치는 데 필요한 방법' 정도가 될 것이다. 이에 대해 한국어 교육에서는 '준비된 교육 내용을 체계적으로 가르치는 방식'이라고 하여 포괄적으로 정의하기도 한다(「한국어교육학사전」, 2014:942 참조).

[4] Richards(2002:19)에 따르면, 접근법은 이론-철학(theory-philosophy), 교수법은 과학-탐구(science-research), 기법은 기술-기교(art-craft)와 관련된다.

불렀다. 여기서 접근 방법은 언어와 언어 학습의 본질에 관한 가정과 신념, 이론을 규정하고, 교수 설계는 그러한 이론과 교재 및 활동과의 관계(목표, 교수·학습, 교사와 학습자, 교수 자료 등)를 구체적으로 나타내며, 교수 절차는 관련되는 교수법이 사용될 때 관찰되는 행동(기법, 전략, 상호작용 등)을 의미한다(전병만 외, 2017:41 참조). 이에 따르면, 교수법은 상위 개념으로서 이론과 실제를 구체화하고 이들 사이의 상관관계를 함께 다루는 포괄적인 개념이 된다.

따라서 언어 교육에서 교수법이라 하면, 협의적으로는 Anthony(1963)에서처럼 정형화된 패턴을 지닌 교수 방법으로서 접근법과 기법의 중간 영역에 해당하는 것이고, 광의적으로는 Richards & Rodgers(2001)에서처럼 접근법과 함께 교수의 설계와 절차, 기법을 모두 포괄하는 개념을 뜻하는 것이다. 후자에 따르면, 일반적으로 교수법은 전자에서의 접근법과 협의의 교수법, 기법을 모두 포괄하는 광의적인 개념으로 해석된다(우형식, 2015 참조).

1.2 변인과 유형

1.2.1 언어 교육에서 체계적인 원리와 절차에 입각한 교수 방법으로서의 교수법은 우선적으로 대상으로서의 언어와 행위로서의 교수·학습에 대한 관점을 내포하게 된다. 그런데 언어에 대한 다양한 해석과 교수·학습에서 제기될 수 있는 문제들을 모두 포괄할 수 있는 교수법은 현실적으로 존재할 수 없다. 따라서 언어 교육에서 교수법은 언어와 언어 교수·학습의 다양한 측면을 어느 정도로, 그리고 어떤 방법으로 반영하는가 하는 문제를 내포하게 된다.

언어 교육에서 교수법은 특정한 언어관과 교육 목표를 배경으로 하고 학습자와 학습 과정의 특성을 고려하여 성공적인 교수·학습에 요구되는 결정적인 양상을 강조하는 방향에서 성립된다. 또한 교수법은 사회·문화적인 요인이 반영됨으로써 상황에 따라 강조되는 부분이 다를 수 있기 때문에 그 시대의 언어에 대한 이해와 언어의 교수·학습에 대한 가치 판단에 따라 달리 성립될 수 있다. 그리하여 언어 교육에서 교수법은 '한 언어를 어떻게 가르치고 배우는 것이 최상인가에 대한 견해를 적용한 것'으로 해석되기도 한다(Richards & Platt, 1992:228 참조). 여기서 어떤 것이 최상인가에 대한 판단은 언어와 언어 교육에 대한 이론적 배경과 함께 언어 교육에 관한 학문적 동향이나 시대적 상황 등과 같은 그때그때의 환경적 요인에 따라 다른 관점에서의 접근이 가능하게 되는 것이다.

언어 이론의 전개에 따라 크게 보면, 언어는 구조주의 언어관에서처럼 행동으로 드러나는 습관이기도 하며, 생성 이론에서 주장하듯 인지 체계 안에 내재되어 있는 지식이기도 하고, 기능주의적 언어관을 반영하면 사회적인 의사소통의 도구이기도 하다. 그러므로 언어 학습은 이러한 언어의 본질에 대한 해석의 차이에 따라 다른 관점이 성립될 수 있는 것이다. 예를 들어, 언어를 습관으로 본다면 언어 교수·학습은 올바른 습관의 형성을 위한 반복 연습을 주요한 방법으로 여길 것이며, 내재적 지식 중심의 접근이라면 문법과 어휘, 발음 등과 같은 언어 지식 영역이 강조될 것이고, 의사소통을 위한 도구적 관점에서는 듣기와 말하기, 읽기, 쓰기 등의 언어 사용 능력의 신장이 중요하게 될 것이다.

또한 언어 교육에서 교수법은 교사와 학습자의 인적 요인과 아울러 교수·학습의 목표와 교수요목, 그리고 그것을 반영하는 교수 자료 등의 변인에 따라 달리 계획되고 조직될 수 있다. 여기에는 학습자의 학습 성향도 고려될 수 있으며, 그리고 교수·학습의 내용뿐만 아니라 실제로 적용하게 되는 교수의 기법과 절차(procedure)도 주요한 변인으로 작용하게 된다(Richard & Platt, 1992:228 참조).

결국 언어 교육에서 교수법은 언어 교육에 내재된 모든 부분을 포괄한다기보다는 어떤 부분을 강조하고 어떤 부분은 희생하여 성립되는 가공물이라 할 수 있다(심영택 외, 1995:202 참조). 즉, 언어 교수법은 언어와 언어 교수·학습이 지니고 있는 성격 중에서 어느 부분을 특별히 강조하여 구성되는 것이므로, 옳고 그름의 문제가 아니라 효율성과 수월성에 관련되는 문제라 할 수 있다.

1.2.2 언어 교육에서 교수법은 언어 이론과 언어 교수·학습 이론의 발전과 함께 최상의 교육 효과에 대한 고민에서 기억하기 힘들 만큼 많은 유형들이 등장하여 왔다. 이렇게 나타난 교수법들이 각각 제시하고 있는 언어 교육에 대한 해법들은 그때그때의 언어관과 언어 교수·학습에 대한 관점에 따라 크게 다르며, 그것들이 지시하는 의미도 추상적인 이론에서부터 실제로 교실에서 적용될 수 있는 구체적인 기술에 이르기까지 매우 다양하다.

이와 관련하여 Kumaravadivelu(2003:24-29)에서는 언어 교수법을 언어와 학습, 언어 학습에 대한 관점을 비롯하여 교수·학습의 내용과 활동을 기준으로 언어-중심(language-centered)과 학습자-중심(learner-centered), 학습-중심(learning-centered)의 세 가지 유형으로 나누어 기술하였는데, 이를 간략히 정리하면 다음과 같다(우형식, 2016ㄱ 참조).

제1장 도입: 언어 교수법과 한국어 교육

구분	언어-중심 교수법	학습자-중심 교수법	학습-중심 교수법
언어관	• 언어의 규칙이 체계적이고 단순하며, 명시적인 제시가 가능함. • 규칙의 축적된 실체	• 언어의 기능이 체계적이며 명시적인 제시가 가능함. • 기능의 축적된 실체	• 언어의 규칙과 기능이 복잡하며, 명시적인 제시가 어려움.
학습관	• 의도적이며 의식적인 노력의 과정	• 의도적인 과정	• 비의도적인 과정
언어 학습관	• 언어 규칙의 선적, 누적적 축적 과정	• 언어 기능의 선적, 누적적 축적 과정	• 언어 규칙과 기능의 비선적, 비누적적 과정
교수·학습 내용	• 언어의 형태와 구조 강조	• 언어의 형태와 구조 외에 개념과 의미 강조	• 언어 자체보다 학습 과정 중시
교수·학습 활동	• 언어 규칙의 명시적 제시와 분석, 연습 활동 강조	• 언어의 규칙 연습과 함께 의사소통능력 강조	• 의사소통적이며 문제 해결을 위한 과제 활동과 의미적 상호작용 강조
관련 교수법	• 문법번역식 교수법 • 청화구두식 교수법	• 의사소통적 접근법 • 형태 초점 교수법	• 과제 기반 언어 교수 • 공동체 언어 학습 • 전신 반응 교수법 • 자연적 접근법

위에서는 언어 교육에서의 교수법이 우선 언어와 언어 학습, 그리고 구체적인 교수·학습의 내용과 활동에 따라 구분될 수 있음을 보여 준다. 우선 언어에 대한 관점에서는 형태(form)와 구조(structure)를 강조하는 형식적 관점과 의미(meaning)와 기능(function)을 강조하는 내용적 관점으로 나누어 이해할 수 있다. 이들은 언어가 체계적이고 규칙적이라는 점에서는 동질적이지만, 언어의 본질에 대한 강조에서는 형식(언어의 형태와 구조를 이루는 규칙)과 내용(언어 사용에서 요구되는 의미와 기능)으로 구분됨을 뜻한다. 그것은 언어를 내재적인 규칙의 체계로 보는가 아니면 외재적인 사용과 관련되는 기능의 체계로 보는가에 따르는 것이라 할 수 있다(우형식, 2009 참조).

언어 학습에서 보면, 학습이 의도적인 과정으로 이루어지는가 아니면 비의도적(우연적)으로 이루어지는가 하는 문제가 있다. 또한 언어에 대해 형식적 관점에서 접근하든 아니면 내용적 관점에서 접근하든, 그것을 명시적인 기술의 대상으로 보게 되면 학습의 과정은 의도적이고 의식적인 과정으로 해석될 것이다. 그러나 언어에 대해 체계적이지 않고 명시적인 기술이 어렵다고 보게 되면 학습의 과정은 의도적이고 계획적인 절차에 따른다고 할 수 없을 것이다. 이에 따라 언어 학습의 경우 전자에서는 언어의 지식(규칙과 기능)을 하나하나 선적(線的)으로 습득하면서 축적해 가는 것으로 해석하고, 후자에서는 총체적이고 복합적인 현상으로 이해하게 될 것이다.

이러한 언어와 언어 학습에 대한 관점의 차이는 언어 교육에서의 교수·학습의 내용과 활동에도 영향을 미치게 된다. 언어의 형태와 구조를 강조하게 되면, 언어 체계에 대한 명시적인 제시와 분석, 설명을 전제로 하여 학습자들이 문형(sentence pattern) 등의 일정한 구성 형식에 대한 연습이나 훈련과 같은 의도적인 노력의 과정을 통해 의사소통에 필요한 언어 형식을 누적적으로 학습할 수 있도록 하는 것을 주요한 교수·학습의 활동으로 삼게 될 것이다. 이것은 전통적인 문법번역식이나 청화구두식 교수법에서 찾아 볼 수 있는 것이기도 하다.

이에 비해서 언어의 의미와 기능을 강조하게 되면, 의사소통적 언어 사용 맥락에서 요구되는 기능적 요소들을 교수·학습의 주요 내용으로 하고, 학습자들에게 의미에 중점을 둔 활동을 통해서 의사소통적 기능을 습득하도록 이끌어 줄 것이다. 그리고 더 나아가 학습자들이 형태와 의미 모두를 수용함으로써 궁극적으로 목표 언어를 습득하게 되고, 교실 밖에서의 의사소통적 필요를 충족시키기 위해 형식적이고 기능적인 체계를 사용할 수 있게 된다고 가정하는데, 형태 초점 교수법과 같이 의사소통적 접근법에 바탕을 둔 몇몇의 교수 방법들이 이에 해당한다.

그런데 언어 체계가 복잡하여 간단히 분석되고 명시적으로 설명되지 않는다는 관점에서는 언어 교수·학습이 언어의 내적 구조가 아니라 언어를 통해 무엇을 이해하고 말하도록 하는 데 초점이 맞춰져야 한다고 본다. 여기서는 언어의 형태와 구조뿐만 아니라 개념과 기능의 측면을 중요하게 다루는데, 언어 발달이 의도적이라기보다는 우연적으로 이루어진다고 가정하기 때문에 학습자들에게 교실에서의 의사소통적 활동이나 문제 해결 과제를 통해 유의미한 상호작용에 참여하게 하는 것을 강조한다. 이에는 과제 기반 언어 교수를 비롯하여 넓게는 자연적 접근법 등이 포함될 수 있다.

2. 언어 교수법의 전개 양상

2.1 언어 교육의 역사에서 보면, 수많은 교수 방법이 등장하였다. 이들 중에는 오늘에 이르기까지 널리 적용되는 것도 있지만, 그때그때의 시대적 상황에 따라 나타났다가 사라진 것도 적지 않다. 이러한 언어 교수 방법의 전개 양상은 전통적인 것의 문제를 해결하기 위해 일종의 반동적 현상으로 새로운 것이 등장하는 과정으로 이해할 수 있다.

19세기 이전 유럽의 경우, 중세에는 라틴어가 일종의 국제적 공통어(lingua franca)로 인식되면서 자연적(natural) 방법과 함께 문법과 문장 분석을 통한 지적 능력 배양을 위한 라틴어 학습을 목표로 하면서 수사학 중심의 교수·학습이 시행되었다.[5] 그런데 근대에 들어 개별 민족의 언어에 대한 관심이 높아지면서 영어나 독일어, 프랑스어 등의 개별 언어에 대한 문법의 기술과 문장 분석 방식을 통해 교수·학습이 이루어졌으며, 이러한 전통이 이후 이른바 문법번역식 교수법으로 발전하게 되었다.

19세기 말 그리고 20세기 초에 이르기까지 유럽에서는 외국어 교육의 개혁 운동이 시작되면서 전통적인 방법에 대한 비판과 함께 교수법의 개혁을 위한 다양한 방안이 나타났다. 여기서는 여러 새로운 방식들이 제기되었는데, 특히 직접식(direct) 방법에 따라 어린이의 모어 습득을 외국어 학습의 모

---

5) 'lingua franca'는 공통 언어가 없는 집단이 의사소통을 위해 사용하는 보조 언어를 가리킨다.

델로 하여 목표어로 교수하였고, 모방식(imitative) 방법을 강조하여 발음을 중시하면서 엄격한 훈련을 요구하기도 하였다.

2.2 20세기 들어서는 언어와 언어 교육에 대한 관점의 변화에 따라 매우 다양한 유형의 언어 교수 방법이 등장하였다(우형식, 2018:170-175 참조). 이것은 언어학의 이론적 발달과 함께 언어 교수·학습에 대한 관점이 다양하게 펼쳐지면서 더욱 고조되는 양상을 보였다.[6]

전통적으로 유럽에서는 그리스어와 라틴어 등의 고전 언어의 교수·학습에서 문어 중심의 어휘와 문법에 대한 이해가 중요한 것이었다. 이러한 전통에서 비롯된 문법번역식 교수법(grammar-transition method)에서는 독해와 작문을 강조하여 이에 필요한 어휘력과 함께 문법이 교수·학습의 전부라 해도 과언이 아닐 정도였다. 그리하여 이 교수법에서는 문법을 복잡하고 상세한 설명을 통해 연역적으로 교수하였으며, 각각의 언어 항목을 독립적으로 숙지하여 문장을 올바로 번역하는 데 사용하게 하였다. 그러나 문법번역식 교수법은 연역적으로 구성된 문법을 강조함으로써 인간의 창조적인 언어 활동을 적절히 활용하지 못했다는 비판을 받았다.

1940년대 들면서 구조주의 언어학에 바탕을 둔 청화구두식 교수법(audio-lingual method)이 등장하면서 언어는 습관이며 모방을 근저로 하는 연습을 통해 습득될 수 있다고 믿었다. 그리고 언어의 규칙은 문형을 활용한 반복적인 연습을 통해 유추하여 이해할 수 있다고 생각하였다. 그리하여 학습자로 하여금 전형적인 원어민 화자로 간주되는 교사가 제시하는 문형을 그대로 모방하여 반복적으로 연습하게 함으로써, 그것이 하나의 습관으로 형성되도록 하는 것이었다.

1960년대에는 언어 교육에서 인지 심리학과 생성적 언어 이론에 기초

---

6) 그것은 새로운 교수 방법을 통해 언어 교육에서 드러나는 많은 문제들을 해결할 수 있다는 믿음에서 비롯되었다고 할 수도 있다.

를 둔 인지적 접근법(cognitive approach)이 등장하였다. 여기서는 청화구두식 교수법이 기계적인 반복 훈련을 통한 언어 학습만을 중시하여 인간의 인지 능력을 도외시한 점을 비판하고, 보편적인 언어습득장치(language acquisition device; LAD)를 이용한 인간의 언어 습득 능력과 인지 체계를 활용한 언어 교수 방법을 주창하였다. 그러나 이것은 이론적인 타당성에도 불구하고, 지나치게 추상적인 이론에 치우침으로써 현실적으로 적용할 수 있도록 절차화하는 데에는 한계가 있었다.

그런데 1970년대 들어서는 언어의 사회적 현상이 강조되고 따라서 의사소통능력(communicative competence)이 언어의 중요한 기능으로 대두되었다. 이에 따라 언어 교육은 의사소통능력의 신장에 초점을 두게 되었으며, 용법(usage)보다는 사용(use)을 강조하면서 형태보다는 의미를, 정확성보다는 유창성을 중시하였다. 이러한 의사소통 중심의 교수법에서는 정확성에 기초한 문법은 언어 교육의 주변으로 밀려나기도 하였다.

2.3 그런데 좀 더 미시적으로 보면, 언어 교육에서의 교수법의 흐름을 내면적으로 관찰할 수 있다(우형식, 2015 참조). 이와 관련하여 Brown(2007)에서는 교수법의 전개에 따라 언어 교육의 흐름을 교수법 시기와 교수법 이후 시기로 구분하면서, 그 중간 과정에 이른바 디자이너(designer) 교수법 시기를 설정하기도 하였다(권오량 외, 2010:18-67 참조). 이에 따르면, 교수법 시기에는 다음과 같은 교수법이 등장하여 적용되었다.

- 문법번역식 교수법(grammar-translation method)
- 일련식 교수법(series method)
- 직접 교수법(direct method)
- 청화구두식 교수법(audio-lingual method)
- 인지적 기호 학습(cognitive code learning)

이것은 전통적인 교수법 시기의 범위를 문법번역식으로부터 1960년대 생성 이론에 바탕을 둔 인지적 접근법까지를 포함하는 것으로 해석한 것이다.

그리고 전통적 시기 이후에 대해서는 이른바 디자이너 교수법 시기와 교수법 이후 시기로 구분하는데, 우선 디자이너 교수법 시기와 관련되는 주요 교수 방법을 다음과 같이 예시하였다.

- 침묵식 교수법(the silent way)
- 공동체 언어 학습법(community language teaching)
- 암시적 교수법(suggestopedia)
- 전신반응 교수법(total physical response)
- 자연적 접근법(nature approach)

이것은 1960년대의 인지적 접근법과 1970년대 시작되는 의사소통적 접근법 등과 같은 당시대의 다학문적인 연구 결과들을 최대로 응용한 방식으로, 교수 방법에 관련되는 요소들을 몇 가지를 선택하여 상황에 따라 달리 요구되는 교수·학습의 목적에 맞게 재구성한 것이라 할 수 있다.[7] 따라서 이들은 전통적인 요소들뿐만 아니라 인지적인 접근법과 의사소통적 접근법을 수용하여 새롭게 설계(design)한 것이라 할 수 있다.

한편, 교수법 이후의 시기에 등장한 주요한 교수 방법으로 다음과 같은 것을 들었다.

- 의사소통적 언어 교수(communicative language teaching: CLT)
- 과제 기반 언어 교수(task-based language teaching: TBLT)
- 학습자 중심 교수(learner-centered instruction)
- 협동 학습(cooperative learning)
- 상호작용적 학습(interactive learning)
- 총체적 언어 교육(whole language education)
- 내용 기반 교수(content-based instruction)
- 그 밖에 어휘적 접근법(lexical approach), 다중 지능(multiple intelligence)

---

[7] 여기서 '디자이너' 교수법이라는 것은 당시대에 언어 교수의 문제를 매우 다양한 관점에서 설계(design)하여 처리하려고 했던 것에서 비롯된 용어로 보인다.

이들은 1970년대의 의사소통적 접근에 바탕을 두고 교사와 교수 과정보다는 학습자와 학습 과정의 측면을 강조하는 것으로, 1980년대 이후 다양한 방법들로 보완되고 발전된 것이다. 특히 이 시기에는 전통적인 방법의 한계를 극복하면서 언어 교육에서는 학습자들이 가지고 있는 언어적 지식을 의사소통을 위해 사용할 수 있도록 돕기 위한 새로운 교수 방법의 필요성을 인식하게 되었고, 이에 따라 이전 시기에 등장했던 수많은 교수 방법을 발전적으로 통합하려고 노력하였던 것이다.

특히 여기서는 언어는 다른 사람과 의사소통을 위해 사용하는 것이며 상황에 따라 의미가 다르게 전달된다는 점이 강조되었다. 그리하여 언어 학습에 관한 지식의 개발이 확대되면서 교실 자체의 역동성에도 부합하는 교실 과제와 활동의 개발에 언어 교수 방법에 대한 관심의 초점이 모아지게 되었으며, 학습자들이 특별히 설계된 학습 자료를 활용하여 협동적인 학습 과제를 수행함으로써 목표어를 능동적으로 사용할 수 있도록 의사소통적이며 언어 사용의 기술(skill)에 중심을 두는 교수 방법이 출현하기에 이르렀다(임병빈 외, 2003:102-113 참조).[8]

2.4 의사소통 중심의 언어 교육은 숙달도 신장에는 도움을 주지만 정확성이 결여된다는 한계를 드러냈다. 이러한 한계를 해결하기 위해 나타난 것이 이른바 형태 초점 교수법(focus on form; FonF)이다.[9] 이 교수 방법은 의사소통적 접근을 바탕으로 하면서 의미 중심의 교수·학습 상황에서 우연

---

8) 이와 관련하여 다음의 9~13장에서는 한국어 교육에서의 협동 학습과 의미 협상, 전략 학습, 과제 기반 교수, 내용 기반 교수에 대한 문제를 다룬다.
9) 잘 알려진 바와 같이, Long(1988)에서는 외국어 교수법을 형태 중심(focus on forms)과 의미 중심(focus on meaning), 형태 초점(focus on form)으로 구분한 바 있다. 여기서 형태 중심은 전통적인 문법번역식이나 청화구두식 교수법 등과 같이 문법의 구조와 형태 중심으로 접근하는 것을 말하고, 의미 중심은 의미의 전달과 의사소통 중심으로 접근하는 것으로 몰입 프로그램과 의사소통적인 접근법이 이에 해당한다. 그런데 이 모두가 어느 한쪽으로 치우치는 문제가 있으므로 이 둘을 아우를 수 있는 방법이 요구되는데, 이것이 의미 중심과 형태 중심의 절충을 바탕으로 하는 형태 초점 교수법이라 할 수 있다.

히 형태에 주의를 기울이도록 유도하는 것으로, 과제 기반 언어 교수를 주요한 방법으로 활용한다. 그러므로 형태 초점 교수법은 의사소통 상황에서의 언어 사용과 문맥 안에서의 문법 형태를 결합한 교수 방법이라 할 수 있다(Doughty & Williams, 1998 참조).

형태 초점 교수법은 의사소통능력의 신장을 목표로 하는 의미 중심의 수업에서 학습자가 형태에 주목하게 하는 데 사용되는 모든 기법들을 포괄하는 개념이다. 즉, 형태 초점 교수법에는 여러 기법들이 있는데, 이들은 언어 습득을 입력(input)과 출력(output) 등의 정보 처리 과정으로 해석하는 경향을 띤다(우형식, 2012 참조). 우선 언어 습득에서 입력을 강조하는 기법에는 다음의 것이 있다.

- 입력 홍수(input flooding)
- 입력 강화(input enhancement)
- 입력 처리(input processing)
- 명시적 규칙 설명(explicit expression)

위에서 입력 홍수는 목표 형태에 대한 명시적인 언급 없이 입력 자료를 조작하여 목표 언어 형태를 반복적으로 노출시키는 방법이고, 입력 강화는 읽기 자료나 의소통적 과제 활동 등 담화 수준의 입력 자료 속에서 목표 언어 형태를 시각적 또는 청각적으로 두드러지게 처리하여 학습자에게 목표 형태에 주목하게 하는 방법이다. 입력 처리는 학습자가 언어 형식과 의미, 기능을 연결시키는 데 사용하는 전략과 기제를 의미하며, 입력 처리로부터 도출한 통찰력을 교육적으로 조정하는 것을 처리 교수(processing instruction)라고 한다. 그리고 명시적 규칙 설명은 문법 규칙을 메타 언어를 사용하면서 명시적으로 설명하는 것으로, 대부분의 언어 교수·학습 과정에서 당연한 것으로 수용되는 것이기도 하다.[10]

---

10) 이와 관련하여 다음의 3, 4, 8장에서는 한국어 교육에서의 입력 홍수와 입력 강화, 처리 교수에 대한 문제를 다룬다.

한편, 형태 초점 교수법의 기법들 중 출력을 강조하는 것으로 다음과 같이 예시될 수 있다.

- 듣고 다시쓰기(dictogloss)
- 고쳐 말하기(recast)
- 의식 고양 과제(consciousness-raising task)
- 미로 찾기(garden path)

위에서 듣고 다시쓰기는 교사가 들려준 내용을 학습자들이 다시 쓰는 활동을 통해 구조와 형태에 대해 주목하도록 하는 것이고, 고쳐 말하기는 표현 활동에서 보이는 오류에 대해 반응하는 것으로 일종의 오류 교정 피드백에 해당한다. 그리고 의식 고양 과제는 목표 언어 항목에 대한 주의 집중을 유도하는 과제 활동을 통해, 미로 찾기는 규칙의 과잉일반화로 나타나는 오류 수정을 통해 학습자가 스스로 목표어에 내재된 규칙을 찾도록 유도하는 기법이다.[11]

위의 여러 기법들을 살펴보면, 형태 초점 교수법은 형태만을 중요시하는 교수 방법과 의사소통만을 강조하는 교수 방법의 한계를 극복하기 위한 것이라 할 수 있다. 그리하여 여기서는 문맥의 의미를 강조하면서도 형태의 정확성을 제기함으로써 완전한 의사소통능력을 기르도록 하는데, 이것은 전통적인 구조 중심의 교수법으로 회귀하는 것이 아니라 형태 학습을 통해 의미 중심의 학습을 원활히 함으로써 의사소통능력의 향상에 중점을 두는 것을 의미한다(Doughty & Williams, 1998 참조).

2.5 앞에서 전통적인 문법번역식으로부터 최근의 형태 초점의 다양한 기법에 이르기까지 언어 교수·학습에서 등장하였던 교수법들을 개괄적으로 나마 살펴보았다. 여기서 보면 수많은 교수 방법들이 매우 다양한 이름으로 제시되었는데, 이들 중에는 이름조차 생소한 것도 있지만, 대부분은 언어 교

---

11) 이와 관련하여 다음의 5~7장에서는 한국어 교육에서의 의식 고양 과제와 고쳐 말하기, 듣고 다시쓰기에 대한 문제를 다룬다.

육에서 널리 사용되면서 이제는 매우 친숙해졌다고 할 수 있다.

그런데 이렇게 수많은 교수 방법들 중에는 어떤 원리와 절차를 바탕으로 하는지를 파악하기가 쉽지 않은 것도 있다. 또한 이들이 이론적으로는 서로 구분된다고 하더라도 실제로는 그 특징과 적용의 과정에서 중복되는 것도 사실이다. 예를 들어, 의사소통적 접근법이라 하더라도 그것을 명백히 정의할 수 있는 것도 아니며, 실제로 이 방법을 사용된다고 하는 교수·학습의 현장에서는 모두 같은 절차와 방식으로 진행된다고 하기도 어려운 것이다.[12]

따라서 언어 교육에서 교수 방법의 수용과 적용의 문제에 접근하기 위해서는 이론적으로 논의되는 교수 방법들은 탈맥락화된(decontextualized) 상태에서 언어 교육의 문제를 해결하려는 이상적 측면만을 기술한 것이라는 점에 유의할 필요가 있다(방영주 옮김, 2009:27 참조). 즉, 이상적으로 접근하는 교수 방법들은 일반화된 이론을 기술하기 때문에 실제적 적용과 관련되는 상황적 요인들에 대해서는 크게 관여하지 않는다는 점을 분명히 인식해야 하는 것이다(우형식, 2016ㄱ 참조).

3. 한국어 교육에서의 수용과 적용

3.1 교육 현장의 일반적 경향

3.1.1 한국어 교육은 일반적인 언어 교육의 범주에서 벗어나지 않는다. 따라서 한국어 교육에서 교수 방법은 일반적인 언어 교수의 이론과 방법을 수

---

12) Kumaravadivelu(2003:24-29)에서는 언어 교육에서 언급하고 있는 교수법 (method)은 실제로 교사들이 교실에서 수행하고 있는 것을 지칭한다기보다는 전문가들에 의해 개념적으로 구성된 것이라고 하였다.

용하면서 발전해 왔으며, 지금에 이르러서는 한국어 교육 현장에서 매우 다양한 교수 이론과 방법들이 수용되어 시행되고 있다. 이와 관련하여 한국어 교사들을 대상으로 조사하여 분석한 결과를 통해 한국어 교수·학습 현장에서의 교수 방법의 실제적인 적용 양상을 구체적으로 살필 수 있다.[13]

실제로 한국어 교육에서 교수 방법의 수용에 대한 태도와 현황을 조사한 자료에 따르면(우형식, 2016ㄱ 참조), 한국어 교사와 학습자들은 새로운 교수 방법의 도입에 대해 적극적이었으며, 특히 새롭게 도입되는 교수 방법은 한국어의 언어적 특성과 학습자의 여건에 따라 재구성될 필요가 있다고 하였다. 그런데 실제로 한국어 교육의 현장에서 다양한 교수 방법이 활용되는지에 대해서는 비교적 부정적이었는데, 그것은 주로 교육과정을 비롯하여 교육 자료의 구성과 학습자들의 학습 성향 등의 한국어 교육 환경에 따르는 문제에서 기인하는 것으로 해석된다.

3.1.2 오늘날 한국어 교육에서 교수 방법 적용의 양상을 현장 교사들을 대상으로 조사하여 분석한 논의를 보면(우형식, 2015 참조), 이상적으로는 의사소통적 접근법이 선호되지만, 실제로는 문법번역식과 청화구두식 등의 전통적인 방법이 적용되는 비율이 높게 나타났다. 특히 문법번역식 교수법은 이상적 측면에서의 효율성은 상당히 낮게 평가하면서도 현실적으로는 가장 널리 적용되고 있다고 한 점이 주목된다. 이것을 좀 더 풀어서 이해하면, 이상적인 효율성의 측면에서는 의사소통적이거나 과제 기반 등과 같은 의미·기능 중심의 교수 방법이 선호될 수 있으나, 실제적 측면에서는 문법번역식 교수법과 같은 전통적인 교수 방법이 더 널리 시행되고 있다는 것이다. 즉, 한국어 교육 현장에서는 교수·학습이 교사 중심적이고 결과 중심적으로 운영되면서 제한된 시간과 공간 안에서 많은 양의 정보를 제공할 수 있

---

13) 여기서 기술되는 조사 결과에 대한 분석은 우형식(2015, 2016ㄱ, ㄴ)에서 상세히 기술된 바 있다.

는 전통적인 문법번역식이나 청화구두식 교수법이 널리 적용되고 있는 것으로 해석할 수 있다.

　현장 조사에서 교사들은 각각의 교수 방법을 적용하는 문제에 대해 의견을 피력하기도 하였다. 우선 문법번역식 교수법에 대한 의견을 보면, 많은 수의 학습자를 대상으로 제한된 시간 안에 많은 양의 언어 항목을 주어진 교재에 따라 다루어야 하는 한국어 교육 현장에서는 이 교수 방법에 크게 의존하는 경향이 있다고 하였다. 그리고 이것은 목표 언어 항목이 명시적으로 제시되고 암기를 통한 읽기와 쓰기에 초점을 두기 때문에 교사에게는 수업 준비가 용이하고 학습자가 접근하기에 편리하며, 교사나 학습자들의 외국어 학습 경험에 비추어 익숙하다는 점도 이 방법이 널리 수용되는 요인이 된다고 보았다.

　청화구두식 교수법에 대해 교사들은 명시적 효과가 뛰어나다든지 짧은 시간 안에 제시와 연습이 가능하고 학습자들에게도 익숙하여 연습 활동의 용이성과 경제성을 주요한 장점으로 들었다. 특히 학습자의 입장에서 한국어능력시험(TOPIK)을 준비하기 위해서는 언어 항목의 형태나 의미, 용법 등이 중요하므로 반복을 통한 정확성을 강조하는 이 방법이 선호된다고 하였다. 또한 이 방법은 수업 준비가 비교적 용이하고 교사와 학습자 모두에게 익숙한 것이어서 실제로 시간적으로 제한되는 교실 수업에 적용하기에 아주 적절하다고 평가하였다.

　의사소통적 접근법에 대해서는 교사들은 주어진 교실 환경 안에서 최대한의 효율을 높일 수 있는 방법이며, 실생활과 관련된 주제별 학습이 가능하고, 기계적인 발화보다는 사고와 이해를 통한 문제 해결 능력을 키울 수 있다고 하였다. 또한 현행 한국어 교재와 수업이 의사소통능력의 향상을 중심으로 구성되어 있어서 수업에서 운용하기에 무난하고 학습자들이 선호한다는 점에서 적용 가능성을 높게 평가하였다.

　한편, 과제 기반 교수에 대해 교사들은 과제 수행을 통해 실제적인 언어 사용에서 상황이나 맥락을 고려한 의사소통능력의 향상에 효과적인 것으로 보았다. 그리고 많은 교재가 이 방법을 바탕으로 구성되어 있고, 학습자들의 학습에 대한 부담감을 줄여 주면서 목표 언어 항목을 실제적으로 사용하도록 유도할 수 있는 것으로 평가하였다. 또한 이 교수 방법은 의미를 중심으로 하면서 형태에 초점을 두기 때문에 의미와 형태를 함께 이해하는 데 도움이 되는 것으로 보았다. 특히 교착성이 강한 한국어의 경우 언어 항목의 형태에 대한 충분한 이해 없이는 언어 사용능력의 향상에 한계가 있다는 점에서 이 교수 방법은 의미를 지닌다고 하였다.

결국 한국어 교육 현장에서는 실제로는 전통적인 교수 방법이 주류를 이루지만, 의사소통적이나 과제 기반적인 의미·사용 중심의 측면을 중요하게 인식하고 있으며, 형태 조섬 능과 같이 의미와 형태를 모두 고려하는 교수 방법을 적극적으로 수용하고 있는 것으로 평가된다. 이것은 한국어 교육의 현장에서는 교착성이 강하여 형태적으로 복잡한 한국어의 특성을 반영하기 위해 전통적인 교수 방법을 적용하면서도, 의사소통능력의 향상을 목표로 하는 언어 교수의 이론과 방법에 대한 최근의 동향도 수용하고 있음을 의미한다고 할 수 있다.

3.1.3 교수 기법의 측면에서 보면, 전통적인 문형 연습과 아울러 입력 강화와 같은 교사 주도적인 입력 중심의 기법이 널리 활용되고 있는 것으로 나타났다(우형식, 2015 참조). 이도 역시 제한된 시간에 많은 양의 언어 항목을 다루어야 하는 한국어 교수·학습의 내용 체계와 함께 학습자의 요구와 주변 환경의 문제 등에서 비롯되는 것으로 이해된다.

가장 높은 비율로 나타난 것은 문형 연습이었다. 문형 연습은 반복을 통해 일상생활에서 자연스러운 대화를 유도하고 다양한 방식의 연습을 통해 해당 언어 항목이 사용되는 여러 상황을 이해할 수 있도록 하는 것이 특징이다. 이러한 관점에서 교사들은 문형 연습에 대해 기본 문형을 학습하면서 다양한 연습을 통해 목표 언어 항목에 익숙해지고 습관화시킬 수 있음을 장점으로 지적하였다. 그러나 주어진 자료를 통한 단순한 모방과 연습으로 진행되는 문형 연습은 실제 대화 상황에서의 활용 정도가 낮고 학습 흥미를 떨어뜨릴 수 있으며, 다양한 의사소통 상황에 대처할 수 있도록 의미 있는 연습과 다양한 의사소통적 과제를 수행할 수 있는 활동들이 병행되어야 함도 지적하였다(우형식, 2018:179-183 참조).

입력 강화에 대해 교사들은 이형태가 많은 한국어에서 언어 형태에 주의를 집중하게 함으로써 정확성을 높여 준다고 하였다. 그리고 주어진 텍스트 안에서 목표 언어 항목을 인식하게 하고, 그것의 의미와 용법을 정확하게 입력해 준다는 것도 장점으로 지적하였다. 또한 현실적으로는 기존의 교재가 이 기법을 상당 부분 수용하고 있고, 적용이 비교적 쉽기 때문에 앞으로도 다양한 측면에서 활용될 것으로 예상하기도 하였다. 한편, 입력 홍수는 목표 언어 항목에 대한 입력이 많이 제공되고 강화되면 그에 대한 이해와 인지도 높아진다는 점에서 긍정적으로 평가하였다.

처리 교수에 대해 교사들은 학습자의 특정 언어 항목에 대한 정확성을 높이고 학습자의 주의를 유도할 수 있다는 가설을 바탕으로 하고 있다는 점에서 효율성을 기대하였다. 특히 이 방법은 교사의 명시적 설명과 함께 구조화된 입력 활동이 기본적인 요소로 구성된다는 점에서 긍정적으로 평가하였다. 그런데 현행 한국어 교재에서는 이 교수 방법이 잘 반영되어 있지 않아서 활용도가 낮다는 지적도 있었다(우형식, 2013 참조).

의식 고양 과제에 대해 교사들은 학습자 상호간의 협동 학습을 가능케 하며 학습자들이 언어 형태에 주의를 집중하여 스스로 규칙을 발견하게 한다는 점을 특징으로 이해하였다. 그러나 실제 적용에서는 과제의 구성과 수행 과정에서 교사와 학습자에게 부담이 주어질 수 있음을 지적하였다. 그리고 미로 찾기에 대해서는 일반화된 적용은 어렵지만, 오류 수정을 통해 학습자 스스로 올바른 규칙을 찾아내게 하고 오류를 통해 규칙에 관한 정보를 추가로 제시할 수 있다는 점에서 의미가 있을 것으로 기대하였다.

3.2 전망과 과제

3.2.1 앞에서의 논의에 따르면, 한국어 교육 현장에서는 교사에 의한 입력을 매우 강조하고 있음을 확인할 수 있다. 즉, 목표 언어 항목의 형태를 명시적으로 제시하여 주목하게 하고, 학습자들이 입력에 주의를 집중하여 그것의 의미와 용법을 이해하도록 하는 점을 강조하는 것이다. 특히 목표 언어 항목에 대한 명시적인 설명이나 입력 중심의 교수 기법을 높게 평가하는 것은 오늘날의 한국어 교육이 교사가 중심이 되어 학습자들에게 주어진 정보를 입력해 주는 데 강조점을 두는 방식으로 수업이 운영되고 있음을 보여 주는 것이라 할 수 있다. 또한 일부 학습자와 교육 기관의 경우 한국어 교육의 목표를 의사소통능력의 향상보다는 한국어능력시험에 초점을 두고자 하는 현실적인 상황을 반영하는 것이라고도 할 수 있다.

한국어 교육에서의 교수 방법의 수용과 적용의 문제에 대해서는 관점에 따라 여러 가지 대안들을 제시할 수 있을 것이다. 그것은 이 문제가 교수 방법에 대한 원론적인 이해에서부터 교실에서의 실제적인 적용에 이르기까지 많은 논의를 함의하며, 또한 여기에는 교사와 학습자, 교재, 교육과정 등과 같은 변인들이 복잡하게 작용하기 때문이다. 이에 대해 교수 방법에 대한 이해가 우선되어야 한다는 관점에서 몇 가지 의견을 제시할 수 있다(우형식, 2016ㄴ 참조).

우선적으로 고려해야 할 사항으로 개별 교수 방법에 대한 원리적인 이해와 교수 방법 전개의 역사적 흐름에 대한 이해를 들 수 있다. 이 문제는 진부할 정도로 논의되어 온 것이기는 하지만,[14] 다른 측면에서 보면 아무리 강조해도 지나치지 않는 것이기도 하다. 그것은 언어 교육에서 다양하게 존재하는 교수 방법을 원리적 차원에서 이해하고 역사적 과정을 통해 전반적인 흐

---

14) 이에 대해서는 국제한국어교육학회(2010), 곽지영 외(2007), 남성우 외(2006), 방영주 옮김(2009), 우형식 외(2011), 서울대 국어연구소 편(2014), 한재영 외(2004) 등을 참조할 수 있다.

름을 파악함으로써, 한국어 교육에서의 수용과 적용에 대한 당위성 또는 적합성을 판단할 수 있기 때문이다.

다음으로는 교수 방법들을 일정한 기준을 바탕으로 몇 가지 유형으로 구분하고 각 유형의 특징을 올바로 이해하는 것이 요구된다. 그것은 이를 통해 각각의 교수 방법이 어떠한 특징을 지니는지에 대해 이해하고 실제로 적용할 수 있기 때문이다. 실제로 오늘날 언어 교육에서 논의되고 있는 수많은 교수 방법들은 각각 중점을 두는 것이 무엇인가에 따라 서로 유사한 부분도 있고 매우 이질적인 부분도 있다. 이와 관련하여 언어 교육에서 교수 방법은 대개 특정 목표와 특정 언어관을 배경으로 하고, 학습자와 학습 과정의 특성을 바탕으로 성공적인 학습에 요구되는 특정의 교수 양상을 강조한다는 점에 주목할 필요가 있다. 따라서 개별 교수 방법은 어떤 특정의 부분을 강조하는 것이어서 언어 교육에서 요구되는 모든 것을 해결해 주지는 못하는 것이다.

마지막으로 교수 방법을 수용하여 현장의 상황에 따라 적절하게 적용하는 데 요구되는 태도에 대한 이해가 필요하다. 그것은 언어 교육에서의 교수 방법에 대한 기본적인 이해를 바탕으로 실제 한국어 교육 현장에서 그때그때의 상황에 적합한 교수 방법을 적용할 수 있는 능력이 요구되기 때문이다. 이를 위해서는 한국어의 언어적 특성과 학습자들의 요구에 부합하도록 교수 방법을 재구성하여 절충적으로 적용하는 것에 대한 이해와 능력이 필요하게 된다.

3.2.2 언어 교육에서 다양하게 논의되는 교수 방법 중에서 어느 특정한 것만이 타당하거나 우월하다고 할 수는 없다. 그리고 교수 방법은 상대적이어서 모든 상황에서 동일하게 평가될 수 있는 것은 아니다. 그러므로 교수 방법의 수용과 적용에서는 절충주의(eclecticism)를 견지하게 된다. 즉, 실제 언어 수업에서는 학습자들이 수행하는 정도와 학습의 어려움에 따라 문형 연습이 적절한지, 문법 규칙을 명시적으로 제시해야 할지, 상호작용을 요구하

는 과제를 부여해야 할지, 의미 협상을 수반하는 학습 활동을 해야 할지를 판단하여, 상황에 따라 여러 교수 방법들을 절충하여 활용하게 되는 것이다. 따라서 수많은 교수 방법들은 각각의 상황에 따르는 특수한 속성이 있으므로, 성공적인 언어 교수는 각각의 교수 방법의 속성을 인정하여 절충적으로 적용하는 것이라 할 수 있다(우형식, 2016ㄱ, ㄴ 참조).

결국 언어 교수 방법은 다면적이기 때문에 한국어 교육에서의 교수 방법은 그때그때의 교육적 상황과 강조점에 따라 적용되어야 할 뿐만 아니라, 다양한 언어 교수의 이론과 방법을 바탕으로 한국어의 언어적 특성과 교육과정, 학습자 변인 등을 반영하여 실제로 한국어 교육 현장에서 활용할 수 있도록 재구성될 필요가 있다. 이것은 교육 기관의 교육과정이나 교수요목, 교재의 구성 등에서 수용되어야 하지만, 실제 교실 수업에 주어지는 과제이기도 하다.

참고문헌

곽지영 외(2007), 「한국어 교수법의 실제」, 연세대 출판부.
국제한국어교육학회(2010), 「한국어 교수법」, 형설출판사.
권오량 외 역(2010), 「원리에 의한 교수」, (주)피어슨에듀케이션코리아.(Brown, H. D., Teaching by Principles -An Interactive Approach Language Pedagogy-, Longman, 2007.)
남성우 외(2006), 「언어교수이론과 한국어교육」, 한국문화사.
방영주 옮김(2009), 「외국어 교육의 교수기법과 원리」, 경문사.(Larsen-Freeman, Techniques and Principles in Language Teaching, Oxford University Press, 2002.)
백봉자(2013), 「한국어 수업 어떻게 하나?!」, 노서출판 하우.
서울대 국어교육연구소 편(2014), 「한국어 교육학 사전」, 도서출판 하우.
심영택 외 옮김(1995), 「언어교수의 기본 개념」, 하우(Stern, P. P., Fundamental Concepts of Language Teaching, Oxford University Press, 1983.)
우형식(2009), '규칙으로서의 문법과 사용으로서의 문법', 「외국어로서의 한국어교육」 34, 연세대 언어연구교육원 한국어학당.
우형식(2012), '한국어 문법 교육에서 형태 초점 접근법을 적용하는 문제', 「한어문교육」 26, 한국언어문학교육학회.
우형식(2013), '한국어 문법 교육에서 처리 교수를 적용하는 문제', 「한어문교육」 29, 한국언어문학교육학회.
우형식(2015), '한국어 교육에서 교수 방법 적용의 실태 분석', 「우리말연구」 43, 우리말학회.
우형식(2016ㄱ), '한국어 교육에서 교수 방법 적용에 대한 인식 분석', 「한어문교육」 35, 한국언어문학교육학회.
우형식(2016ㄴ), '한국어 문법 교육에서 교수 방법의 적용 양상-문형 연습과 과제 활동을 중심으로-', 「한어문교육」 37, 한국언어문학교육학회.
우형식(2018), 「외국어로서의 한국어 문법 교육론」, 부산외대 출판부.
우형식 외(2011), 「현장 중심의 한국어 교수법」, (주)한글파크.
임병빈 외 역(2003), 「제2언어 교수 학습」, 한국문화사.(Nunan, N., Second Language Teaching & Learning, Cengage Learning, 1999.)
임창재(2005), 「교육심리학」, 학지사.

장신재(1996), 「영어를 어떻게 비우고 가르칠 것인가」, 신아사.
전병만 외 역(2017), 「언어 교육의 접근 방법과 교수법」, 케임브리지.(Richards, J. & Rodgers, T., Approaches and Methods in Language Teaching, Cambridge University Press, 2001.)
한재영 외(2005), 「한국어 교수법」, 태학사.
Anthony, E.(1963), Approach, method, and technique, English Language Teaching 17.
Brown, H. D.(2002), English language teaching in the "Post-Method" Era: Toward better diagnosis, treatment, and assessment, In Richards, J. C. & Renandya, W. A., (ed.) Methodology in Language Teaching: An Anthology of Current Practice, Cambridge University Press.
Doughty C. & Williams, J.(1998), Pedagogical choices in focus on form, In (Eds.) Doughty C. & Williams, J., Focus on Form in Classroom Second Language Aquisition, Cambridge University Press.
Kumaravadivelu(2003), Beyond Methods −Macrostrategies for Language Teaching−, Yale University Press.
Long, M. H.(1988), Focus on form: A design feature in language teaching methodology, Paper presented at the European-American Symposium on Needed Research in Foreign Language Education, Bellagio, Italy: Rockefeller Center.
Richards, J. C.(2002), Theories of teaching in language teaching, In Richards, J. C. & Renandya, W. A., (ed.) Methodology in Language Teaching: An Anthology of Current Practice, Cambridge University Press.
Richards, J. C. & Platt J. & Platt, H.(1992), Dictionary of Language Teaching & Applied Linguistics, Longman Group Ltd.

제2장
모방과 문형 연습

임진숙

제2장 모방과 문형 연습

임진숙

1. 기본 원리와 적용

1.1 정의

모방(imitation)은 목표 언어를 그대로 따라하고 그 언어가 강화(reinforcement)를 받아 반복되는 기계적인 연습으로 언어를 습득해 나가는 교수 방법이다.[15] 즉, 어린이들이 모국어를 배우는 과정에서 문법 지식의 학습 없이 모국어를 자연스럽게 습득하는 것처럼 목표어를 습득하는 것을 일컫는다. 문형 연습(pattern practice)은 동일한 문형을 지닌 많은 예문을 학습자가 모방을 통해 자동적으로 말할 수 있을 정도로 반복하여 연습하는 교수 방법으로 모방에서 나온 하나의 교수 방법의 유형에 속한다.[16]

---

15) 모방하기의 배경은 고대의 호라티우스(Horace, 65-8B.C.)의 모방 이론으로 올라간다. 그는 자연을 직접 모방한다는 것이 작가 지망생들에게는 어려운 일이기 때문에 먼저 자연을 모방한 문학적 모범들, 즉 고전을 주로 흉내 냄으로써 작시(作詩)의 기술을 습득해야 한다고 주장했으며, 주로 고전의 공식화된 규칙, 예를 들면 '연극은 5막으로 구성되어야 한다거나 각 등장인물은 지위, 계급, 직업에 맞는 말을 사용해야 한다' 등의 형식적인 측면을 주로 모방하였다(서영윤, 2000 참조).

16) 문형 연습은 구조주의 언어학에서의 문형(pattern)이라는 개념과 행동주의 심리학에서의 연습(drill, practice)이라는 개념의 접목으로 청각구두식 교수법의 기본이라 할 수

모방은 자연주의적 접근법을 중심으로 한 직접 교수법(direct method)의 기본적인 수업 기술이고 문형 연습은 구조주의 언어학과 행동주의 심리학 이론이 접목된 청화 구두식 교수법(audiolingual method)의 기본적인 수업 기술에 속한다. 직접 교수법은 외국어를 학습할 때 모국어 번역을 하지 않고 목표어만으로 그림이나 실제 사물을 제시하고 모범적인 시범과 행동을 통해 의미를 전달하는 모방의 원리를 교수의 기본으로 삼았다. 청화 구두식 교수법은 문형연습과 대화의 모방과 기억을 주요 교수 학습 기법으로 삼아 문법 규칙을 분석이나 설명을 통해서 교수하지 않고 동일한 문형을 지닌 많은 예문들을 학습자가 자동적으로 말할 수 있을 정도로 반복하여 집중적으로 구술 훈련(rapid oral drill)을 시키는 것을 목표로 두었다. 이는 귀납적 교수 방법으로 학습에서 반복 과정을 통해 학습자가 예문에 공통적으로 내재된 문형구조를 유추해서 알 수 있으며 주어진 상황에 즉각적으로 반응하는 학습법이라고 할 수 있다.

1.2 이론적 배경과 역사

1.2.1 등장 배경

모방은 시범과 행동을 통한 모방에 초점을 둔 직접 교수법에 기반을 두고 있는데, 학습자로 하여금 필요 없는 규칙과 어휘를 단순 암기하게 하고 완벽한 번역을 요구하는 문법 번역식 교수법이 비판을 받으면서 등장하게 되었다. 이 교수법은 문자보다는 음성을 일차적 언어 형태로 여겨 일상적 구어를

있다(우형식, 2016). 이 교수법은 2차 대전 초기에 미군을 위한 외국어 교수 학습 방법으로 등장하기 시작하여 전쟁이 끝난 후, 이민자나 유학을 온 외국 학생들에게 영어를 가르치는 프로그램(ESL: English as a Second Language)으로 바뀌게 되었다. 즉, 행동주의적 이론을 바탕으로 하여 언어 교육 방법은 모방에서 시작해서 암기, 반복 등 일련의 연습 과정을 거쳐 유창한 외국어 구사 능력을 키우는 것이다.

학습의 대상으로 삼았다. 번역이나 학습자의 모국어 활용을 배제하여 목표어를 학습하는 직접 교수법의 주요 학습 방법인 '모방'은 학습 중에 학습자가 실제적 교구나 교사의 행동을 보고 모방하여 머릿속에 그 의미를 연상하여 학습을 이어가는 것으로 자연적 언어 학습 원리(natural language learning principles)에 입각한 것이라고 할 수 있다.[17]

한편 모방의 이론에 포함되어 밀접한 관계에 있는 문형 연습은 구조주의 언어학과 행동주의 심리학을 이론적 배경으로 삼아 구조주의 언어학에 입각한 언어 습득 이론을 기본 원리로 삼고 있다. 또한 스키너(Skinner)의 조작적 조건 형성이론에 근거하여 인간은 언어를 경험으로 배우는데, 여기서 배우는 방법은 모방과 반복, 강화에 의한 언어 습관의 형성이라고 보았던 것이다.[18] 즉 행동주의적 이론을 바탕으로 하여 언어 교육 방법은 모방에서 시작해서 암기, 반복 등 일련의 연습 과정을 거쳐 유창한 외국어 구사 능력을 키우는 것이다.

1.2.2 주요 개념 및 원리

모방과 문형 연습은 아이들이 모국어를 배우는 과정에서 문법 지식의 학습 없이 모방과 연습으로 자연스럽게 언어를 습득하는 것처럼 모방과 반복적이고 기계적인 문형의 연습을 통해 목표어를 습득하는 것을 일컫는다. 모방은 모국어의 사용을 최대한 배제하므로 실물이나 몸짓, 그림 등과 같은 교

---

17) 자연적인 언어 학습 원리는 아동들이 모국어를 배우는 과정과 같이 외국어를 배워야 한다는 것을 기본 정신으로 하고 있다.

18) 스키너의 조작적 조건형성이론은 어떤 일정한 행동반응과 그 반응에 대한 결과 즉 강화의 관계를 강조한 것이다. 예를 들어 특정한 반응이 바람직하다고 생각될 때는 그 결과(강화)로 보상을 제공하고 바람직하지 않을 때는 처벌을 한다. 그러면 보상이 따를 때는 적극적으로 하려고 하나 처벌을 받을 때는 그것을 하려고 하지 않는 것이다. 즉, 만족스러운 결과가 나올 수 있도록 조건을 형성하여 행동을 변화시키게 되는 것이다.

구를 이용하여 목표어로 발화하는 것, 즉 말하기에 중점을 둔 학습이다. 문형 연습 또한 목표어로 된 문형을 그대로 모방하여 대화를 암기하고 흉내 내는 기계적인 반복 연습으로 학습자가 정확한 발음으로 자동적인 발화를 하도록 유도한다.

이처럼 모방과 문형 연습은 자연적인 언어 습득과 기본적인 문형의 집중적인 훈련과 기계적인 반복 연습을 통한 언어 습득을 이론적 근거로 하여 그 기본 원리를 다음과 같이 구성될 수 있다(박기선 2006).

첫째, 언어 습득에서 목표어의 자연적 습득을 위해 모방하고 암기하는 데 주력한다.

둘째, 모방 교수로 정확한 언어를 습득하게 하여 오류를 최소화한다.

셋째, 문형의 반복적인 연습 등의 기계적인 암기를 통해 목표어에 자동적으로 반응하고 오류가 습관화되지 않도록 한다.

넷째, 학습자 모국어 번역을 배제하고 모방과 문형의 연습의 체계적인 훈련으로 목표어를 습득하게 한다.

이상에서 살펴 본 바와 같이 모방과 문형 연습에서는 기본적으로 언어를 자연적인 상황에서 형성되는 습관의 형태로 보고 언어는 반복적인 훈련을 통한 모방과 암기를 통해 형성된다고 이해한다.

1.3 수업에의 적용

모방과 문형 연습은 명시적인 문법 설명 없이 동일한 문형을 지니고 있는 많은 예문들을 노출하여 학습자가 반복적인 모방과 기계적인 연습을 통해 자동적으로 발화할 수 있는 것에 목표를 둔다. 즉 학습자가 반복적인 학습

과정 안에서 노출된 예문들에 공통적으로 내재되어 있는 문형 구조나 규칙을 자기 주도적으로 유추할 수 있도록 하는 것이다. 이 과정은 단순 반복인 듯하나, 그 과정에서 학습자가 능동적으로 학습에 참여하여 학습 내용을 이해하고 정리할 수 있는 능력을 지녀야 최대의 학습 효과를 향상시킬 수 있는 교수 학습 방법이다.

모방과 문형 연습을 활용한 수업에 적용할 수 있는 주요 단계를 도입과 마무리를 제외하고 제시하면 다음과 같다.

제시 단계에서는 목표 문형이나 구문을 교수자가 읽거나 시·청각 자료를 활용하여 학습자에게 들려준다. 학습자는 듣기 내용에 집중하며 반복해서 제시되는 문형이나 구문을 체크한다. 청각적으로 들으면서 시각 자료를 활용하여 학습자가 목표 문형이나 구문을 유추할 수 있는 단서를 제시한다. 교사나 시청각 자료에서 노출되는 문형을 반복해서 듣고 따라하고 학습자는 목표 문형의 정확한 발음을 체크하여 정확하고 유창하게 발화할 수 있게 한다.

모방 단계는 제시에서 노출된 문형이 포함된 예문들을 학습자가 정확하게 모방하여 암기할 수 있게 하는 데 초점을 둔다. 학습자는 지금까지 노출된 예문에서 오늘 학습해야할 목표 문형과 구문이 반복적으로 제시된 부분을 유추하여 확인한다. 그리고 그 문형과 구문을 그대로 모방하고 정확하게 암기하여 머릿속에 기억한다. 모방의 구체적인 예를 들면 다음과 같다.

제2장 모방과 문형 연습

〈예시 1〉

※ 듣기 내용을 모방해서 따라해 봅시다.

교사: 여러분, 듣기에서 반복해서 나온 문법이 있지요. 다시 한번 잘 듣고 따라 해 봅시다.
　　　커피를 마시면서 텔레비전을 봐요.
학생: 커피를 마시면서 텔레비전을 봐요.

　문형 연습은 학습자가 지금까지 모방하여 암기한 문형과 구문을 교사가 발취하여 반복 연습(repetition), 어형 변화(inflection), 대치(replacement), 환언(reatatement), 완성(completion), 어순 변경(transposition), 확대(extention), 축약(contraction), 변형(transformation), 통합(integration), 응답(rejoinder), 재구성(restoration) 등의 여러 문형연습 유형으로 반복적인 연습을 통해 학습하게 된다(Brooks, 1964). 문형 연습의 여러 유형 중에서 환언의 구체적인 예는 다음과 같다.

〈예시 2〉

※ 선생님의 지시에 따라 바꾸어 말해 봅시다.

교사: 다니엘 씨는 무슨 과일을 좋아해요?
학생1: 저는 딸기를 좋아해요.
교사: 다니엘 씨, 크응 씨에게 '무슨 과일을 좋아해요?'라고 질문해 주세요.
학생2: 크응 씨, 무슨 과일을 좋아해요?

　활용 단계에서는 목표 문형과 구문을 반복적하는 기계적 문형 연습이 아니라 인터뷰나 역할극 등을 통한 유의미한 연습의 단계로 확장한다. 실제적인 상황에 처했을 때 즉각적이고 자동적으로 반응할 수 있는 연습을 한다. 활용의 구체적인 예를 들면 다음과 같다.

〈예시 3〉

※ 자신의 팀이 맡은 장소에서 할 수 있는 행동을 최대한 많이 생각해 내고 정확하게 말하고 써 봅시다.

교사: '가'팀의 장소는 '공원'이고 '나'팀은 '기숙사'입니다. 그리고 '다'팀은 '백화점'입니다. 팀별로 서로 장소에 맞게 동시에 할 수 있는 동작을 이야기해 보고 메모를 해 보세요. 반드시 이야기를 한 후에 쓰도록 하세요.

학생: 네, 알겠습니다.

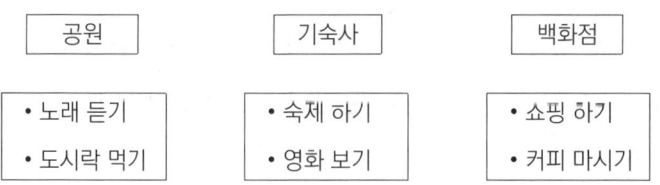

교사: 여러분, 팀 활동이 끝났나요? 그러면 문장이 정확한지 확인해 볼 게요. 확인이 끝난 팀은 발표를 할 거예요.

한국어 교실에서 모방과 문형 연습은 실제적으로 가장 많이 적용되고 있는 교수 방법이다(앞 1장의 3.1.2-3절 참조). 그것은 시간적 공간적 제약이 있는 교실 환경에서 모방과 문형 연습의 학습 방법은 학습자들에게 최대한의 효과를 얻을 수 있는 방법이기 때문일 것이다.

1.4 적용상의 유의점

1.4.1 장·단점

모방과 문형 연습은 모방과 반복 훈련을 통한 목표어의 습득을 그 특징으로 하여 단기간에 정확한 형태를 익혀 발화할 수 있는 데 초점을 두고 있다.

제2장 모방과 문형 연습

목표어로 된 문장을 변형이나 재구성 없이 그대로 암기하여 반복 연습함으로써 단기간 안에 오류 없이 발화를 하고 상황에 맞는 자동적인 언어 반응을 할 수 있도록 유도한다. 언어 교수에서 모방과 문형 연습의 장점은 다음과 같이 예상된다.

첫째, 학습자는 예문에 공통적으로 내재된 문형 구조를 유추해서 알 수 있으며 주어진 상황에 즉각적으로 반응할 수 있다. 학습자는 목표 문형이나 구문을 정확하게 인지하여 상황에 맞게 목표어로 반응할 수 있다.

둘째, 철저하고 반복적인 문형 연습을 통해 학습자들의 오류를 줄일 수 있다. 반복적이고 지속적인 연습을 문형이나 구문을 표현으로 인지하여 학습하므로 정확한 발화에 도움이 된다.

셋째, 학습자에게 제시되는 문형이나 구문은 철저하게 학습 단계에 맞춰 문형의 수준이나 난이도를 고려하여 제시된다. 그리하여 학습자들은 학습 내용에 대한 혼란 없이 체계적이고 단계적인 학습하므로 학습 능률을 높일 수 있다.

넷째, 어려운 문법 설명을 배제하고 문형에만 초점을 맞추므로 초기 학습자의 성취감을 높이고 흥미를 유발하는 데 도움을 줄 수 있다.

다섯째, 단시간에 회화 능력을 신장시킬 수 있다. 문형이나 구문을 모방하여 암기하므로 학습자들은 발화에서 문형을 표현으로 사용하여 의사소통에 도움을 줄 수 있다.

반면에 모방과 문형연습은 대화로 문형을 암기하여 연습시킴으로 학습자가 자동적으로 의사소통 능력을 습득할 수 있다고 주장하여 왔으나 그에 문제점이 드러나면서 학습 효과에도 의문이 제기된다. 일반적으로 모방과 문형 연습의 문제점은 다음과 같다.

첫째, 기계적인 연습으로 실제 언어 상황에 전이되지 못 할 가능성이 있다. 단순 모방의 기계적인 연습으로만 그칠 위험이 있다.

둘째, 문법의 귀납적인 설명으로 학습자들이 학습에 어려움을 느낄 수 있다. 초급 단계에서 문법 구조에 대한 설명 없이 유추를 통한 학습을 이어가므로 학습자들이 학습 내용에 대한 완벽한 이해가 없이 단순한 문형의 암기로 상황이나 내용을 파악하지 못한 채 발화를 하여 올바른 언어 사용을 유도하지 못 하는 위험성이 있다.

셋째, 언어의 심층구조에 대한 고려가 부족하여 학습자에게 정확한 의미를 학습시키기에 부족한 면이 있다.

넷째, 문형 연습은 학습 목표를 지나치게 정확성에 초점을 맞추어 학습자의 표현 의욕을 상실하게 만들고 흥미 유발에 실패할 위험이 있다. 언어 사용능력보다는 용법의 학습에만 치중하여 예측하지 않은 돌발 언어 상황에 능력이 결여된다.

1.4.2 발전적 제언

실제 수업에 모방과 문형 연습의 교수 방법을 적용할 시에는 다음과 같은 부분에 유의할 필요가 있다. 먼저 모방을 수업에 적용할 때 유의해야 할 점을 살펴보면 다음과 같다.

첫째, 모방은 목표어만을 구사하여 수업을 진행하므로 학습자가 수업에 어려움을 느낄 수 있으므로 교사는 수업에서의 발화 속도와 학습자의 이해 정도를 지속적으로 확인할 필요가 있다.

둘째, 모방은 기계적이고 반복적인 학습이므로 학습자들이 단순 반복에 흥미를 저하시키지 않도록 다양한 방안을 고안하는 것이 좋다. 예를 들면 다양한 시청각 자료를 제시하거나 활용 단계에 역할극이나 인터뷰 등의 실제적이고 학습자들이 능동적으로 참여하고 움직일 수 있는 확장의 유형을 제시하여 학습자의 관심을 끌 필요가 있다.

셋째, 학습에 참여하는 학습자들의 인지 능력이 모두 동일한 것이 아니므로 모방한다 하더라도 암기의 능력 차이가 나타날 것을 미리 고려하여 학습자에게 맞는 학습 방안을 고안하는 것이 좋다.

문형 연습을 실제 수업에 적용할 시에는 다음과 같은 점에 유의하는 것이 중요하다.

첫째, 연습할 문형을 제시할 때 문형의 길이나 난이도에 관계없이 제시하는 것이 아니라 간단한 것에서 복잡한 것으로 확장하는 형태로 제시한다. 또한 문형을 어휘, 발음, 문법을 동시에 제시하지 말고 문법이나 어휘가 먼저 드러나도록 제시하는 것이 좋다.

둘째, 학습자들이 노출된 예문에서 자기 주도적으로 목표 문형이나 구문을 유추할 수 있는 능력을 기를 수 있도록 유의미한 학습 훈련을 한다. 교사는 수업 시에 예문을 제시할 때 목표 문형이나 구문을 지속적으로 노출할 때 힌트를 줄 수 있는 방안을 고안할 필요가 있다. 문형을 명시적으로 제시하지 않더라도 시청각자료를 제시할 때 포인트를 주는 방법 등이 제안 될 수 있다.

셋째, 학습자들의 참여를 다양화하도록 문형 연습의 방법을 다양하게 시도한다. 예를 들어 문형을 반복해서 따라 하기 유형을 학습할 때는 단체에서 그룹으로 그리고 개인별로 진행한다. 또는 학습자의 순서대로 발화하기에서 가끔 무순서로 발화하기로 순서를 바꾸기도 하고 교수자가 질문하고 학습자가 대답하기도 하고 학습자끼리 질문하고 대답하기도 하는 유형으로 다양하게 진행한다.

2. 모방과 문형 연습의 연구 동향

2.1 성격

　모방은 번역이나 학습자의 모국어를 철저하게 배제하고 목표어 만을 가르치는 것으로 학습자는 구체적인 실물을 통해 시각적인 방법으로 추론하는 교수 방법이다. 문형 연습은 실제 언어 환경에서 명시적인 문법 설명 없이 동일한 문형을 지닌 많은 예문들을 반복적으로 노출하여 학습자가 예문에 공통적으로 내재된 문형 구조를 유추하여 활용할 수 있도록 한다. 이 교수 방법은 학습자의 장기 기억 장치에 내재화한 후 의사소통에서 즉각적이고 자동적으로 발화할 수 있도록 하여 실제 교실 활동에서 많이 활용되고 있다.

　실제 한국어 교실 활동에서 모방과 문형 연습의 유형이 학습 방법으로 많이 적용되고 있음에도 불구하고 반복과 기계적 연습이 언어 교육의 시대적인 흐름에 뒤떨어진다는 편견으로 이에 대한 이론적인 논의나 연구가 미흡한 실정이다.[19] 이러한 시점에서 한국어 교육에서 모방과 문형 연습에 관한 연구가 어떻게 진행되었는지 동향을 살펴보는 것은 앞으로의 연구 방향성을 제시해 줄 수 있다는 점에서 의의가 있을 것이다.

　한국어 교육에서는 고전적 유형의 모방과 문형 연습 교수 기법에 초점을 둔 연구보다는 모방과 문형 연습의 유형을 확장하고 재구성하여 언어 기능

---

19) 우형식(2015)에서 한국어 교수법 강좌 수강생(내국인, 외국인)과 한국어 교육 현장의 교사를 대상으로 문법의 교수 기법에 대한 설문 조사를 실시하였는데, 문형연습은 한국어 교수법 강좌 수강생들에게 한국어 교육에서 가장 효율적이라고 생각하는 기법에서 가장 많은 응답이 나왔고 실제 한국어 교육 현장에서 가장 많이 적용하는 교수 기법으로 조사되었다. 즉 교육 현장에서 실제적 교수법의 활용도가 높으나 이에 대한 이론적인 연구는 미흡한 실정이라 할 수 있다.

제2장 모방과 문형 연습　　　　　　　　　　　　　　　　　　　　　49

별로 활용한 연구가 조금씩 이루어지고 있는 실정이다.[20] 이에 한국어 교육에서의 모방과 문형 연습의 연구에 대한 현황과 경향성을 알아보기 위해 언어 기능 영역인 발음, 어휘, 문법, 듣기, 말하기, 읽기, 쓰기로 나누어 주제별로 연구들을 소개하고 검토하도록 한다.[21] 이를 바탕으로 향후 한국어 교육에서 모방과 문형 연습이 학습 방법으로 연구되어져야 할 과제를 살펴볼 것이다.

2.2 연구 대상 자료

　모방과 문형 연습을 적용한 연구의 동향 분석은 연도별, 유형별, 언어 영역별, 연구 방법별, 연구 주제별로 나누어 진행한다. 연구의 대상이 되는 논문은 1990년에서 2017년 2월까지 국내에서 발표된 것이며[22] 한국어 교육과 관련된 국내 석·박사 학위 논문을 비롯하여 학술지에 게재된 학술논문은 모두 분석 대상으로 삼았다. 그리고 국어학, 언어학, 외국어 교육 등의 교육 관련 학술지와 그 외의 기타 학술지에서 모방에 관련된 연구물을 분석 대상에 모두 포함하였다. 분석 대상의 논문의 수는 학위논문 27편, 학회지 및 기타 13편으로 총 40편이다.[23]

---

20) 모방과 문형 연습의 확장과 재구성은 섀도잉(Shadowing) 즉 그림자처럼 따라하기, 받아쓰기, 반복 등의 유형을 그 예로 들 수 있다.

21) 한국어 모방과 문형 교육의 연구 현황 목록은 일단 논문 제목 중심으로 조사하였다. 그리고 언어 기능별 목록 조사를 위해 섀도잉(Shadowing) 즉 그림자처럼 따라 하기, 받아쓰기, 반복 등의 모방과 문형 연습의 유형에 포함되는 용어도 논문 명으로 조사하는데 포함하였다.

22) 분석 연구 대상의 목록 추출은 한국교육학술정보원에서 제공하는 '학술연구정보서비스'(http://www.riss.kr)와 국회도서관(http://www.nanet.go.kr) 에서 제공하는 연구물을 기준으로 하였다. 두 사이트에 앞서 '모방'을 적용한 연구를 분류하기 위해 설정한 기준인 '모방', '반복', '암기', '문형 연습' 이라는 검색어를 입력하여 논문 제목 중심으로 조사를 실시하였으며, 한국어 교육이 아닌 논문은 제외하였다.

23) 국내 학위 논문과 학술지 논문으로 분류하였으며, 학술지는 다시 한국어 교육 학술지, 학

언어 영역별 연구는 '말하기, 듣기, 읽기, 쓰기'의 언어 기능과 '어휘, 문법, 발음'의 언어 교육 내용으로 나누어 어떤 영역에 '모방'을 적용한 연구가 이루어졌는지 확인할 것이다. 연구 방법별 분석은 이론적 연구 방법과 실증적 연구 방법으로 나누어 진행 할 것이다. 이론적 연구 방법에는 문헌 연구를 중심으로 분석하고 실증적 연구 방법은 질적 연구와 양적 연구로 나누어, 전자는 오류나 사례 또는 교재 등의 분석을 중심으로 진행하고 양적 연구는 실험이나 실험을 통한 통계 분석 등을 중심으로 연구물을 분류하고 분석하고자 한다. 연구 주제별로는 수집된 논문이 구체적으로 어떤 주제로 연구되었는지를 살펴보고 어떤 언어 영역에 속하는지도 동시에 분석할 것이다. 그리고 분류 기준에 맞게 주제별로 정리하여 구체적인 내용을 파악하여 연구 동향을 살펴보고자 한다.

2.2.1 연도 및 유형별 분류

모방과 문형연습을 적용한 연구의 전체적인 흐름을 파악하기 위해서 먼저 연구물들을 시기와 유형별로 분류하여 분석하였다. 먼저 시기별로 논의된 내용을 살펴보면 다음과 같다.

〈표 1〉 한국어 모방과 문형 연습 시기별 연구 현황   (단위: 편)

구분	2000년 이전	2000년 ~ 2004년	2005년 ~ 2009년	2010년 ~ 2014년	2015년 ~ 2017년 4월	계
학위논문	1		4	15	7	27
학술지			2	6	5	13
합계	1		6	21	12	40

술 대회 발표지, 기타 학술지로 나누었다. 한국어 교육 관련 학회지는 여러 가지가 있으나 이 연구에서는 분류의 편의상 한국어 교육 학술지는「한국어교육」,「이중언어학」,「외국어로서의 한국어교육」에 실려 있는 논문을 대상으로 하였다. 기타학술지는「한국문예비평연구」,「한국초등교육」,「국어교육연구」,「어문학」,「한어문교육」,「청람어문교육」,「인문학연구」,「한성어문학」,「한국융합학회논문지」를 대상으로 하였다. 학술대회 발표지는「국제한국어교육학회」,「한국어문화교육학회」가 그 대상이 되었다.

위와 같이 1990년부터 2000년대까지는 분류 대상의 연구물이 7편에 불과하나, 2010년에 들어오면서 33편으로 늘어난 것으로 조사되었다. 강승혜(2003)에서는 한국어교육 연구 동향을 시대적 흐름으로 4단계로 나누어 2000년대 이후를 한국어교육 연구의 양적인 성장과 질적인 성장의 시기라고 하였는데, 실질적으로도 2000년대에 들어서면서 한국어교육에 대한 연구는 양적으로 질적으로 많은 성장을 이루었다. 그럼에도 불구하고 '모방'을 적용한 연구는 2000년대에 6편에 불과한 것으로 드러나 한국어교육의 다른 분야의 연구 성과에 비해서는 아주 미비한 실정이다. 이는 행동주의 심리학과 구조주의 언어학에 이론적 근거를 둔 모방과 문형연습을 적용한 교수 방법이 고전적이고 시대의 흐름에 맞지 않는 교수법이라는 고정관념에서 비롯된 것이라고 할 수 있다.

모방과 문형 연습의 유형별 연구 수를 살펴보면 박사논문이 2편, 석사논문이 25편, 한국어 교육 관련 학술지 게재 논문 및 학술 대회 발표 논문이 5편, 기타 학술지에 게재된 논문이 8편으로 조사되었다.[24] 연구 유형별로 편수를 정리해 보면 다음과 같다.

⟨표 2⟩ 한국어 모방과 문형 연습의 유형별 연구 현황

유형		편 수
학위 논문	박사 학위 논문	2
	석사 학위 논문	25
국내 학술지 및 학술대회 발표집		13

위의 표에서 보면 학위 논문 연구물에서 박사논문이 2편에 불과한데, 이는 모방이나 문형연습을 단순한 암기와 반복 그리고 문형 연습 정도에 그친다고 생각하여 이론적인 연구 진행이 어려울 것이라는 편견 때문일 것으로 볼 수 있다.

---

24) 학위 논문의 유형으로 수집된 정기양(2009)과 이선주(2013)은 외국어로서의 한국어 교육전공은 아니지만 논문의 내용이 한국어 교육의 모방과 문형 연습 교수법에 의한 것이므로 분석 대상에 포함하였다.

2.2.2 연구 방법별 분류

우선 언어 영역의 경우 언어 기능의 듣기, 말하기, 읽기, 쓰기와 언어 교육 내용에 발음, 어휘, 문법으로 총 7개 범주로 나누어 분류하여 보면 다음과 같다.

〈표 3〉 한국어 모방과 문형 연습의 방법별 연구 현황   (단위: 편)

구분	2000년 이전	2000년 ~ 2004년	2005년 ~ 2009년	2010년 ~ 2014년	2015년 ~ 2017년 4월	계
발음				4	3	7
어휘			1	5		6
문법	1		2	3		6
듣기			1	3	1	5
말하기				2	6	8
읽기				1		1
쓰기			2	3	2	7
합계	1		6	21	12	40

언어 영역별 연구를 살펴보면 말하기가 8편으로 가장 많은 편수이고, 발음과 쓰기가 7편으로 연구물의 수가 같다. 그리고 어휘와 문법이 각 6편으로 같고, 그 뒤를 이어 듣기가 5편이 발표되었다. 그런데 언어 영역별 연구에서는 읽기가 1편으로 가장 적은 연구물이 발표되었음을 알 수 있다.[25]

한국어 교육에서 모방과 문형연습을 적용한 연구의 변화와 흐름을 살펴보기 위해 시대별로 살펴보면, 1990년대에 발표된 연구물은 문법 1편에 불과하고, 2000년대에 들어서 문법과 쓰기가 2편, 어휘와 듣기가 각 1편이 발표되었다. 그러나 발음, 말하기, 읽기의 연구는 전혀 이루어지지 않은 것으로 나타났다. 일반적으로 1990년대를 한국어교육 연구의 양적 증가 시기라

---

25) 류계영(2010)의 '그림자처럼 따라 읽기가 한국어 학습자의 듣기 능력 향상 및 학습 태도에 미치는 영향'과 임지은(2014)의 '그림자처럼 따라 읽기 활용이 학습자의 한국어 듣기 능력 향상에 미치는 영향 연구'는 듣기 능력 향상을 검증하는 듣기 연구로 섀도잉 읽기를 활용하여 연구를 하였다. 이 연구들은 언어 기능 분류에서 듣기 논문으로 분류하였다.

제2장 모방과 문형 연습

고 하지만 '모방'을 적용한 연구는 거의 이루어지지 않은 것을 알 수 있다. 2000년에 들어서서도 언어 교육 내용에 대한 연구가 균형적으로 이루어지지 않았으며 연구물의 양 또한 미비하기 짝이 없다. 그러나 연구에 관심을 가지기 시작하고 시작점이 되었다는 데에 의의를 갖는다고 할 수 있다.

2010년대에 들어와서 언어 영역별로 조금씩 연구가 늘어나기 시작하였는데 말하기가 8편으로 가장 많이 연구되었고, 발음이 7편으로 그 뒤를 이었다. 그리고 쓰기와 어휘가 5편, 듣기 4편, 문법 3편이 연구되었다. 그런데 읽기는 1편으로 연구가 가장 미흡한 실정이다. 이것은 읽기는 텍스트를 이해하고 분석하는 데 초점이 맞추어진 언어 영역으로 모방과 문형연습을 적용하는 교수 방법을 활용하기가 쉽지 않기 때문일 것이다. 비록 2010년대에도 연구가 활발하게 이루어지지 않았으나, 1990년대와 2000년대의 연구에 비한다면 연구물의 양은 상당히 늘어난 편이며 언어 기능별 연구도 적은 양이나마 진행이 되었다는 데 의미가 있다고 할 수 있다.

특히 2017년에 들어와서 쓰기와 말하기 박사 논문이 각각 1편씩 발표된 것을 알 수 있는데 이는 그 동안 한국어교육의 연구에서 배제되었던 '모방'에 대해 연구자들이 관심을 가지기 시작하였으며, 다시 재검토되는 기점이 마련되었다는 의의를 가진다고 할 수 있을 것이다.

다음으로 방법별 연구 동향을 분석한 것이다. 분석의 기준은 Brown(2004)와 이정희(2014)의 연구물 분류 기준을 토대로 동향 분석에 맞게 수정·보완하였다. 구체적인 분석 기준은 아래와 같다.

〈표 4〉 한국어 모방과 문형 연습의 방법별 연구 현황

연구방법			편 수
이론적 연구			6
실증적 연구	양적 연구	설문 연구	1
		실험연구	22
	질적 연구	오류 및 사례 분석 교재 분석	11
	양적+질적 연구		40

위와 같이 방법별 연구는 이론적 연구 방법과 실증적 연구 방법으로 나누었고 실증적 연구 방법 안에 질적 연구와 양적 연구로 나누어 분석하였다. 그 결과 문헌 연구 등의 이론을 통한 연구물은 6편에 불과한 것으로 나타났다. 이렇게 모방이나 문형연습을 적용한 이론적 연구가 부족한 것은 직접 교수법과 청화 구두식 교수법의 주요 학습 방법인 모방과 문형 연습은 오늘날의 언어 교수 방법과는 맞지 않는 다소 고전적이라는 편견에서 벗어나지 못했기 때문이라고 할 수 있다.

이에 반해 실증적 연구 방법의 연구물은 34편으로 이론적 연구에 비해 상당히 많이 연구된 것으로 나타났다. 구체적으로 양적 연구에서는 학습에서 모방이나 문형연습을 직접 적용한 후 학습자에게 미치는 영향을 조사해 그 효용성을 검증하는 연구가 19편으로 가장 많았고, 그 결과를 바탕으로 교수 모형이나 교육 방안을 제안하는 연구가 3편이었다. 그리고 학습자의 요구 분석을 한 연구가 1편으로 나타났다. 질적 연구에는 말하기나 쓰기, 발음과 문법 연구에서 학습자 자료에서 오류를 분석하거나 사례를 수집하여 제시하는 연구가 9편이고, 한국어 교재에 나타난 학습 활동을 분석하는 연구가 2편으로 모두 11편으로 나타났다. 이 연구에서 이론적 연구보다 실증적 연구 방법이 많이 활용된 것을 알 수 있는데 이는 한국어 교육 현장에서 학습자들의 언어 능력 향상에 실제적으로 도움이 되는 것을 모방과 반복 연습으로 인식하고 있기 때문일 것이다. 모방과 반복 연습을 단순한 암기에서 벗어나 유추를 통해 언어 규칙을 인지할 수 있도록 도와주어 학습자가 학습한 규칙을 내재화하여 정확히 사용할 수 있다고 생각하여 모방을 활용한 학습의 효용성을 확인하고 그것을 바탕으로 구체적인 교수 방안을 마련하고자 한 것이라고 이해할 수 있다.

2.2.3 연구 주제별 분류

주제별 분류는 앞서 살펴본 모방과 문형연습을 적용한 연구의 분류 기준인 '모방, 반복, 암기, 문형 연습'을 바탕으로 연구물을 그 내용과 주제에 따라 나누고 다시 언어영역으로 나누어 보았다.[26] 그 내용을 구체적으로 살펴보면 다음과 같다.

〈표 5〉 한국어 모방과 문형 연습의 주제별 연구 현황   (단위: 편)

	모방				반복		암기	문형 연습		
	받아쓰기	섀도잉 학습	패러디 하기	모방 쓰기	반복 전략	문맥을 통한 어휘 추론	문장 암기	수업 활동 유형	교육 방안	교재의 학습 활동
2000년 이전									1	
2000년 ~2004년										
2005년 ~2009년	2			1	1			1		1
2010년 ~2014년	3	5	2	1	4	3			2	1
2015년 ~2017년		9		2			1			
계	5	14		4	4	4	1	1	3	2

위와 같이 연구물을 크게 모방, 반복, 암기, 문형 연습으로 나누고 그 기준에 맞추어 주제별로 다시 분류하였다. 그 결과 모방은 받아쓰기, 섀도잉 학습, 패러디하기, 모방 쓰기의 주제로 나눌 수 있고, 반복은 반복 전략과 문맥을 통한 어휘 추론의 주제로 나누어지며 암기는 문장 암기 그리고 문형 연습은 교육 방안과 수업 활동 유형, 교재의 학습 활동의 연구물로 나눌 수 있다.

---

[26] '모방, 반복, 암기, 문형 연습'의 분류 기준에 맞춰 연구물의 주제를 분류할 때 교수 방법이 중복 되는 경우가 많다. 예를 들면 '받아쓰기'에는 '모방'의 학습 방법이 가장 많이 활용되지만 '모방'과 함께 '반복' 그리고 '암기'까지 적용될 수 있기 때문이다. 그러므로 여기에서는 주요 교수 방법을 기준으로 분류를 하도록 하겠다.

위의 연구물 중에서 섀도잉 학습[27], 패러디하기[28]는 모방의 학습 원리를 재구성한 것이고, 문맥을 통한 어휘 추론[29]은 반복의 학습 원리를 다소 변형시켜 재구성하여 활용한 연구이다. 특히 섀도잉을 활용한 연구는 14편으로 편수가 가장 많았고, 언어 영역에 따른 연구도 발음, 듣기, 말하기, 읽기로 다양한 편이다. 패러디하기는 말하기와 쓰기 영역에서 3편이고 문맥을 통한 어휘 추론은 4편으로 이를 모두 합하면 총 21편이 된다. 이렇게 모방이나 문형연습의 원리를 재구성하고 변형시킨 연구가 많은 것은 다소 고전적인 이론을 배경으로 삼고 있는 모방이나 문형연습에 대한 관점의 변화와 시대의 흐름에 맞추기가 쉽지 않다고 보고 실제적 교육적 상황에 맞게 절충하려는 것으로 이해힐 수 있다.

2.3 연구 동향 분석

지금부터는 주제별 연구를 좀 더 구체적으로 살펴보고 그 내용에 대해 분석해 보고자 한다. 먼저 모방의 학습 원리에서는 받아쓰기, 섀도잉 학습, 패러디하기, 모방 쓰기의 연구가 진행되었다. 받아쓰기는 교사나 그 외부의 음성에서 한 구절이나 문장을 반복적으로 읽어주면 학습자가 그것을 듣고 정확하게 모방하여 받아쓰는 것을 의미하는 것으로 크게는 모방이 조금 작게

---

27) 섀도잉 학습법이란 학습자가 자신이 듣고 있는 음성이 끝난 후에 그것을 따라 하는 듣고 따라 말하기와 달리, 듣는 동시에 소리 내어 따라 읽는 것을 말한다(Cherry, 1953).

28) 패러디란 16C 그리스어 'parodia'에서 나온 말로 다른 이의 원작을 이용해 풍자하여 부르는 노래 형식으로 이해할 수 있다. 이는 타인의 것을 이용해 재구성하고 변형하여 새로운 것을 창조해 낸다는 의미가 있다(박미현, 2010).

29) 문맥을 통한 어휘 추론은 문맥을 통한 어휘 학습 방법은 새로운 어휘의 의미를 직접 풀이해 주지 않고 후 문맥을 통해서 의미를 유추하게 하는 방법이다. 학습자에게 여러 단계에 걸쳐 반복적으로 보다 많은 상황을 노출함으로써 학습자들이 모르는 어휘의 의미를 반복적으로 노출하여 추측해서 우연적으로 어휘를 학습하도록 하는 방법으로 반복 전략이 주가 된다. 여기에서 '우연적 어휘 학습'이란 학습자의 주된 학습 목적은 읽기이지만 학습 도중에 어휘가 반복적으로 노출되어 의식하지 않은 채 우연히 어휘를 학습하는 것이다.

제2장 모방과 문형 연습

보면 반복까지 모두 포함되어 있다.[30]

발음 연구에서는 이선주(2013)가 여성 결혼 이민자를 대상으로 겹받침을 이용한 받아쓰기를 통하여 오류를 수집하여 분석한 후 음운 특성에 대해 알아보았다. 듣기에서는 이인식(2005)이 초급 한국어 학습자를 대상으로 김지인(2012)은 여성결혼 이민자를 대상으로 하여 받아쓰기 실험을 통해 듣기 능력을 향상 시킬 수 있음을 확인하였다. 쓰기에서는 정기양(2009)와 김은혜(2010)은 쓰기 학습에 받아쓰기의 효과를 주장하면서 필요성을 제기하였다. 정기양(2009)는 정식 교육 기관에서의 학습이 불가능한 이주노동자나 여성결혼 이민자들을 위해 시공간의 제약 없이 학습이 가능한 웹 맞춤형 교육을 실시해야 하며 이를 위해 받아쓰기 프로그램 개발이 필요하다고 보고 '단어 받아쓰기'를 특화한 프로그램 개발에 대한 연구를 실시하고 그 효과가 있음을 주장하였다. 김은혜(2010)은 수준별 한국어 학습자를 대상으로 각각 다른 받아쓰기 평가 사례를 분석하여 받아쓰기의 효과를 검증하고 필요성을 주장하였다.

섀도잉을 활용한 연구[31]에서는 발음, 듣기, 말하기, 읽기 등의 다양한 언어 영역으로 연구되었다. 섀도잉은 그림자처럼 따라하는 것인데 이것은 단순히 음성을 듣고 흉내 내는 것이 아니라, 말하는 사람의 심리적 요소, 기분, 발음 속도, 억양, 리듬, 강세, 감정 등을 가능한 한 정확히 따라하는 훈련을 의미한다. 성공적인 의사소통을 하기 위해서는 말하는 상황에 따라 적절한 억양, 리듬, 강세, 감정 등을 정확히 표현하는 것이 중요한데 이것은 섀도잉을

---

30) 받아쓰기란 교사가 제공하는 발화문을 학습자가 들으면서 청각 심상을 통하여 개념을 구상하고 머리에 심리적 영상을 그린 다음 문자 심상을 통해 글로 옮겨 쓰는 활동이다 (Oller, 1972).

31) 섀도잉(Shadowing)은 '그림자처럼 따라 읽기(Shadow reading)'와 '그림자처럼 따라 말하기(Shadow speaking)'로 세분화할 수 있다(류계영, 2010). 전자는 텍스트를 귀로 듣는 동시에 눈으로 보며 소리를 내어 읽는 활동이고, 후자는 아무 것도 보지 않고 듣기 자료에만 의지하여 들리는 대로 바짝 따라 말하는 활동을 말한다.

통한 연습이 적절하다고 할 수 있다(Cherry, 1953).

먼저 발음 연구에서는 오상민(2014), 임소연(2015), 김현진(2016)이 모방을 통한 반복적인 연습인 그림자처럼 따라 하기가 한국어 발음 능력 향상에 긍정적인 영향을 미침을 밝히고 있다. 오상민·조완철(2016)에서는 섀도잉 학습법을 활용하여 한국어 억양 교육용 애플리케이션 개발하는 방안을 제안하였는데 이는 시대의 흐름에 맞춰 언어 교수 방법이과 그에 따른 이론적 연구가 발전하는 모습을 보여준다고 할 수 있다. 듣기 연구에서는 그림자처럼 따라 읽는 학습이 한국어 듣기 능력에 긍정적인 영향을 미친다는 연구물을 발표하였다. 류계영(2010), 임지은(2014)은 그림자처럼 따라 읽기가 듣기 능력과 학습 태도에 긍정적인 영향을 미친다는 결과를 발표하였고, 한성희·김영주(2015)는 한국어 중·고급 학습자들을 대상으로 그림자처럼 따라 말하기가 한국어 듣기 능력 향상에 효과이며 한국어 숙달도에 따라 그 효과가 다르게 나타남을 확인하였다. 말하기 연구에서는 서윤미(2012)는 학문 목적 고급 학습자, 진보영(2015)은 고려인 학습자를 대상으로 하여 섀도잉이 말하기 능력 향상에 긍정적인 영향을 미친다고 밝히고 있다. 정수진(2015)에서는 섀도잉 활용 학습이 교실에서 교사와의 상호작용적 활동뿐만 아니라 학습자의 자가 학습 활용으로서도 가치가 있다고 보고, 실제 교육 현장에서 활용할 수 있는 방안을 제안하였다. 강란숙(2016)은 학문목적 상황에서 학업을 수행하는 외국인 학습자들이 섀도잉 기법을 이용해 교실 밖에서 자기주도적으로 발표 연습을 시도할 수 있는 방법을 모색하는 방안을 제안하였다. 그리고 엄나영(2016a)에서는 사례 분석을 중심으로 섀도잉 학습법이 한국어 말하기와 정의적 영역에 미치는 영향을 분석하였고, 엄나영(2017b)에서는 자기 주도 섀도잉 학습법을 마련하여 중국인 한국어학과 대학생을 대상으로 3번의 실험을 한 결과를 바탕으로 자기주도 섀도잉 학습이 학습자의 발표 능력 향상뿐만 아니라 학습의 정의적 측면에서도 긍정적인 영향을 주고 있음을 주장하였다. 읽기 연구에서는 여지민(2012)가 그림자처럼 따라

제2장 모방과 문형 연습

읽기를 실험집단과 통제집단으로 나누어 실험을 한 결과 실험집단이 읽기 요소 중 읽기 속도, 발화 오류, 반복, 유표 휴지의 면이 향상되는 결과를 도출해 내어 섀도잉 학습법이 읽기 유창성에 효과가 있음을 설명하고 있다.

이상에서 살펴 본 바와 같이 모방 연구에서 섀도잉이 많은 연구에서 활용되고 있음을 알 수 있다. 그것은 모방이 언어 교육의 가장 기본이 되는 교수 방법이기는 하나 시대의 변화에 뒤떨어진다는 것을 인정하고 실제 교육 현장에 맞는 언어 학습 방법과의 절충이 필요하다는 요구에 의한 것으로 이해할 수 있다.

패러디(Parody)는 원 텍스트의 의미 체계와는 전혀 다른 새로운 텍스트를 생산해 내고자 하는 욕망을 기본 전략으로 지니고 있는데, 원 텍스트를 다르게 반복하는 과정에서 의미 있는 차이를 생산하는 것이다(이미란, 1999). 학습자들은 원 텍스트를 모방하고 그것을 반복하는 과정에서 자신만의 것을 생산해내는 능력을 기르게 된다.

말하기에서는 강현주(2012)가 스토리텔링 광고의 스토리와 담화상황을 활용하여 한국어 학습자들의 집중도를 높이고 흥미를 유발하여 참여도를 높이는 방안의 하나로 패러디 스토리텔링 광고의 활용 방안과 수업 모형을 제안하였다. 쓰기에서는 이가원(2012)가 문학을 활용한 패러디 쓰기의 효과를 주장하고 그 방안을 제안하였다.

모방 쓰기에서 이홍매(2008)은 한국어 문학 교육에 초점을 맞추어 한국어교육에서 '모방 시 쓰기'를 활용한 현대시 교육에 대한 연구를 하였다. 그리고 모방 쓰기에서 많이 활용되는 것이 모델 텍스트의 활용이다. 모델 텍스트 활용 쓰기는 오류가 없는 정확한 결과물 생산에 목표를 두고 있다. 형식적 관점의 쓰기 이론에서 발전한 모델 텍스트의 모방 쓰기는 내용 구성을 위한 역동적인 의미 구성의 과정을 간과했다는 비판을 받으면서 쓰기 과정을 중시하는 인지적 관점의 쓰기 이론에서 배척되기도 했다.[32] 그런데 모델 텍스트를 활용한 쓰기는 담화 공동체와 상호작용을 강조하는 사회적 관점의 이론이 등장하면서 다시 제기되었는데, 여기서는 모델 텍스트를 단순히 모범으로 치부하여 모방하는 데 초점을 맞춘 것이 아니라 모델 텍스트를 활용하여 장르를 모델링하고 사회적 상황 맥락을 형성하는 것으로 발전시켰다.[33] 임진숙·김상수(2013), 임진숙(2016)과 주경희(2016)에서는 모델텍스트를 활용한 모방 쓰기에 대한 연구를 진행하였다. 임진숙·김상수(2013)은 모델 텍스트를 활용한 쓰기의 양상을 확인하고 모델 텍스트 활용의 효과에 대해 설명하였다. 이 보다 깊이 있는 연구로는 임진숙(2016)과 주경희(2016)가 한국어 중급 학습자를 대상으로 모델 텍스트를 활용한 쓰기와 활용하지 않은 쓰기의 실험을 하여 모델 텍스트를 활용하면 학습자의 쓰기 능력이 향상됨을 확인하였고, 설문조사와 인터뷰를 통해 정의적인 측면에도 도움이 됨을 주장하였다.

다음 반복의 학습 원리에서는 반복 전략과 문맥을 통한 어휘 추론 연구가 진행되었다. 반복 전략은 발음과 어휘 연구에 적용되었다. 발음 연구에는 TV 광고를 활용하여 소리의 반복 기법과 단어의 반복 학습을 제안한 연구가 있다. 황지유(2012)는 TV 광고의 음운론적 특징인 소리 반복 기법에 초점을 맞추어 한국어 발음 교수 방안을 제안하였고, 정미라(2011)은 네팔인 학습자의 한국어 발음 오류 실태를 조사하여 발음 오류의 유형과 원인을 밝

---

32) 형식주의 작문 이론은 텍스트 자체에 초점을 두고 규범과 수사학적 원칙을 강조한다. 따라서 모범적이라고 할 만한 글의 특징을 분석, 모방하여 반복적으로 연습함으로써 가능한 오류를 피할 수 있도록 가르친다.

33) Hyland(2004)에서는 장르 쓰기 교수법에서는 특정 장르를 실제적인 예시 텍스트 형태로 제시하는 모델링(modeling)을 통해서 학습자로 하여금 상황맥락 안에서 대상 텍스트의 특징적 자질을 파악하도록 하고, 적합한 장르의 글을 쓸 수 있도록 교사가 학습자와 함께 맥락, 장르의 구조 및 언어 특질 등에 대한 지식을 공유하면서 텍스트를 구성하는 단계를 거쳐 마침내 교사의 지원 없이 학습자 스스로 글을 쓸 수 있도록 지도할 수 있다고 밝혔다(원진숙 외, 2011).

혀냈다. 발음 오류의 원인을 크게 모국어의 간섭, 목표어의 간섭으로 나누었는데, 모국어 간섭에 의한 오류는 음소 체계의 간섭, 음운 변동 현상의 간섭임을 밝혀냈다. 그리고 교정 방안으로 TV 광고를 통한 단어의 반복 학습을 제안하였다. 어휘 연구에는 한민지(2012)가 구두 반복 학습 전략을 활용하여 중국인 한국어 학습자를 대상으로 실험을 하였다. 이 연구에서 구두 반복 전략이 단기 어휘 학습과 장기 어휘 학습에 효과적이며, 생산적 어휘 지식과 수용적 어휘 지식의 습득에 유용함을 밝혀냈다. 구두 반복은 단어를 기억하려고 할 때, 머릿속으로 단어의 발음을 반복하는 것을 포함하여 충분히 소리 내는 것을 일컫는다(Gu & Johnson, 1996). 이것은 친숙한 단어나 일련의 숫자를 자꾸 반복하게 하여 주의 자원(attentional resources)을 소모하지 않고 음운 단기 기억을 사용하게 하는 일종이 조음 억제 과제(articulatory suppression task)와 맥락을 같이 한다.[34] 신선미(2012)는 3급 수준의 중국인 학습자를 대상으로 말이나 시각적인 반복이 어휘 습득에 긍정적인 영향을 미침을 확인하고 한국어 어휘 학습에서 어휘 반복 노출 방안을 제안하였다. 이것은 수준에 맞는 어휘 학습이 가능하고 장기 기억으로의 전환이 쉬우며 읽기 텍스트 안에서 노출되는 반복은 내용이 전체적으로 연결되므로 앞에 나왔던 어휘가 자연스럽게 반복되고 자연히 관련 어휘를 자주 접하게 되는 장점이 있다. 그리고 일련의 맥락 속에서 어휘를 제시하므로 이러한 과정을 통해 배운 어휘들을 읽기 내용 이해와 함께 장기 기억으로 저장될 확률이 높아 어휘의 깊이와 폭을 넓힐 수 있게 된다.

문맥을 통한 어휘 추론은 학습자들이 여러 단계에 걸쳐 반복적으로 제시되는 자연적인 상황에서 문맥을 통해서 어휘의 의미를 유추하여 어휘를 학

---

34) 주의 자원이란 주의(attention)를 총량의 한계가 있는 자원 혹은 에너지로 보는 것이다. 조음 억제 과제란 친숙한 단어나 일련의 숫자를 자꾸 반복하게 하여 주의 자원을 소모하지 않고 음운론적 고리를 사용하게 하는 과제이다(곽호완 외 4인, 2008).

습하게 하는 것이다.[35] Nation(2001)은 문맥의 추론을 통해 어휘를 습득하는 것이 어휘 학습의 기본이 되며, 이것은 특히 모국어를 학습할 때 중요할 뿐만 아니라 제 2언어를 학습하는 학습자에게도 역시 가장 중요한 어휘 학습 방법이라고 했다(원미진, 2011). 문맥을 통한 어휘 추론 학습은 교사가 어휘를 명시적으로 설명하지 않고 예문의 노출로 학습 문형이나 구문을 유추하고 모방하여 연습하게 하는 것이다. 장지영(2009)는 실험을 통해 문맥을 통한 어휘추론 전략을 교수하는 것이 우연적 한국어 어휘 학습에 긍정적인 영향을 미침을 알아냈다. 신유정(2011)은 중국인 중급 학습자를 대상으로 성의 중심 어휘 지도방법과 문맥 중심 어휘 지도 방법을 비교하는 실험을 하여 문맥 중심 어휘 지도가 더 효과적임을 입증하였다. 현우주(2012)는 Nation의 귀납적 어휘 추론의 절차를 중심으로 문맥을 활용한 한국어 어휘 수업 방안을 제안하였다. 조현경(2014)은 문맥 추론 전략 실험을 통해 한국어 교육에서 비명시적 문맥 단서를 활용한 문맥 추론 전략을 교수할 때, 학습자는 문맥 단서 활용 능력이 향상되어 한국어 어휘 추론 능력과 이해 능력이 향상되며 문맥 추론 전략을 통한 읽기는 우연적 어휘 학습과 우연히 학습된 어휘의 장기 기억이 가능하도록 영향을 미침을 밝혀냈다. 그리고 암기의 학습 원리를 활용한 연구로는 류자미·오성록(2016)이 통 문장 암기에 짝 활동을 융합하여 학습시키는 전략이 학습자의 말하기 능력 향상에 긍정적인 영향을 미침을 언급하였다.

 마지막으로 문형 연습의 학습 원리에서는 모두 문법 연구로 진행되었는데 구체적으로 수업 활동 유형, 교육 방안, 교재의 학습 활동으로 나누어진다. 이것은 언어 교육의 목표인 의사소통 능력 향상을 위해 일상생활에서 자

---

35) Krashen(1985)는 문법 구성요소를 분석하여 어휘를 학습하는 방법보다는 다양한 읽기 자료를 통하여 반복적으로 노출되는 문맥 속에서 어휘를 우연적으로 배워가는 것을 진정한 어휘 습득으로 생각하였다. 즉 문맥을 통한 어휘 추론은 모방과 반복을 통해 이루어지는 것이라고 밝힌 바 있다. 이는 언어 교육의 자연적 접근법을 따르는 것이다.

제2장 모방과 문형 연습

연스런 대화를 유도하고 다양한 방식의 연습을 통해 목표 언어 항목이 사용되는 여러 상황을 이해할 수 있도록 하는 것이 중요하기 때문일 것으로 보인다. 또한 교실 환경에서의 언어 교육이라는 시간과 공간의 제약에서 주어진 교육 자료로 많은 양의 언어 항목을 다루어야 하므로 다양한 문형 연습의 유형을 활용하여 학습자들이 문법을 모방하여 암기하고 학습하는 것이 용이하기 때문일 것이다. 문형 연습은 언어 요소가 결합되어 형식화된 문장의 형식을 익숙해지도록 되풀이하여 익히는 것으로 반복을 통한 강화로 언어 표현을 습관화하도록 하는 것으로 인식할 수 있다. 또한 유추(analogy)를 통해 문형의 용법을 이해할 수 있으므로, 학습에서 문형의 의미와 문법적 성격을 설명하지 않아도 되는 것이다(우형식, 2016).

수업 활동 유형의 연구에는 권순희(2006)이 있는데, 한국어 문법 교육 방법과 수업 활동 유형에서 모방과 문형 연습 교수 기법의 유형을 소개하고 학습 방법을 구체적으로 제시하였다. 이것은 한국어 교실에서 모방과 문형 연습 유형을 활용한 구체적인 교육 방안을 제안한 연구이다.

교육 방안을 제시한 박미경(1996)은 의사소통적 접근 방식 교수법 활용을 주장하면서 한국어 교육의 적용에 문형구조 연습 유형을 일차적으로 제시한 후 교육 방안을 제안하였고, 최문석(2010)은 '덩어리 형태'의 문법 항목의 경우 어휘 요소가 해당 항목의 의미와 사용 맥락을 결정하는 데 중요한 요소로 작용하고 있음에 착안하여 어휘 요소를 토대로 문법 항목의 의미와 사용 맥락을 해석해 내도록 하는 방식의 문법 교육 방안을 제안하였다. Cheong Dong Wang(2013)은 반복 훈련이 선행되어야 함을 주장하면서 중국인 한국어 중·고급 학습자들에 문법을 제시할 때는 의미와 형태를 분명하게 제시해야 함을 주장하면서 교육 방안을 제안하였다.

교재의 학습 활동 연구에서는 고예진(2014)이 1960년 이전의 서양인의 한국어 교재를 중심으로 20세기 초 한국어 교재의 학습 활동 연구에서 문형 연습 유형을 제시하였는데 이것은 문형 훈련 등의 구체적이고 체계적인 학습 활동의 틀을 제시했다는 의의를 가진다고 설명하고 있다. 박건숙(2006)에서는 1960년대에서 1980년대 중반까지의 한국어 교재에 나타난 학습 활동을 분석하였는데 이 시기의 한국어 교재에는 대화를 암기하고 문형을 반복 연습하는 형식으로 주로 구성되어 있다고 밝히고 있다. 문형 연습은 구조와 형태에 대한 인식을 높이고 문법 지식을 간략히 형식화 하는데 도움이 되나 실제 발화시 유연성의 부족과 주입식 교육으로 인한 의욕저하를 문제점으로 제시하기도 하였다. 또한 교수 방법의 적용은 한 가지 방법만을 활용할 것이 아니라 교수 방법의 절충적인 관점이 필요하다고 주장하였다.

2.4 향후 과제와 제언

지금까지 모방과 문형 연습의 연구 경향을 전반적으로 살펴보았다. 모방과 문형 연습의 한국어 학습 방법에 대한 연구는 직접적 교수법과 청화 구두식 교수법을 이론적 근거로 하여 언어 기능별로 다양한 주제로 연구되어 왔다. 이에 대한 연구는 이론적 근거로 실험을 통해 효과를 검증하거나 구체적인 교육 방안을 제시하는 연구, 반복 전략을 활용한 연구, 받아쓰기를 통한 효과 검증 연구, 섀도잉을 활용한 연구, 문맥을 통한 어휘 추론 연구, 문장 암기의 필요성을 주장하는 연구, 모방 쓰기의 효과 연구, 실제적 패러디하기 연구 등 다방면으로 연구가 이루어져 왔다. 하지만 연구 기간과 연구 편수 면에서는 다른 연구에 비해 매우 부족한 편이며, 양적으로나 질적으로나 매우 뒤떨어진 상황이다.

이에 앞으로의 더 나은 모방과 문형 연습 연구를 위해 나아가야 할 방향을 다음과 같이 제시하고자 한다.

첫째, 모방과 문형 연습이 전통적 교수법에 국한된다는 편견을 버리고 이론적인 접근을 통해 질적 연구 방안을 고안해야 할 것이다. 앞서서도 밝힌 바와 같이 모방과 문형연습이 실제 교육현장에서는 학습 유형의 형태로 다양하게 활용되고 있음에도 불구하고 이론적 배경의 한계점을 들어 연구를 소홀히 하고 있는 것이 사실이다. 이러한 한계점을 극복하고 모방과 문형 연습 학습 방법을 수업의 실제에 적용하여 교육 방법과 수업 유형을 체계화하고 구체적인 교수 모형을 개발하여 수업 현장에 적용할 수 있도록 한다.

둘째, 모방과 문형 연습을 활용한 연구에서 읽기 영역에 대한 연구가 거의 이루어지지 않고 있는 실정이다. 언어 기능별 영역 연구에 대한 연구가 더 많이 이루어져야 할 것이며 특히 어느 영역에 편중된 연구가 아니라 언어 기능별 연구가 골고루 이루어져야 한다. 문형 연습은 문법이나 발음 영역에만 활용되는 교수 기법이 아니라 한국어 전 영역의 교수 단계에 활용될 수 있으므로 언어 학습의 기본이 되는 모방과 암기, 그리고 문형 연습 유형을 활용한 언어 기능별 지속적인 연구가 필요하다.

셋째, 모방과 문형 연습의 확장 유형에 대한 교수 전략 연구가 이루어져야 한다. 반복 전략, 모방 전략, 암기 전략, 추론 전략 등을 활용하여 교육 현장에서 실질적으로 활용할 수 있는 내용으로 문형연습 유형이 다루어져야 한다. 특히 문형 연습 전략 연구는 단순히 문형의 형태를 모방하여 암기하는 것이 아니라 언어의 정확성에 초점을 맞춘 전략을 활용한 학습으로 정확한 문형이 상황 맥락에 맞게 유창하게 발화될 필요가 있다.

넷째, 모방과 문형 연습을 활용한 영역별 교재가 연구 되어야 할 것이다. 실제 현장에서 활용할 수 있도록 시각적 청각적 자료를 활용하고 문형 연습 교수 기법 활용을 위한 교구 개발에 대한 연구가 필요하다.

지금까지 모방과 문형 연습 한국어 교육에 관한 연구들을 살펴보았다. 한국어 교육에서 모방과 문형 연습에 관한 연구는 1990년대에서 2000년대까지 전체 연구물이 7편에 불과할 정도로 미흡한 실정이었다. 2010년에 들어와서 모방과 문형 연습의 확장된 연구가 진행되어 그 수가 조금씩 늘고 있기는 하지만 한국어 교육의 다른 분야의 연구에 비해 그 수는 현저히 부족하다. 그리고 언어 기능별 연구에서는 균형적으로 연구가 진행되고 있지 못 하는 실정이며 주제별 연구에서도 받아쓰기, 모방쓰기 특히 섀도잉 학습을 주제로 하여 실험을 통한 효과 증명이나 교육 방안 제시에 편중되어 있는 연구 결과를 보였다. 그러므로 모방과 문형 연습에 대한 관심을 가지고 다양한 학습자를 대상으로 다양한 수준별로 여러 언어 기능 면에서도 다양한 질적 연구들이 필요한 실정이다.

참고문헌

곽호완 외 4인(2008), 「실험심리학 용어사전」, 서울:시그마 프레스.
박기선(2006), 「언어교수이론과 한국어 교육」, 한국문화사.
박미현(2010), '패러디 기법을 활용한 협동학습 지도 방안 연구 -중학교 3학년을 중심으로-', 계명대학교 석사학위논문.
서영윤(2000), '르네상스시대 이탈리아 비평가들에 의한 고전 모방이론의 수용과 변형 : Aristotle 의 모방론을 중심으로', 「고전·르네상스 영문학」 9-2, 한국고전 르네상스영문학회.
우형식(2015), '한국어 교육에서 교수 방법 적용의 실태 분석', 「우리말연구」 43. 우리말학회.
우형식(2016), '한국어 교육에서 교수 방법의 적용에 대한 인식 분석', 「한어문교육」 35. 한국언어문학교육학회.
원미진(2011), '한국어 어휘 교육 연구의 방향 모색', 「한국어 교육」 22-2. 국제한국어교육학회.
이미란(1999), 「한국 소설과 패러디」, 국학 자료원.
이정희(2014), '중국인 학습자 대상 한국어교육 연구 동향 분석', 「국어국문학」 166. 국어국문학회.

Brooks, N.(1964) Language and Language Learning: *Theory and Practice(2nd ed.)*, New york: harcourt Brace.
Brown, J. D. (2004) Research methods for applied linguistics: Scope, charac teristics, and standards, in A. Davis & C. Elder eds., *The handbook of applied linguistics*, Oxford: Blackwell, 2004
Cherry, E. C. (1953) Some experiments on the recognition of speech, with one and two ears. *Journal of the Acoustical Society of America*. 25.
Krashen, S. (1985), The Input Hypothesis: Issues and Implicati ons, London Longman.
Oller, J .W. Jr. (1972) Dictation as a test of ESL proficiency. I n H. B. Allen & R. N. Campbell (Eds.) Teaching English as a second Language, McGraw-Hill.
Gu, Y., & Johnson, R. (1996) Vocabulary learning strategies and language learning outcomes. *Language Learning*. 46(4).

【부록】 모방과 문형 연습 연구 논문 목록

1. 학위논문
- 박사학위논문

엄나영(2017), '자기주도 섀도잉 학습법(SSDL)이 발표 능력 향상에 미치는 영향 연구 : 중국 대학 한국어과 학습자를 중심으로', 영남대학교 대학원.

임진숙(2016), '통합적 관점의 한국어 쓰기 교수·학습 방안 연구', 부산외국어대학교 대학원.

- 석사학위논문

강현주(2012), '스토리텔링 광고를 활용한 한국어 교수·학습 방안', 한양대학교 대학원.

김지인(2012), '받아쓰기와 Dictogloss를 이용한 수업이 한국어 듣기 능력에 미치는 영향 연구 : 여성 결혼이민자를 대상으로', 영남대학교 대학원.

김현진(2016), '구어텍스트를 활용한 섀도잉 학습이 학습자의 발음에 미치는 영향', 부산외국어대학교 대학원.

류계영(2010), '그림자처럼 따라 읽기가 한국어 학습자의 듣기 능력 향상 및 학습 태도에 미치는 영향', 이화여자대학교 대학원.

박미경(1996), '외국어로서의 한국어 교육에 관한 연구: 의사소통 활동을 중심으로', 숙명여자대학교 대학원.

서윤미(2012), '섀도잉(Shadowing)학습을 활용한 한국어 말하기 능력 향상 방안 연구: 학문 목적 학습자를 중심으로', 경희대학교 대학원.

신선미(2012), '반복과 L1어휘화가 우연적 한국어 어휘 습득에 미치는 영향', 이화여자대학교 대학원.

신유정(2011), '문맥 중심 어휘 지도 방법이 한국어 어휘 학습에 미치는 효과', 이화여자대학교 대학원.

여지민(2012), '그림자처럼 따라 읽기 활동이 한국어 학습자의 읽기 유창성에 미치는 영향 연구', 고려대학교 대학원.

오상민(2014), '섀도잉(Shadowing) 학습이 학습자의 한국어 발음에 미치는 영향', 부산외국어대학교 대학원.

이선주(2013), '이중언어 사용자의 받아쓰기에 나타난 음운 특성 : 여성 결혼 이주민을 중심으로', 대구대학교 대학원.

이인식(2005), '받아쓰기를 통안 초급 한국어 듣기 능력 향상에 관한 연구', 한양대학교 대학원.

이홍매(2008), '한국어교육에서 '모방 시 쓰기'를 활용한 현대시 교육 연구', 서울대학교 대학원.
임소연(2015), '섀도잉 학습이 일본어권 한국어 학습자의 초분절음 습득 향상에 미치는 영향', 이화여자대학교 대학원.
임지은(2014), '그림자처럼 따라 읽기 활용이학습자의 한국어 듣기 능력에 미치는 영향 연구', 경희대학교 대학원.
장지영(2009), '문맥을 통한 어휘추론 전략의 교수가 우연적 한국어 어휘학습과 읽기 이해에 미치는 영향', 이화여자대학교 대학원.
정기양(2009), '외국인을 위한 한국어 단어 받아쓰기 프로그램 개발에 관한 연구', 국민대학교 석사학위논문.
정미라(2011), '네팔인 학습자의 발음 오류의 원인과 교정', 연세대학교 대학원.
정수진(2015), '한국어 말하기 유창성 향상을 위한 섀도잉(Shadowing) 활용 교육 방안 연구', 경희사이버대학교 대학원.
조현경(2014), '비명시적 문맥 단서를 활용한 읽기가 문맥 추론 전략 향상과 우연적 어휘 학습에 미치는 영향', 부산외국어대학교 대학원.
주경희(2016), '모범 예시문을 활용한 한국어 쓰기 교육 프로그램의 개발과 적용 사례 연구', 경인교육대학교 석사학위논문.
진보영(2015), '섀도잉 학습법이 재외동포(고려인)의 한국어 구어능력 향상에 미치는 영향: 억양, 휴지, 속도를 중심으로', 이화여자대학교 대학원.
한민지(2012), '구두 반복 학습 전략과 음운 단기 기억 능력이 한국어 어휘 학습에 미치는 영향', 이화여자대학교 석사학위논문.
현우주(2012), '문맥을 활용한 한국어 어휘 수업 방안 연구: Nation의 귀납적 어휘 추론의 절차를 중심으로', 한국외국어대학교 대학원.
황지유(2012), 'TV광고를 활용한 한국어 발음 교육 연구: 소리의 반복 기법을 중심으로', 한국외국어대학교 대학원.

2. 학술지
Cheong Dong Wang (2013), '중국인 한국어 중,고급 학습자를 위한 '-(으)ㄴ/는 것이다'교육 방안 : 말뭉치, 오류 분석을 중심으로', 「한성어문학」 32. 한성어문학회.
고예진(2014), '20세기 초 한국어 교재의 학습 활동 연구 : 1960년 이전 서양인의 한국어 교재를 중심으로', 「정람어문교육」 51. 정람어문교육학회.
권순희(2006), '한국어 문법 교육 방법과 수업 활동 유형', 「한국초등교육」

5-40. 한국초등교육학회.

김은혜(2010), '받아쓰기 평가의 활용 방안 : 한국어 학습자의 의미 재구성 능력을 중심으로', 「국어 교육」 37. 국어교육학회.

류자미, 오성록(2016), '통 문장 암기와 짝 활동을 통한 한국어말하기 향상 융합전략', 「한국융합학회논문지」 7-2. 한국융합학회.

박건숙(2006), '한국어 교재에 나타난 학습 활동 연구 : 1960-1980년대 중반까지', 「국어교육연구」 17.서울대학교 국어연구소.

이가원(2012), '문학텍스트를 활용한 한국어교육방안 연구 : 외국인 유학생을 대상으로 한 패러디(Parody)활동 중심으로', 「한국문예비평연구」 38. 한국현대문예비평연구학회,

최문석(2010), '해석 중심의 한국어 문법교육 연구 '-(으)ㄴ/는 법이다'를 중심으로', 「인문학연구」 18.경희대학교 인문학연구소.

한성희. 김영주(2015), '그림자처럼 따라 말하기가 한국어 학습자의 듣기 능력에 미치는 영향', 「이중언어학」 58. 이중언어학회.

엄나영(2016), '섀도잉(shadowing) 학습법이 한국어 말하기와 정의적 영역에 미치는 영향 : 사례 연구를 중심으로', 「국제한국어교육학회 춘계학술발표논문집」, 국제한국어교육학회.

임진숙, 김상수(2013), '모방하기 쓰기 전략에 나타난 한국어 쓰기 양상', 「국제한국어교육학회 발표집」, 국제한국어교육학회.

오상민·조완철(2016), 「한국어 억양 교육용 애플리케이션 개발 방안 -섀도잉(shadowing) 학 습법을 활용하여-」, 한국어문화교육학회 발표집.

강란숙(2016), 「모델링 동영상을 활용한 외국인 학문목적 학습자의 자기주도 쉐도잉 발표 연 습 방법 -한국인 대학생의 우수 프리젠테이션 대회 수상작 활용 기반-」, 국제한국어교육학회 발표집.

제3장
입력 홍수

양민철

제3장 입력 홍수

양민철

1. 기본 원리와 적용

1.1 정의

입력 홍수(input flood)는 입력 쇄도, 입력 과다라고도 하며, 형태 초점 교수의 여러 기법들 중에서 가장 암시적인 방법 중의 하나이다.[36] '홍수, 쇄도, 과다'라는 이름에서도 짐작할 수 있듯이, 입력 홍수는 목표 형태에 대한 교사의 명시적인 설명 없이 자연스러운 의사소통 과정에서 목표 형태가 포함된 많은 양(출현 빈도(frequency)가 높은)의 자료를 학습자들에게 제공한다. 그리고 제공된 입력 자료를 통하여 학습자들은 무의식중에 목표 형태에 주목할 수 있게 하는 방법이다.

위에서 언급한 바와 같이 입력 홍수는 수업의 흐름을 깨지 않으면서 자연스럽게 학습을 진행할 수 있다는 장점이 있다. 이러한 점에서 볼 때, 입력 홍

---

[36] Doughty & Willams(1998)에서는 형태 초점 교수법의 기법을 명시성의 정도에 따라 명시적 기법과 암시적 기법으로 나누고 있다. 그 중 입력 홍수는 가장 암시적인 기법에 해당하는 것으로, 교사로부터 어떠한 명시적인 설명이 주어지지 않는다는 특징이 있다. (자세한 사항은 제7장 듣고 다시쓰기 참조.)

수는 제2언어를 이용한 내용 학습에도 사용될 수 있다.[37] 그러나 명시적인 설명 없이 이루어지는 입력 활동이기 때문에 학습자들이 목표 항목에 대해 알아차리지 못하는 경우에는 효과적인 입력 활동이 어렵다는 단점도 있다.

1.2 이론적 배경과 역사

1.2.1 등장 배경

입력 홍수란 특정 목표 구조의 출현 빈도가 학습자의 인지와 목표 어휘, 그리고 문형의 습득에 영향을 미칠 수 있다는 생각에서 출발한다. 이는 학습자들에 자주 노출된 목표 구조가 학습자들이 더욱 잘 받아들일 수 있다는 뜻이다.

다시 말해, 이해 가능한 입력도 중요하지만 해당 목표 언어를 얼마나 많이 학습자들에게 노출시키는가도 언어의 습득이나 학습에 중요한 요소로 볼 수 있다.

이는 영어권 어린이의 모국어 습득 방법에 대한 여러 선행연구들에서도 살펴볼 수 있다. 영어권 어린이들이 모국어인 영어를 습득할 때 자신에게 가장 노출이 많은 어휘들을 먼저 습득하고 그 이후 빈도에 따라 습득해 나간다고 점을 생각해 볼 때, 제2언어 및 외국어의 학습도 이와 크게 다르지 않다 (Leow, 1997, Lee, 2002).

즉, 모국어의 습득과 같이 외국어 학습 역시 많은 노출로 인한 것에서부터 언어의 학습이 시작되고 반대로 노출이 많지 않은 것일수록 언어 학습이 늦어진다는 것을 의미한다.

---

37) 예를 들어, 학문 목적 한국어 학습자의 전공 수업(역사, 경제, 경영 등)에서의 사용을 들 수 있을 것이다.

1.2.2 주요 개념 및 원리

입력 홍수는 형태 초점 교수법의 암시적 기법 중의 하나로 제2언어 습득에 필요한 언어 빈도와 밀접한 관련이 있다. 언어 습득에 있어서의 빈도는 사용 기반 접근법(usage-based approach)에서 주장하고 있는 것으로, 입력의 빈도가 높을수록 언어 습득을 촉진시킬 수 있으며, 빈도는 언어 학습의 가능성을 높여주는 중요한 요인으로 보고 있다(정현주, 2015).[38] 이와 맥락을 같이 하는 입력 홍수는 많은 양의 자료들을 제공하지만 학습자들은 이에 대해 명시적으로 알 수 없으며, 단순히 입력을 아주 많이 공급받는다. 즉, 입력을 과잉 공급함으로써 학습자들이 목표 항목을 무의식중에 인지할 수 있도록 하는 것이다.

그러나 입력 홍수에 대해 부정적인 의견도 있다. Ellis(2009)에서 밝히고 있는 바와 같이 목표 항목이 많이 제시된다고 해서 모든 언어 습득이 잘 이루어지는 것은 아니라는 것이다. 이는 입력 홍수가 형태 초점 교수법의 기법들 중 가장 암시적인 기법의 특징과도 연결되는 것으로, 교사나 안내자로부터 어떠한 설명이 없기 때문에 학습자들은 어떤 형태 집중을 해야 하는지에 대한 어려움이 있다. 이러한 점은 부정확한 언어 습득에도 연결된다.

따라서 입력 홍수를 효과적으로 활용하기 위해서는 교수자들에 의해 재구성되어 학습자들에게 최적화된 입력 자료가 많은 빈도로 제시되었을 때 긍정적인 효과를 가져올 것이다.

결론적으로 입력 홍수는 목표 항목의 노출빈도가 높을수록 언어를 학습함에 있어서 긍정적인 효과를 가져 오는 것은 분명하나, 그 제시 방법에 있어 학습자에게 효과적인 것들을 생각해 볼 필요가 있음을 알 수 있다.

---

38) 사용 기반 접근법에서 보는 언어 습득이란, 실제적 언어 사용 경험을 통한 입력을 기반으로 이루어진다고 보는 접근법으로, 언어 사용 경험을 통한 입력이 많이 제공될수록 목표 언어 형태의 습득이 촉진된다고 본다. 이 접근법은 빈도 기반 언어 학습(frequency-based language learning)과 맥락을 같이 한다.

1.3 수업에의 적용

 입력 홍수는 많은 양의 목표 항목을 유의미하게 학습자들에게 입력시켜 인지하게 한다. 그렇다 보니 입력 자료는 특정 항목이 반복되면서 제시되는데 아래의 예시가 그것이다.

〈예시 1〉

나는 동생을 도서관에 데리고 가려고 깨끗이 씻게 하고 옷을 갈아입게 하였다. 도서관에서 동생에게 그림책을 가져오게 해서 읽어 주고, 책에서 읽은 내용을 그림으로 그려 보게 했다. 동생한테 그림 내용을 말해 보게 했더니, 호랑이가 아이를 잡아먹으려는데 도깨비가 호랑이를 놀라게 해서 도망가게 했다고 하였다.

〈예시 2〉

등산을 하다가 산 속에서 길을 잃었다. 그런데 저 쪽에서 집이 하나 (*보였다*) -았/었/였다. 좀 기분이 이상했지만 벨을 눌렀다. 어떤 사람이 나오는 소리가 (　)-았/었다. 그리고 문이 (　)-았/었다. 그 순간 나는 "으악!" 소리를 질렀다. 하얀 한복을 입고 머리가 긴 여자가 나왔다.
그 여자 품에는 까만 고양이가 (　)-아/어 있었다
"저, 실례지만 여기에서 하룻밤만 잘 수 있을까요?"
"피곤하실 텐데 어서 들어오세요."
그 여자가 안내하는 방으로 갔다. 벽에는 이상한 그림이 (　)-아/어 있었고, 방에는 먼지가 가득 (　)-아/어 있었다. 잠을 자려고 누웠지만 잠이 오지 않았다. 겨우 잠이 들었는데 새벽 2~3시 쯤 이상한 소리나 들려서 일어났다. 문을 조금 열어 보니까 사람들이 빨간 물을 마시는데 꼭 피 같았다. 나는 너무 놀라서 창문으로 나갔다. 한참 뛰어 가는데 그 집의 주인이 쫓아왔다. 결국 나는 주인에게 (　)-았/었다.
주인은 나에게 종이 한 장을 주었다. 거기에는 이렇게 (　)-아/어 있었다.

 〈예시 1〉과 〈예시 2〉는 한국어 문법 항목 중 피동형과 사동형에 입력 홍수를 사용한 예이다. 먼저 〈예시 1〉은 사동 표현 중 장형 사동에 해당하는 '-게 하다'의 입력 자료이며, 〈예시 2〉는 피동 표현 '중·단형 피동'에 해당하는 동사들을 대상으로 한 입력 자료이다. 예시에서 볼 수 있듯이, 거의 모든 문장의 끝에 장형 사동의 표현과 단형 피동사가 등장하고 있다.

위와 같이 입력 홍수를 사용한 예시들을 통하여 학습자들은 무의식중에 특정 항목에 주의를 기울여 학습할 수 있고 수업의 흐름에 방해받지 않고 목표 형태를 습득할 수 있는 장점이 있다.

1.4 적용상의 유의점

1.4.1 장·단점

입력 홍수 기법은 목표 형태의 반복적 제시를 통해 학습자들로 하여금 무의식중에 목표 형태에 집중하게 하는 기법으로 자연스럽게 목표 문법의 규칙을 이해할 수 있도록 유도한다는 특징이 있다. 이렇게 간단한 과정의 입력 홍수 기법이 가지는 특징과 장점을 정리하면 다음과 같다.

첫째, 의사소통의 흐름을 깨지 않는다. 입력 홍수 기법은 학습자들이 자연스럽게 유의미한 과제에 집중할 수 있도록 한다. 자연스러운 상황에서 이루어지는 대화나 이야기들은 학습자로 하여금 유창성의 향상을 기대할 수 있다. 이러한 점에서 볼 때 입력 홍수 기법을 이용한 수업은 교사와 학습자 그리고 학습자간의 유의미한 상호작용에 중점을 둔다. 따라서 의미중심 학습법을 위한 이상적인 학습법이라고 할 수 있다(서종학 외, 2011).

둘째, 실제 교실 수업의 다양한 유형에 적용될 수 있다는 장점이 있다. 문법 수업은 물론 읽기나 듣기 수업에서도 반복적으로 읽고 들려주는 활동 등을 통해서도 충분히 활용될 수 있다. 또한 게임이나 연습 활동에도 쉽게 적용할 수 있다는 특징이 있다.[39]

셋째, 교사와 학습자의 교실 환경에 맞게 자료를 단계별로 변경하여 제시할 수 있다. 이는 학습자가 좀 더 집중할 필요가 있는 부분에서 단계적으로 강화된 입력 홍수 기법을 활용할 수도 있다는 점을 말한다. 예를 들어 학습자가 잘 이해하지 못하는 텍스트는 학습자들이 이해 가능한 문장이나 여러 매체들을 활용하여 교실 환경에 맞추어 수업을 진행할 수 있다는 장점이 있다.

위와 같이 입력 홍수는 초보 교사로부터 숙련된 교사에 이르기까지 손쉽게 활용할 수 있는 기법이며, 언제 어디서나 적절히 활용될 수 있다는 것이 큰 장점이다. 반면에 입력 홍수는 명시적인 설명 없이 이루어지기 때문에 교사들은 학습자들이 어떠한 것을 학습하고 있는지 알기가 어렵다. 다시 말해, 입력 홍수는 목표 항목을 인식할 수 있는 기회는 증대시키고 있지만, 실제 학습자들이 그럴 것이라는 보장은 없다는 것이다(Sharwood, 1991). 또한 Trahey & White(1993)의 실험의 결과에서 알 수 있듯이, 입력 홍수가 목표 항목을 사용하는 것에는 도움을 줄 수 있지만 중간언어의 화석화를 막기는 어렵다는 단점을 가지고 있다(이승희, 2012에서 재인용).[40]

---

39) 예를 들어, 이은정(2015)에서도 한국어의 받침 발음 교육을 위해 여러 장의 그림과 동시에 학습자들이 주의해야 할 목표 자질에 표시를 해 둠으로써, 스스로 학습할 수 있도록 하는 예를 보였다.

40) 제2언어로 영어를 학습하고 있는 11세의 프랑스 아동들에게 2주 이상 부사를 포함한 문장들을 제공하였다. 그 결과 영어에서 가능한 부사의 위치를 학습하는 데는 효과적이었으나, 불가능한 위치가 어디인지를 학습하는 데는 별 효과가 없음을 밝혔다. 따라서 입력 홍수는 잘못된 중간 언어를 생성하고 이것이 화석화되는 것을 막는 데는 그 효과가 미치지 못함을 알 수 있다(서종학 외, 2011).

1.4.2 발전적 제언

1.4.1의 입력 홍수의 장·단점에서 살펴본 바와 같이, 학습자들에게 많은 양의 입력 자료를 제공함으로써 목표 항목에 주의를 기울이게 된다는 점을 입력 홍수의 장점이라고 할 수 있다. 또한 자연스러운 의사소통 과정 가운데서 목표 항목을 학습해 나갈 수 있다는 점 역시 장점으로 꼽을 수 있다. 결론적으로 입력 홍수 기법은 학습자들이 유의미한 입력을 충분히 제공받음으로써 목표 항목에 대한 이해도가 높아지는 기법이다. 그러나 명시적인 설명 없이 너무 많은 양의 입력 자료가 주어지기 때문에 학습자들이 목표 항목에 대한 집중을 하기 쉽지 않다는 단점을 가지고 있다. 다시 말해, 오히려 학습자들이 갑자기 너무 많은 양의 입력을 제공받으면 현재 무엇을 학습하고 있는지 무엇을 어떻게 해결하라는 것인지 파악하기가 어려울 수 있다. 즉, 단순히 입력을 위한 노출을 많이 시킬 뿐이지, 이러한 입력 자료들을 유의미하게 받아들일 수 있느냐는 것은 확신할 수 없다.[41]

이러한 단점들을 살펴볼 때, 언어 학습 시 입력 홍수 기법 한 가지만으로 언어 학습을 진행하는 것은 그 한계점이 분명하다. 이러한 입력 홍수의 단점들을 극복하기 위해서는 다른 기법들과의 통합을 통한 교수 방안의 발전이 있어야 할 것이다. 예를 들어 입력 강화와 같이 사용된다면 더욱 효과적일 것이다.[42] 이러한 점은 입력 홍수의 단점인 동시에 다른 기법들과도 무리 없이 사용될 수 있는 입력 홍수의 또 다른 장점이라고도 볼 수 있다. 이를 위해서 교사들은 입력 홍수의 장점을 최대한으로 살릴 수 있는 체계적인 수업 방안의 모색이 필요할 것으로 생각된다.

---

41) Krashen(1982)의 주장과도 이어지는 부분으로, 이제 막 언어를 배우기 시작한 초급 학습자들은 그들의 수준에 맞는 이해 가능한 입력을 제공 받아야 올바른 산출까지 이어질 수 있다는 것이다. 한 예로, 초급 학습자들에게 문법을 설명하기 위해 교사가 준비한 방대한 자료를 한꺼번에 제시하거나 이해하지 못한 상태임에도 불구하고, 단계적으로 더욱 강화된 문장을 제시하면 쉽게 포기하거나 부담을 느껴서 오히려 무엇을 해야 할지 목표를 잃어버리는 것과 같다.

42) 다음의 제4장 입력 강화 부분 참고.

2. 연구 동향

2.1 성격

　모든 언어 교육 연구에서 입력 홍수 기법만을 적용한 연구는 그 수가 많지 않다. 물론 다른 기법들과 같이 활용한 연구들은 찾아볼 수 있으나, 한 가지 기법만을 적용하여 그 효과를 살펴본 연구는 거의 없다. 이는 한국어 교육에서도 마찬가지인데 2000년부터 2019년 2월까지의 논문을 살펴본 결과, 입력 홍수 기법만을 다룬 연구보다는 형태 초점 접근법의 다른 기법들과 함께 활용한 연구를 많이 살펴볼 수 있다. 연구물들을 살펴보면 2010년 이후로 학위 논문에서 입력 홍수나 입력 과다라는 이름으로 연구에 활용된 바가 있다. 하지만 학술지논문에서는 그 수가 더 적음을 알 수 있었다.[43] 그렇다면 이 절에서는 한국어 교육에서 입력 홍수를 활용한 연구논문이 어디까지 진행되어 왔으며, 그리고 그 연구들에서 밝히고 있는 바는 무엇인지 또 이 검토들을 바탕으로 향후의 과제는 무엇인지에 대해 밝히고자 한다.

2.2 연구 대상 자료

　입력 홍수를 활용한 연구 자료를 확보하기 위해 먼저 한국교육학술정보원, 국회 도서관 그리고 리스포유 등에서 '입력 홍수', '입력쇄도' 또는 '입력 과다'로 검색하였다. 그리고 영어로 'input flood, input flooding' 등으로 검색하였다. 그러나 검색된 자료들의 수가 많지 않았으며 그마저도 입력 홍수만을 다룬 것이 아니라 다른 입력처리 기법들과 같이 연구된 논문들이었음을 알 수 있었다. 따라서 이 글에서는 입력 홍수뿐만 아니라 다른 기법들을 동시에 사용한 연구 논문도 포함시키기로 한다.

---

43) 연구물이 적은 이유 중의 하나로 앞에서 설명한 단점(명시성의 부족, 학습자의 집중력 저하 등)을 들 수 있을 것이다.

분석 대상은 2012년부터 2019년 2월까지 발표된 학위 논문, 국내 학술지를 대상으로 하였다. 이렇게 검색하여 정리한 결과 총 5편의 학위 논문과 1편의 학술지 논문을 찾아볼 수 있었다.[44] 하지만 박사 학위 논문 박연(2013)과 학술지 논문 우창현(2013)은 입력 홍수 기법을 적용한 연구라고 보기에는 그 내용이 너무 적었기에 연구 대상에서 제외하였다. 따라서 이를 제외한 석사 학위 논문 4편만을 유형별 분류의 대상으로 하였다.[45]

위의 결과를 보면 입력 홍수 기법은 다른 입력 기반의 기법들이 2000년대부터 적용되어 연구된 것에 비하면 조금 늦게 적용되었다고 볼 수도 있을 것이며, 이 하나의 기법만으로는 큰 효과를 기대하기 어렵다는 단점을 잘 파악하고 있기 때문에 수업에 쉽게 적용되지 못했을 것이라고 추측된다.

여기에서는 이 연구들을 유형별(학위 논문, 학술지 논문), 연구 방법별 그리고 주제별로 분류하여 제시하기로 한다.

2.2.1 연도 및 유형별 분류

한국어 교육에서 입력 홍수 기법을 적용한 연구는 총 4편으로 아래의 표와 같다.

〈표 1〉 한국어 입력 홍수의 시기별 연구 현황   (단위 : 편)

구분	2011년 ~ 2015년	2016년 ~ 2019년	계
학위논문	3	1	4
학술지			
합계	3	1	4

---

44) 2010년 이전에는 한국어 교육에서 입력 홍수에 대한 연구가 거의 이루어지지 않았기 때문에 2010년 이후의 연구물들을 대상으로 조사하였다.

45) 이승희(2012), 고몽신(2013), 이은정(2015), 오정민(2019)를 말하며. 이에 대해서는 뒤에서 자세하게 다루도록 하겠다.

제3장 입력 홍수

⟨표 2⟩ 한국어 입력 홍수의 유형별 연구 현황

유형		편 수
학위 논문	박사 학위 논문	
	석사 학위 논문	4
국내 학술지 및 학술대회 발표집		

위의 표에서 나타난 것과 같이 한국어 교육에서 입력 홍수만을 활용하여 연구를 진행한 경우는 거의 찾아볼 수가 없음을 알 수 있었다. 또한 위에서 제시한 연구들도 입력 강화의 여러 기법들과 함께 사용한 경우가 많이 있었다.

위의 표에 제시되어 있는 내용을 구체적으로 살펴보면, 먼저 시기별로는 2011~2015년에 대다수의 연구가 집중되어 있었으면 그 후로는 1편밖에 찾아볼 수 없었다. 또한 유형별로는 모두 석사 학위 논문에서 활용되었음을 알 수 있었다.

2.2.2 연구 방법별 분류

앞의 유형별 분류에서 제시된 연구들을 연구 방법별(질적, 양적 연구)로 나누어서 살펴보면 아래의 표와 같다.

⟨표 3⟩ 한국어 입력 홍수의 방법별 연구 현황

연구방법			편 수
이론적 연구			
실증적 연구	양적 연구	설문연구	
		실험연구	4
	질적 연구	관찰 · 면담	
	양적+질적 연구		

위의 표에서 알 수 있듯이, 입력 홍수 기법을 일부 활용한 연구들은 대부분 양적연구 중에서도 실험 연구를 방법으로 하고 있음을 알 수 있었다. 또

한 입력 홍수 기법과 동시에 입력 강화의 여러 기법 등을 동시에 활용하여 그 결과를 검증하고 있었다.

2.2.3 연구 주제별 분류

<표 4> 한국어 입력 홍수의 주제별 연구 현황 (단위 : 편)

연도	영역별			
	듣기	읽기	말하기	문법
2011년 ~ 2015년			1	2
2016년 ~ 2019년				1
계			1	3

위의 표에서 알 수 있듯이 입력 홍수 기법을 활용한 연구는 대부분 문법 학습에 어떠한 영향을 미치는 지에 대한 연구에 집중되어 있었다. 예를 들어, 한국어의 피동형 학습과 시각적, 청각적 입력에 있어서 입력 홍수가 어떠한 영향을 미치는 지에 대한 연구들이다. 그리고 말하기(받침 발음)에서도 입력 홍수 기법을 활용한 사례를 찾아볼 수 있었다.

2.3 연구 동향 분석

입력 홍수나 입력 강화의 여러 기법들을 한국어의 특정 문법항목에 적용하였을 때, 어떤 효과를 나타내는가를 살펴본 논문이 이승희(2012)와 고몽신(2013) 2편이 있었으며, 이은정(2015)에서는 받침 발음 교육에서 사용한 연구도 있었다. 또한 오정민(2019)에서는 입력 강화 기법을 중심으로 한 교재 분석 연구를 진행하였다.

먼저 이승희(2012)의 논문을 살펴보면, 학습자들의 한국어 형태 습득 및 산출에 있어 시각적인 입력 강화와 청각적인 입력 강화가 어떠한 차이를 보이는지에 대해 연구를 진행하였다. 그리고 그 기법으로 입력 홍수를 선택했

제3장 입력 홍수

는데 보통의 입력 홍수 방법과는 다른 명시적인 설명 후의 입력 홍수를 실시하였다.[46] 그 결과 시각적, 청각적 모두 목표항목의 습득에 유의미한 결과를 나타냈는데 구어산출에 있어서는 청각적 입력 강화, 목표 항목의 문어 산출에서는 시각적 입력 강화가 더 효과적이었음을 밝혔다.

다음으로 고몽신(2013)에서는 한국어의 피동형 습득에 입력 강화 기법을 이용했는데, 여러 가지 입력 홍수도 연구 기법의 한 가지로 이용되었다. 입력 자료를 세 단계로 나누어 구성했는데 두 번째 단계에서 입력 홍수를 사용한 방안을 제시하였다. 목표 문법에 대한 강조가 부족한 입력 홍수의 단점을 보충하기 위해 입력 강화의 기법도 같이 사용하였다.

그리고 문법 항목이 아닌 받침 발음 교육에 입력 홍수를 이용한 연구도 살펴볼 수 있는데 이은정(2015)가 그것이다. 이 연구는 영어권 한국어 학습자의 받침 발음 교육을 위한 방안을 제시하고 있는데 그 방법으로 형태초점 접근법을 택하고 있다. 그 중에서 입력 홍수는 평파열음화의 교육에 이용하였다.[47] 그러나 앞선 논문들과 마찬가지로 입력 홍수의 단점을 보완하기 위해 입력 강화(색깔 다르게 하기)도 같이 사용하며 교육 방안을 제시하였다.

위의 3편의 연구를 종합해 보면, 모두 입력 홍수 기법을 공통적으로 활용하면서 부가적으로 입력 강화 및 명시적 설명을 추가한 것을 알 수 있다.

마지막으로 오정민(2019)에서는 세종한국어1과 고등학교 일본어1 교재를 비교·분석하면서 입력 강화 중 어떤 기법들이 교재에서 많이 사용되고

---

46) Rutherford & Sharwood(1985)에서는 입력 강화를 위한 방법으로 목표 형태의 활자 상의 조작과 의도적인 잦은 노출을 언급하면서 두 가지의 예시를 들고 있다. 첫 번째로 시각적 입력 강화(visual input enhancement)를 두 번째로 입력 과다(홍수)를 제시하면서 목표 형태에 대한 명시적은 설명 없이 학습자 스스로 반복되는 어휘에 주의를 집중하여 학습이 일어날 것을 기대한다고 밝히고 있다(이연희, 2012에서 재인용).

47) 평파열음화란, 다른 말로 평폐쇄음화라고도 한다. 이는 평폐쇄음이 아닌 소리가 평폐쇄음으로 바뀌는 것을 말한다. 파열음, 파찰음, 마찰음이 평폐쇄음 /ㄱ, ㄷ, ㅂ/ 중의 하나로 바뀌는 현상을 말한다(신지영 외, 2003).

있는지에 대해 연구를 진행하였다. 그 결과 입력 홍수 기법이 가장 많이 사용되고 있음을 밝혔다.

2.4 향후 과제와 제언

지금까지 입력 홍수 기법에 대한 연구 논문들을 연도별로 어떻게 연구가 되어 왔는지 기술하였다. 그리고 연구들을 주제별로 나누어 그 세부적인 적용 방안 및 활용에 대해 간략하게나마 살펴보았다. 그 결과 입력 홍수 기법만을 대상으로 하는 논문은 찾아보기 힘들었다. 그러나 다른 입력 강화 기법들과 같이 사용된 석사학위 논문을 4편정도 찾아볼 수 있었다. 그 중 두 편은 문법 항목에 관한 것들이었으며 1편은 받침 발음 그리고 나머지 1편은 교재 분석에 대한 연구였다.

위의 조사들을 통해 알 수 있었던 것은 영어 교육이나 타 언어권에 비해 한국어 교육에서 입력 홍수 기법이 그다지 큰 주목을 받지 못하고 있다는 점이다.[48] 따라서 후속 연구에서는 한국어 교육에서 입력 홍수 활용 수업에 대한 구체적인 연구가 진행되어야 할 것이다. 예를 들자면, 여러 언어권의 학습자들을 대상으로 문법뿐만 아닌 여러 영역에 걸친 실험 연구가 진행되야 한다.

그러나 입력 홍수 기법의 가장 큰 단점으로 지적된 학습자들이 실제 수업에서 무엇을 배우고 있는지 모호하다는 부분을 보완해 줄 특별한 수업 모형이나 도구들을 개발해 낼 필요가 있을 것이다.

---

48) 이승희(2012) 참고.

참고문헌

김재욱 외(2010), 「한국어 교수법」, 형설출판사.
박연(2013), '형태 초점 접근법을 적용한 한국어 조사의 지도법 연구', 동아대학교 대학원, 박사학위논문.
서종학 외 옮김(2011), 「제2언어 교수-학습의 입력 강화 이론과 연구에서 교실까지」, 한국문화사. (*Input enhancement: From theory and research to the classroom*, McGraw-Hill, 2007)
신지영 외, 「우리말 소리의 체계」, 한국문화사.
안혜진(2017), 「5년간 기출문제 해설 2017 한국어교육능력검정시험」, ㈜시대고시기획.
염혜선(2013), '입력 홍수 및 텍스트 강화가 중학생 문법 학습 및 정의적 태도에 미치는 영향', 전남대학교 대학원, 박사학위논문.
우창현(2013), 입력 강화 기법을 활용한 한국어교육 방안 : 제주 방언 상대 높임 표현과 양태 표현을 중심으로, 「우리말연구」 35.
우형식(2015), 「한국어 문법 교육론」, 부산외국어대학교출판부.
이연희(2012), '언어입력 강화 기법을 활용한 초등학생의 어휘학습 효과연구', 연세대학교 교육대학원, 석사학위논문.
이은정(2015), '영어권 한국어 학습자를 위한 받침 발음 교육 방안 연구', 한국외국어대학교 교육대학원, 석사학위논문.
전병만 외 옮김(2003), 「외국어 교육 접근 방법과 교수법」, CAMBRIDGE. (*Approaches and methods in language teaching*, Cambridge University Press, 2001)
정현주(2015), '시각적 입력 강화와 입력의 빈도가 중학교 영어 학습자의 문법 항목 습득에 미치는 영향', 한국교원대학교 교육대학원, 석사학위논문.
황종배(2003), 「형식초점 외국어교수법의 한국 영어 교육 현장 적용 방안 연구」, 한국연구재단 연구결과 보고서.
Doughty, C. & Williams, J.(1998), Focus on Form in classroom Second Language Acquisition, *Cambridge University Press*.
Ellis, N. C.(2009), Optimizing the input: Frequency and sampling in usage-based and form-focused learning. In M. H. Long & C. J. Doughty (Eds.), *The hand book language teaching*, Oxford: Blackwell.

Gass, S.(1997), Inputm interaction, and the second language learner. *Mahwah, Nj: Erlbaum*.

Krashen, S.(1982), Principles and practice in second language acquisition, *Oxford Pergamon*.

Lee, J. F.(2002), The incidental acquisition of Spanish: Future tense morphology through reading in a second language, *Studies in Second Language Acquisition, 24*.

Leow(1997), The effects of input enhancement and text length on adult L2 readers' comprehension and intake in second language acquisition, *Applied Language Learning, 8(2)*.

Ruther, W., & Sharwood Smith, M. (1985), onsciousness-raising and universal grammar, *Applied Linguistics*, 6.

Sharwood Smith, M. (1991), Speaking to many minds : On the relevance of different types of language information for the L2 learner, *Second Language Research*, 7.

【부록】 입력 홍수 연구 논문 목록

1. 학위 논문
- 석사학위논문

고몽신(2013), 한국어 피동 표현 교수를 위한 입력 기반 과제 설계 방안, 부산외국어대학교 대학원.

오정민(2019), 초급 한국어교재의 입력강화 비교 분석 연구 : 세종한국어1과 고등학교 일본어1에서의 기능과 문형을 중심으로, 부산교육대학교 교육대학원.

이승희(2012), 시각적 입력과 청각적 입력이 한국어 문법 습득에 미치는 효과 비교 연구 : 형태 습득과 산출 능력을 중심으로, 고려대학교 교육대학원.

이은정(2015), 영어권 한국어 학습자를 위한 받침 발음 교육 방안 연구, 한국외국어대학교 교육대학원.

제4장
입력 강화

김혜진

제4장 입력 강화

김혜진

1. 기본 원리와 적용

1.1 정의

　입력 강화(input enhancement)는 목표 문법 형태를 시각적 또는 청각적으로 두드러지게 처리하여 학습자를 목표 형태에 주목하게(noticing) 하는 방법으로 상대적으로 암시적인 기법에 속한다. 즉, 목표 형태를 잘 알아차리지 못해 형태-의미의 연결(form-meaning mapping)을 하지 못하는 부분을 교사가 이해 가능한 입력을 제공하여 학습자들이 입력에 주의를 기울이고 형태를 인지하고 형태와 의미를 이해하는 데 도움을 준다.

　입력 강화의 대표적인 예로, 목표 형태에 밑줄을 긋거나 학습자의 주의를 끌기 위해 볼드체나 이탤릭체 등의 활자상의 차이를 활용하여 상대적으로 두드러지는 효과를 이용해 단순히 주목을 시키는 시각적인 입력 강화가 있다. 또한, 교사의 말소리 크기나, 효과음을 활용하여 형태에 주목을 하게 하는 청각적 입력 강화도 있다.

1.2 이론적 배경과 역사

1.2.1 등장 배경

제2언어(second language) 습득에 있어 입력은 매우 중요한 부분이다. 학습자들의 주의를 집중시킬 수 있는 적절한 입력 자료는 목표어의 습득에 큰 도움이 된다. 제2언어로 의사소통을 원활하게 하기 위해서는 학습자에게 주어진 입력이 수용과 습득으로 이어질 수 있도록 입력 자료를 좀 더 효과적으로 제시할 필요가 있다.

입력 강화는 Krashen(1981, 1985)과 CLT(의사소통식 교수법)의 입장에 대한 반대 의견으로 형태 문법 교수의 개념을 재정의하고자 나타났다(Sharwood Smith, 1981, 1991). 입력 강화는 제2언어 입력에서 학습자들이 특정한 자질에 주의를 기울일 수 있도록 그 자질들을 보다 명시적으로 나타내려는 의도적인 시도이다.

Rutherford & Sharwood Smith(1985)에서 입력 강화는 명시성(explicitness)과 상세화(elaboration)의 정도에 따라서 기법이 다양해질 수 있다고 설명한다. 명시성은 주의를 끌기 위한 장치의 정교화와 세밀함을 뜻하며, 상세화는 강화 기법을 시행하는 데에 걸리는 시간의 깊이와 양을 뜻한다.[49]

입력 강화에서 중요한 점은 학습자들이 제2언어의 형태적인 면에 주목해야 할 필요성을 인식하는 것으로 정확한 문법 형태의 습득이나 기계적 학습을 의미하는 것은 아니다.

---

49) 명시성(explicitness)과 관련하여 가장 명시적인 것은 메타언어학적으로 정교화된 규칙을 설명하는 것이며, 가장 덜 명시적인 것은 교사의 얼굴표정이나 행동을 통해 알려주는 것이다. 상세화(elaboration)의 강화 기법은 학습자가 오류가 발생했을 때 교사가 얼굴을 한 번 찌푸리는 것과 자주 찌푸려서 주의를 주는 것 등으로 설명할 수 있다.

1.2.2 주요 개념 및 원리

입력 강화 기법은 의사소통 위주의 수업을 유지하면서 필요에 따라 학습자들이 목표 문법의 형태나 구조, 내용에 더욱 집중할 수 있도록 학습자들의 관심과 주의력을 끌어들이는 방법이라고 할 수 있다.[50] 즉, 입력 강화는 읽기 자료나 의사소통적 과제 활동 등 담화 수준의 입력 자료 속에서 목표 문법 형태를 시각적 또는 청각적으로 두드러지게 처리하여 학습자에게 목표 형태에 주목하게 하는 방법이다.

위와 같은 원리를 바탕으로 한 입력 강화는 다음과 같은 방법과 특징으로 나눌 수 있다.

〈표 1〉 입력 강화의 방법과 특징

구분	특징
시각적 입력 강화	활자상의 조작 방법 : 색상, 밑줄, 크기, 굵기, 음영, 기울기 등
	교사의 행동, 몸짓, 표정 등
	사라지기, 나타나기, 변화하기 등[51]
청각적 입력 강화	교사의 강세, 억양, 속도, 반복 등
입력 간소화	문장 단위의 입력, 어휘·문법의 수준 및 삭제 등

시각적 입력 강화는 목표 항목을 시각적으로 눈에 띄게 함으로써 의도적으로 학습하고자 하는 부분을 학습자들에게 간접적으로 주지시키고, 귀납적으로 스스로 인식하여 규칙과 일반화 나아가 의미와 목적을 알게 하는 방법이다. 시각적 입력 강화는 단순한 활자상의 조작에서 끝이 아니라 교사가 학습자의 주의를 끌기 위해 얼마나 정교하게 또는 상세하게 장치를 활용하

---

50) 이런 부분에서 입력 강화를 텍스트 강화라 칭하기도 한다. 텍스트 강화란 언어 학습자의 주의를 목표 문법 항목에 끌어들이기 위해 글자체를 진하게 하거나 굵게 하고 기울여 쓰거나 밑줄을 치는 등 활자상의 차이를 사용하는 것을 말한다(우형식, 2015, p.212)

51) 이러한 방법은 청각적인 효과음을 병행했을 때 더욱 그 효과가 크다(김미진, 2019; 이승희, 2012; 류희주, 2012).

제4장 입력 강화   95

느냐에 따라 학습자들의 이해력에 차이가 나타날 수 있다.

청각적 입력 강화는 교사가 사용하는 도구를 이용하는 방법과 교사의 직접적인 행동으로 나누어 생각할 수 있다. 목표 문법 항목을 제시할 때, 교사가 강약을 조절하여 이야기하거나 과장된 억양으로 강조하기, 천천히 말하기, 반복해서 따라하기 등을 들 수 있다. 그러나 최근에는 PPT 등의 시청각 자료를 활용하여 시각적인 도움뿐만 아니라 음향 효과도 활용하여 학습자의 주의 집중을 유도할 수 있다. 즉, 이 기법은 명시성과 상세화의 정도에 따라 학습자에게 직·간접적으로 적용할 수 있다.

입력(텍스트)의 간소화는 목표 항목이 들어있는 내용을 학습자들이 이해하기 쉽게 문법과 어휘, 문장의 길이 등을 수정하여 입력을 주는 것이다. 이는 Krashen(1982)의 이해 가능한 입력과도 일치하는 부분으로 볼 수 있다.

1.3 수업에의 적용

입력 강화 기법은 의미와 기능을 바탕으로 하는 의사소통에 중심을 두면서 학습자들이 문법 규칙과 어휘, 음운, 형태 등의 언어적 요소들에도 주목하게 하여 입력 자료의 이해를 돕고 발화의 정확성을 기하도록 하는 것을 강조하는 형태 초점 교수 기법의 한 가지이다. 이런 입력 강화는 비교적 암시적인 방법으로 학습자들의 주의를 끌고 있기 때문에 교사의 적극적인 개입이 없더라도 시각적·청각적·입력 간소화 방법을 활용하여 학습자들의 흥미와 주의 집중을 유도할 수 있다.

입력 강화 기법을 교실 수업에서 활용할 수 있는 방법을 살펴보면 다음과 같다.

첫째, 모든 언어 교육에서 할 수 있는 문형 제시 및 설명에 적용할 수 있다. 가장 기본적으로 시각적 입력 강화 기법의 색상, 크기, 굵기, 음영, 기울기 등을 활용해 목표 문형을 제시하면 학습자들이 더욱 주의를 기울이게 할 수 있다. 특히, 시제 관련 문법 항목(과거, 현재, 미래의 제시)이나 여성·남성어를 지닌 언어권에서의 눈에 드러나는 차이 등에 적용하면 효과적인 결과를 얻을 수 있다.[52]

〈예시 1〉

- 아이는 우유를 **먹고** 있어요.   • 엄마가 아이에게 우유를 **먹이고** 있어요.

또한, 청각적 입력 강화 기법의 교사 목소리 크기, 세기, 억양, 효과음 등을 활용해 강조되어야 할 부분과 학습자들이 놓치기 쉬운 부분을 더욱 주의 깊게 설명하거나 학습자가 오류를 수정할 수 있게 간접적으로 도울 수 있다.

〈예시 2〉

교사 : 형이 무엇을 해요?   ➡ 교사 : **형. 이. 동. 생. 을. 울. 렸. 어. 요.**
학생 : 형이 동생을 울어요. (⇨오류)   (⇨ 강세와 빠르기를 활용한 간접적 수정 유도)
                                학생 : 울렸어요. (⇨오류 수정)

위의 대화처럼 학습자가 사동의 오류 '울어요'를 이야기한 경우에, 교사는 학습자의 눈을 보면서 입을 크게 벌리고 조금 천천히 크게 '형이 동생을 울렸어요'라고 고쳐 말하기(recast)와 같은 기법을 적용해 학습자가 스스로 오류에 주목하도록 유도한다.

둘째, 모든 언어를 배울 때 학습자들에게 공통적으로 나타날 수 있는 현상

---

52) 대표적인 예로 프랑스어의 부정관사 un과 une이다. 프랑스어는 관사가 그것의 수식을 받는 명사의 성과 일치해야 한다. 즉, un은 남성 명사와 une는 여성 명사와 쓰이는 것이다. 이 경우에 학습자들이 빨리 형태와 의미를 연결할 수 있도록 시각적 입력 강화를 통해 **un**과 **une**를 활자상으로 조작하여 강화하면 차이가 눈에 띄게 드러나고 이해도 그만큼 빨라질 수 있는 것과 같다.

제4장 입력 강화

인 오류 수정에 용이하다. 암시적인 기법인 입력 강화는 학습자들에게 최대한 간접적으로 스스로 오류를 수정할 수 있는 기회를 제공할 뿐만 아니라 명시성과 상세화의 방법을 골고루 활용해서 오류를 발견하고 정확한 사용을 도울 수 있다. 예를 들어, 똑같은 오류를 반복하는 학습자에게 교사는 얼굴 표정, 시선 끌기 등의 비교적 암시적인 방법을 사용해 오류 수정을 도울 수 있다. 또한, 계속적인 시선 끌기나 반복적인 표정 변화 등의 상세화 기법을 통해 조금 더 강한 주의를 끌 수도 있다.

셋째, 학습자 대상이나 수준에 따라 입력 간소화를 활용하여 읽기 텍스트의 이해도를 상승시킬 수 있다. 다음은 초급을 대상으로 읽기 수업을 진행할 때, 난이도가 높은 어휘나 문법을 쉽고 간단하게 줄여서 학습자의 이해를 높이는 방법이다.

〈예시 3〉

| 심리 치료 요법은 스트레스를 푸는 데 효과적인 해결 방법입니다. 음악을 이용하는 음악 치료법은 스트레스를 줄이는 데 도움이 되며 자연 향기를 이용하는 향기 치료법은 긴장을 푸는 데 도움이 됩니다. ➡ | 심리 치료는 스트레스를 푸는 데 도움이 됩니다. 음악 치료는 스트레스를 조금 낮게 해 주고, 향기 치료는 긴장을 풀 때 좋습니다. |

〈예시 3〉과 같이 입력 간소화를 적용하기 전 텍스트는 중급 어휘를 사용하여 초급 학습자가 쉽게 이해하기 어렵지만, 입력 간소화를 적용한 후의 텍스트는 교사가 초급 수준에 맞춰 문법과 어휘의 난이도를 수정하고 학습자에게 이해 가능한 입력을 제공하여 텍스트를 쉽게 인지할 수 있도록 하였다.

1.4 적용상의 유의점

1.4.1 장·단점

입력 강화 기법은 목표 문법에 대해 시각적·청각적·텍스트의 간소화를 이용해서 학습자의 주의를 끌고 형태와 의미를 잘 연결하여 자연스럽게 문법 항목을 이해할 수 있도록 하는 데 초점을 두고 있다. 이런 입력 강화 기법을 적용하여 수업을 진행했을 때 얻을 수 있는 장점은 다음과 같다.

첫째, 학습자들이 목표 문법의 학습에 더욱 집중하고, 장기 기억에도 도움이 된다. 특정 항목에 시각적·청각적 입력 강화를 진행하면 그렇지 않은 항목들보다 빨리 알아챌 수 있다(이승희, 2012; 류희주, 2012). 또한, 학습자들의 장기 기억에 도움을 줄 수 있다.

둘째, 다양한 유형의 교수 방법 및 기법과 쉽게 통합될 수 있다. 이는 입력 강화 기법의 최대 장점으로 어떤 교수법에 관계없이 다양한 과정에 사용될 수 있다(최문석, 2012; 관학걸, 2012; 강민재, 2016). 즉, 그만큼 활용 방법이 쉽고, 교사와 학습자 사이의 의사소통에 방해가 되거나 장애를 일으키지 않는다.

셋째, 학습자의 수준과 대상에 관계없이 적용할 수 있다. 입력 강화는 학습자들의 성향이나 학습 환경에 따라 학습 단계, 연령, 학습목적에 관계없이 충분히 활용할 수 있다(초곤, 2012; Su, Nandar, 2017).

반면에 입력 강화 기법의 단점은 다음과 같다.

첫째, 학습자가 실제로 형태와 의미를 연결할 수 있는지 정확하게 판단하

제4장 입력 강화   99

기 어렵다.[53] 상황에 따라 그 효과가 달라지기 때문에 교사는 입력 후 학습자에게 간단한 연습이나 질문을 통해 입력을 확인하는 단계가 필요하다.

둘째, 지나친 입력 강화는 학습자의 주의를 다른 곳으로 돌릴 가능성이 있다. 다시 말해, 지나친 시각적 입력 강화 및 청각적 입력 강화는 오히려 의미에 주의를 덜 기울이거나 생각을 차단시키는 위험도 있다(우형식, 2015, p.213).

이렇듯 입력 강화 기법은 필요 시 언제 어디서나 쉽고 간단하게 적용할 수 있으며 교사와 학습자 모두에게 유용한 학습 방법이다. 하지만 교수 목적을 분명히 하고, 적절한 형태를 선택하며, 학습자 수준에 맞는 텍스트를 선정과 노출 빈도, 활자상의 표시 방법에 대한 고려가 필요하다. 나아가 학습자들이 의미에도 반드시 주의를 기울이도록 할 필요가 있다.

1.4.2 발전적 제언

입력 강화 기법을 적용했을 때 나타날 수 있는 문제점들을 보완하기 위해 몇 가지 제언을 하면 다음과 같다.

첫째, 학습자의 흥미도나 관심(주의력)에 따라 효과가 달라질 수 있다. 입력 강화 기법은 출력보다는 입력을 강조하고 명시성의 정도로 보면 비교적 암시적인 기법의 한 종류이다. 즉, 교사가 명시적으로 직접적인 설명을 하는 것이 아니라 시각적 자료나 청각의 간접적인 방법을 활용하기 때문에, 평소 자료에 대해 큰 관심이 없는 학습자나 이해력이 느린 학습자들은 오히려 주

---

53) Sharwood smith(1991, p.122)에서는 입력 강화를 통해 학습자들이 목표 형태에 주목하는 기회는 증진시킬 수 있지만, 실제 목표 형태에 주목하는 것은 아닐 수도 있다고 경계했다. 게다가 학습자들이 강화된 형태에 주의를 기울여도 모든 학습자가 형태를 내재화하는 것은 보장할 수 없다고 밝혔다.

의 집중에 방해가 될 수 있다. 따라서 교사는 학습자의 수준과 성향을 미리 파악해 두어야 할 것이다.

둘째, 학습자가 강화된 입력을 통해 실제로 형태-의미의 연결을 해내는지 또는 무엇을 학습하고 있는지 항상 알 수 있는 것은 아니다. 즉, 목표 문법에 더욱 주의를 기울이는 것에는 도움이 되지만, 그 효과에 대해서는 교사가 반드시 연습 및 활용 부분에서 학습자의 실제 사용을 보고 이해 여부를 판단하는 것이 필요하다.

셋째, 이 기법은 다양한 유형의 교수 방법 및 기법과 쉽게 통합될 수 있다는 장점이 있는 반면, 입력 강화 기법 하나만 사용했을 때는 큰 효과를 내지 못할 때가 많다. 즉, 입력 강화와 다른 기법을 병행할 때 나타날 수 있는 효과에 대해 알아두고 교사가 상황에 맞게 활용할 수 있어야 한다.

마지막으로 이 기법을 사용할 때는 학습자들의 수준과 요구 등을 잘 파악하여 학습자의 주의를 형태에 기울이도록 함과 동시에 의미에도 반드시 주의를 기울일 수 있도록 해야 한다. 다시 말해서, 학습자들이 능동적으로 입력을 처리하고 어떤 방식으로 반응을 보일 필요가 있으므로 의미에 초점을 둘 필요가 있음을 잊으면 안 된다.

2. 연구 동향

2.1 성격

한국어 교육에서 입력 강화 기법을 적용하기 시작한 것은 2000년대 중반이라고 볼 수 있다. 그리고 2012년을 기점으로 입력 강화 기법만이 아닌 출력 강화 기법이나 시각·청각·텍스트 등의 다양한 기법의 적용과 시도가 이

제4장 입력 강화   101

루어졌으며, 이후로도 다양한 연구에서 입력 강화 기법을 병행하여 활용하고 있다.

여기에서는 형태 초점 교수법 중 입력 강화 기법에 관련된 연구물을 발표 연도와 주제별로 정리하고 연구 흐름을 파악하여 앞으로의 한국어 교육에서 적용되어야 할 방향을 모색하고자 한다.

2.2 연구 대상 자료

자료 수집은 '외국어로서의 한국어 교육' 연구에서 이루어진 국내 연구물을 대상으로 하였다.[54] 국내 연구는 다시 석사 혹은 박사 학위를 취득한 학위 논문들과 정기적으로 발행되고 있는 학술대회 발표지 및 학술지 논문들을 분석대상으로 하였다. 따라서 국어학적, 언어학적, 외국어 교육적 접근의 논문들은 분석 대상에서 제외하였다. 1차적으로 분류된 자료는 총 53편으로 그 양이 많지 않았다.

위의 53편의 논문들은 형태 초점 교수법 중에서 입력 강화 기법만 활용한 것과 다른 기법과 함께 활용한 것, 조금이지만 실험에 중요하게 사용된 입력 강화 기법은 모두 대상으로 하였다. 하지만 단순히 입력 강화 기법만을 활용한 연구물만을 대상으로 하여 2차적으로 추출해 내면 총 18편으로 정리할 수 있다.[55]

위 연구물을 대상으로 정리하면, 한국어 교육에서 입력 강화 기법은 2007

---

54) 연구 대상이 되는 논문들은 대부분 학술연구정보서비스(www.riss.kr)와 국회도서관 (www.nanet.go.kr)을 참고하여 '한국어 입력 강화'를 검색한 후, 직·간접적으로 활용된 연구를 대상으로 하였다.

55) 한국어 교육 연구에서 입력 강화 기법만을 활용하여 실험을 하거나 연구를 한 논문은 크게 많지 않으며, 형태 초점 교수법의 다른 입력 기법이나 출력 기법(입력 홍수, 입력 처리, 딕토글로스, 고쳐 말하기, 의식고양과제 등)과 함께 연구된 논문이 많아 그 기준을 구분하기에 어려움이 있었다. 따라서 입력 강화만을 적용한 연구 및 다른 기법과 혼용하여 연구한 자료들도 모두 대상으로 하기로 한다.

년 이후 꾸준히 연구되고 있으며, 앞으로도 활발한 연구가 기대된다. 더욱이 지금까지는 석·박사 과정이 주를 이루고 있지만, 앞으로는 학부 과정에서도 수업이 진행된다면 연구의 양적 · 질적 향상을 기대해도 좋을 것이다.

2.2.1 연도 및 유형별 분류

입력 강화 기법을 대상으로 한 연구 동향을 살펴보기 위해 2000년대부터 2019년(2월)까지 발표된 학위논문과 학술지 논문을 분석하였다. 이를 연도별, 유형별로 살펴보면 다음과 같다.

〈표 2〉 한국어 입력강화의 시기별 연구 현황   (단위 : 편)

구분	2006년 ~ 2010년	2011년 ~ 2015년	2016년 ~ 2019년 (2월)	계
학위논문	6	24	9	39
학술지		11	3	14
합계	6	35	12	53

〈표 3〉 한국어 입력강화의 유형별 연구 현황

유형		편 수
학위 논문	박사 학위 논문	9
	석사 학위 논문	30
국내 학술지 및 학술대회 발표집		14

위의 〈표 2, 3〉과 같이 시기별·유형별 현황을 살펴보면, 입력 강화와 관련된 논문은 2006년부터 연구되기 시작하여 2010년까지 총 6편으로 박사 논문 1편과 석사 논문 5편이 발표되었다.

2000년대에는 입력 강화에 대한 연구가 활발하게 이루어지지 않은 편이었으나, 2010년대에 들어서면서 한국어 교육에서의 입력 강화 기법을 적용한 연구물이 차츰 증가하는 추세를 보인다. 특히 2011년부터 2015년까지 가장 활발한 연구가 이루어졌으며, 박사 논문 5편, 석사 논문 19편, 학술지 논문 11편으로 총 35편의 논문들이 발표되었다.

또한 2015년부터 꾸준히 입력 강화에 대한 박사 학위 논문들이 발표되는 것을 알 수 있다. 이후 2016년부터 2019년 2월까지 입력강화에 대한 연구는 꾸준히 이어지고 있으며, 박사 논문 3편, 석사 논문 6편, 학술지 논문 3편으로 총 12편의 논문이 발표되었다.

2010년대에 들어서서 연구가 활발해지고 있는 것은 교사들이 실제 수업 시간 중 입력 강화 기법을 많이 이용하고 있으며, 이 기법에 대한 필요성을 현장에서도 인식하고 있음을 의미한다고 할 수 있다.

2.2.2 연구 방법별 분류

앞서 제시한 2006년부터 2019년에 이르기까지의 연구들을 방법별(양적, 질적)로 나누어서 살펴보면 아래와 같다.

〈표 4〉 한국어 입력강화의 방법별 연구 현황[56]

연구방법			편 수
이론적 연구			10
실증적 연구	양적 연구	설문연구	32
		실험연구	
	질적 연구	관찰·면담	7
	양적+질적 연구		4
계			53

위의 표에서 알 수 있듯이 입력 강화를 활용한 연구는 이론적 연구 10편과 실증적 연구 43편으로 나누어지고, 실증적 연구는 다시 양적 연구 32편과

---

56) 입력강화를 활용한 논문 연구는 대부분 양적 연구가 많으며, 실험을 진행하면서 설문조사를 동시에 진행한 경우가 대부분이어서 이를 실험연구와 설문연구로 분명하게 구분 짓기 어렵다. 이는 입력강화 기법의 특성상 다양한 유형의 교수 방법 및 또 다른 기법과 쉽게 통합될 수 있기 때문인 것으로 보인다.

질적 연구 7편, 두 가지 방법을 모두 사용한 연구가 4편으로 총 53편이다.

대부분은 양적 연구가 주를 이루었다. 좀 더 자세히 살펴보면, 대부분의 연구가 입력 강화를 활용하여 그 효과 및 앞으로의 교육 방안을 살펴보는 데 중점을 두고 있음을 알 수 있다. 이와 더불어 입력 강화를 이용한 교육 방안의 설계 및 문법 항목의 배열 등을 주제로 한 연구들도 찾아볼 수 있다. 반면, 관찰과 면담 및 학습자의 오류 양상을 분석하여 진행된 질적 연구는 4편에 불과했다. 이는 교사의 관찰이나 면담, 분석만으로 입력 강화 기법의 정의적 효과 이외 학습에 대한 효과는 정확히 측정할 수 없기 때문으로 판단된다.

위의 연구들은 초기에는 대부분 문법 항목 및 그 교육 방안에 초점을 두는 경향이 많았다. 그러나 최근에는 문법 항목뿐만 아니라, 타 영역 및 학습자의 특징에 따라 입력 강화를 적용하고 그 효과를 검증하거나 교육 방안을 제시하고 있는 연구가 이루어지고 있음을 알 수 있다.

2.2.3 연구 주제별 분류

연구 주제별 분류는 연도 및 유형별 분류와 같이 2006년부터 2010년, 2011년부터 2015년, 2016년부터 2019년으로 나누어 살펴보았다. 그리고 시각적 입력강화·청각적 입력강화·텍스트 간소화로 나누어 분류하였다. 이 연구물을 주제별로 자세하게 분류해 보면 다음과 같다.[57]

---

57) 여기에서 언급하는 통합 유형은 단순히 한 가지의 입력 강화만을 활용한 사례가 아닌 두 가지 이상의 입력 강화(예를 들면, 시각적·청각적 입력 강화를 함께 적용한 경우)를 활용한 것과 입력 강화와 그 외의 기법(예를 들어 딕토글로스, 의식고양과제, 명시적 설명 등)을 함께 활용한 것을 일컫는다. 또한 청각적 입력강화의 경우 이것만을 대상으로 한 연구가 없었기 때문에 여기에서는 따로 제시하지 않기로 한다.

제4장 입력 강화

〈표 5〉 입력강화의 주제별 연구 현황 (단위 : 편)

	시각적 입력강화	입력 간소화	통합적 적용
2006년 ~ 2010년	3		3
2011년 ~ 2015년	5	2	28
2016년 ~ 2019년	2		10
계	10	2	41

2010년대까지의 논문은 입력 강화를 적용하여 문법 형태의 습득과 이해도에 미치는 영향을 밝히는 것에 그쳤다면[58], 2011년대에 들어서면서는 좀 더 다양한 문법 항목(명사형 형태 습득, 연결어미, 관용어 등)에 적용하기 시작했으며 시각적 입력 강화뿐만 아니라 청각적 입력 강화 및 읽기 텍스트의 간소화 등을 이용하여 다양한 수업에의 적용 방법을 연구하려는 시도가 많았다고 할 수 있다. 따라서 2015년 이후부터는 다른 기법과의 병행된 효과를 연구한 논문은 증가한 반면, 입력 강화 한 기법만 사용한 연구는 줄어든 것을 알 수 있다.

이 연구 중 통합적 적용이 가장 많이 차지하고 있다는 것은 입력 강화 기법은 한 가지 기법만으로는 적용 및 효과에 한계점이 있다는 것을 시사한다. 그러나 이러한 흐름은 입력 강화 기법이 문법 형태 습득에만 국한되지 않고 다양한 영역에서 적용 가능함을 보여 주는 것이라고 할 수 있다. 또한 앞으로의 연구에서 적용 영역이 더욱 다양화될 수 있으며, 학습자들의 수준과 교실 환경 및 다양한 입력 강화 기법의 자료 개발을 통해서 교사와 학습자 모두가 쉽게 활용할 수 있는 방안을 마련해야 하는 것이 앞으로의 연구 과제일 것이다.

---

58) 2006년부터 2010년까지는 관형사형(-은/ㄴ, -는, -던)의 문법 형태 변화 연구만 이루어졌다.

2.3 연구 동향 분석

지금까지 외국어로서의 한국어 교육에서 입력 강화 기법을 적용한 연구를 전반적으로 살펴보고 정리하였다. 현재까지 연구된 입력 강화 기법의 연구들은 대부분 문법 항목 형태 습득의 효과에 집중되어 있는 것을 알 수 있다. 그 외의 영역에 입력 강화 기법을 적용하고자 시도한 논문은 극소수에 불과하다. 또한 세부적인 기법별로 주제를 분류하여 살펴보았을 때, 약 2/3에 해당하는 연구가 입력 강화 하나만이 아닌 다른 기법과 비교하거나 병행하여 그 효과를 증명하고 있음을 알 수 있다. 이는 입력 강화 기법 하나만으로는 적용할 수 있는 단계나 그 효과에 한계가 있는 반면, 형태 초점 교수법의 다른 기법과도 쉽게 연계되어 활용할 수 있다는 것을 시사한다.

입력 강화 기법에 대한 연구들을 주제별 분류를 중심으로 살펴보면 다음과 같다.

먼저 시각적 입력 강화를 이용한 연구로는 정소희(2007), 서유연(2009), 최보선(2010), 박성미(2011), 초곤(2012), 김혜민(2013), 임헌영(2015), 송유주(2016)이 있다. 정소희(2007)에서는 시각적 입력 강화가 한국어 관형사형 시제의 형태 습득과 텍스트의 이해도에 유의미한 영향을 미친다는 것을 밝혔다. 서유연(2009)은 시각적 입력 강화를 활용한 한국어 간접인용에 대한 적용을 통해 형태 습득에는 유의미하나, 텍스트 이해에는 유의미한 결과가 없었다고 밝혔다. 다음으로 최보선(2010)에서는 한국어의 관형사형 어미 학습, 박성미(2011)에서는 한국어 명사형 어미 학습에 시각적 입력 강화가 효과적이었음을 밝히고 있다.

초곤(2012)은 한국어의 사동형 학습에 있어 기존의 PPP모형에 형태 초점 의사소통 접근법을 접목한 PFF(PPP based on Fonf)을 제안하였다. 그리고 사동형의 학습을 위해 입력 강화 기법 및 의식상향과제, 듣기 재구성하기 등 여러 가지 방법들을 제안하였다. 김혜민(2013)에서는 문법 교육에서 명시성의 정도와 시각적 입력 강화의 교수 효과를 비교한 결과, 두 가지는 큰 차이

제4장 입력 강화

가 없음을 밝혔다.

임헌영(2015)에서는 중급 단계의 학습자를 대상으로 목표 관용어 학습을 위해 시각적 입력강화, 상세화, 시각적 입력강화와 상세화의 기법을 사용하여 그 효과를 밝혔다. 그 결과 시각적 입력강화보다는 상세화가 그리고 상세화보다는 두 가지를 병행한 것이 관용어 학습에 효과적임을 논하였다.

다음으로 입력 간소화에 대한 연구로는 두 편의 연구가 있다. 먼저, 정대현(2008)에서는 입력 강화를 통해 한국어 문법(관형사형 어미 -(으)ㄴ, -(으)ㄹ, -는, -던)의 형태 학습과 본문 이해에 긍정적인 효과가 있음을 시사했다. 특히 본문의 텍스트를 간소화하여 제시하였을 때 더욱 강화된 효과가 나타남을 밝혔다.

마지막으로 다른 기법과 입력 강화 기법을 병행하였을 때의 연구 결과를 살펴보면 다음과 같다. 이윤영(2006)은 입력 강화와 출력 강화 기법을 병행하여 한국어 문법 수업의 보편적인 모형을 제시하였다. 곽수진(2011)에서는 입력 강화, 의식 고양 과제, 딕토글로스를 이용하여 한국어 문장 구조 교육에 대해 연구를 진행한 결과, 문법 항목에 대한 집중을 유도하기 위해 입력 강화가 효과적임을 밝혔다.

송유주(2016)는 학문 목적 학습자들의 '띄어쓰기' 교육을 위한 방안의 하나로 입력 강화 기법 및 딕토글로스를 이용하였다. 그중 '띄어쓰기'의 올바른 사용 예시를 보여 주기 위해 시각적 입력 강화를 사용한 결과, 형태 초점 교수법이 한국어의 띄어쓰기에 효과적임을 밝혔다. 박연(2013)은 각 교수·학습 단계별로 입력 강화 기법을 달리 사용하여 한국어 조사 지도법을 구안하고 적용한 결과, 성취도 평가 긍정적인 영향을 준다고 밝혔다.

황영애(2013)는 시각적 입력강화와 딕토글로스를 활용하여 문장의 호응 관계(부사와어 서술어 중심)에 대한 긍정적인 교수 방안을 제시하였다.. 류희주(2012)에서는 시청각적 입력 강화(통합적 형태 초점 교수법)가 불규칙 교육에 효과적임을 밝혔다. 이승희(2012)는 시각적 입력과 청각적 입력을 동시에 사용하였을 때의 목표 항목의 습득과 산출 능력에 긍정적인 영향을 미친다고 하였다. 구체적으로 시각적 입력 강화는 형태의 정확성에 효과가 있었고, 청각적 입력 강화는 이해도에 긍정적인 효과가 있음을 밝혔다.

2.4 향후 과제와 제언

지금까지 한국어 교육에서의 입력 강화 기법에 관한 연구 현황과 한계점을 살펴본 후 앞으로의 연구 방향을 제시하고자 하였다. 이를 위해 한국어 교육 연구 논문 총 53편을 대상으로 하여 연도별·유형별·주제별로 분류하여 그 흐름을 파악하고 이해하기 쉽게 정리하였다. 또한 형태 초점 접근법의 다양한 기법과 함께 부수적으로 활용한 입력 강화 기법의 연구와 입력 강화 기법만을 중점적으로 다루고 있는 연구를 나누어 제시하였다는 것에 큰 의의가 있다고 하겠다. 이상에서 다룬 내용을 바탕으로 한국어 교육에서의 입력 강화 기법의 적용에 있어서 몇 가지 제언을 남기고자 한다.

첫째, 문법 이외의 영역에 적용할 수 있는 방안 및 수업 모형이 개발되어야 한다. 지금까지의 연구들을 분류·분석해 본 결과, 주로 문법의 형태 습득과 텍스트 이해에 그치고 있다. 따라서 앞으로는 입력 강화 기법의 장점을 살려 문법 이외의 교육에도 적용하여 유의미한 효과를 이끌어낼 수 있는 새로운 적용 방안 및 수업 모형이 개발되어야 할 것이다. 이를 위해서는 연구자들은 입력 강화 기법을 다양한 수업에 적용한 후 그 효과를 증명하는 실험 연구가 진행되어야 할 것이다.

둘째, 다양한 학습자를 대상으로 입력 강화 기법을 적용하여야 한다. 입력 강화 기법은 주로 학문 목적 학습자를 대상으로 하는 수업에 적용되었다. 그러나 앞으로는 다양해진 학습자를 고려하여 그 학습 대상 또한 다양화시켜야 할 것이다. 그 예로 여성결혼이민자, 다문화가정 학습자, 외국인 근로자 등을 들 수 있다. 이들도 학문 목적 학습자들에 못지않게 학문에 대한 열의가 강하다. 또한 이들은 단기간에 한국어 학습이 되어야 하는 경우가 많으므로 시각적·청각적 입력 강화는 그들의 주의 집중에 하나의 방안이 될 것이다.

셋째, 입력 강화 기법 이외 다른 기법들을 병행하여 실제 교실 상황에서 활용할 수 있는 교수 방안과 활동의 연구가 이루어져야 한다. 선행 연구를 통해 입력 강화 기법이 형태의 정확성과 주의 집중에 효과적이었지만, 이해도와 표현력에 대한 한계가 있음을 확인하였다. 따라서 다른 기법과 병행하여 부족한 부분을 보완하여 실제 교실 상황에서 실행할 수 있도록 연구가 진행되어야 할 것이다. 이러한 연구는 한국어 문법 교육뿐만 아니라 다른 언어(읽기, 쓰기, 말하기, 듣기) 연구와의 연계 수업에도 도움이 될 것이다.

참고문헌

김재욱 외(2010), 「한국어 교수법」, 형설출판사.
송향근·김상수(2012), 「한국어 교육 연구의 이해」, 부산외국어대학교출판부.
우형식(2015), 「한국어 문법 교육론」, 부산외국어대학교출판부.
서종학 외 옮김(2011), 「제2언어 교수-학습의 입력 강화 이론과 연구에서 교실까지」, 한국문화사.
(Wynne wong, *Input enhancement: From theory and research to the classroom*, McGrowHill, 2011).

【부록】 입력강화 연구 논문 목록

1. 학위논문
-박사 논문-
강민재(2016), 모국어를 활용한 문법 지도 : 입력강화와 고쳐말하기를 적용하여, 조선대학교 대학원.
곽수진(2011), 형태 집중을 활용한 한국어 문장 구조 교육 연구, 경희대학교 대학원.
남명애(2013), 한국어 동작성 서술 명사 교육 연구, 경희대학교 대학원.
박 연(2013), 형태 초점 접근법을 적용한 한국어 조사의 지도법 연구, 동아대학교 대학원.
양명혜(2018), 형태 초점 접근법을 적용한 한국어 문법 교수학습 방법 연구 : 중국인 학습자를 대상으로, 인하대학교 대학원.
장 수(2017), 형태 초점 교수를 통한 한국어 연결어미 교육 연구 : 중국인 학습자를 대상으로, 부산외국어대학교 대학원.
정대현(2008), 입력강화를 통한 한국어 문법 형태 습득 및 본문 이해 양상 연구 : 관형사형어미를 중심으로, 연세대학교 대학원.
종장지(2015), 한국어 문법교육을 위한 표현문형 연구, 서울대학교 대학원.
최문석(2012), 입출력 강화를 통한 한국어 듣기 교육 연구, 경희대학교 대학원.

-석사논문-
Donara, Harutyunyan(2013), 아르메니아인 한국어 학습자를 위한 한국어

제4장 입력 강화

    문장 지도 방안연구 : 호응 관계를 중심으로, 서울대학교 대학원.
Su, Nandar(2017), 미얀마 중·고급 학습자를 위한 인과관계 표현 교육 연구, 서울대학교 대학원.
고몽신(2013), 한국어 피동 표현 교수를 위한 입력 기반 과제 설계 방안, 부산외국어대학교 대학원.
관학걸(2012), 입력강화와 출력강화가 한국어 간접인용문 학습에 미치는 영향, 경희대학교대학원.
김소연(2015), 형태 초점 교수법을 활용한 '은/는' '이/가'의 교수 학습 방법, 동국대학교 대학원.
김혜민(2013), 문법 교육의 명시성 정도에 따른 한국어 문법 교수 효과 비교 연구, 고려대학교 대학원.
류희주(2012), 분리적 형태 초점 접근법과 통합적 형태 초점 접근법을 접목한 'ㅂ' 불규칙과 '으' 불규칙의 단계적 교육 방법 연구, 부경대학교 대학원.
박성미(2011), 시각적 입력 강화가 한국어 학습자의 명사형 어미 학습에 미치는 영향, 이화여대 국제대학원.
박하미(2014), 한국어 부사성 의존명사 구성 교육 연구, 서울대 대학원.
서 만(2012), 한국어 과거 회상 관형사형 어미 '-던'과 '-았던'의 교육 연구, 서울대학교 대학원.
서유연(2009), 시각적 입력강화가 한국어 문법 학습에 미치는 효과에 관한 연구, 영남대학교 대학원.
손림여(2012), 형태집중을 활용한 경어법 교육 연구 : 중국인 한국어 학습자 대상으로, 경희대학교 대학원.
송유주(2016), 학문 목적 학습자 대상 띄어쓰기 교육을 위한 교육 방안 연구, 세종대학교 대학원.
신혜선(2014), 한국어와 영어의 어순 대조를 통한 한국어 교육 방안 연구, 충남대학교 교육대학원.
오정민(2019), 초급 한국어교재의 입력강화 비교 분석 연구 : 세종한국어1과 고등학교 일본어1에서의 기능과 문형 분석 중심으로, 부산교육대학교 대학원.
윤단비(2017), 말레이시아 중급 한국어 학습자를 위한 조사 교육 방안 연구, 서울대학교 대학원.
이숭희(2012), 시각적 입력과 청각적 입력이 한국어 문법 습득에 미치는 효과 비교연구 : 형태 습득과 산출 능력을 중심으로, 고려대학교 대학원.
이윤영(2006), 한국어 문법 교육 방안 연구 : 문법 형태 초점을 기반으로 하여, 고려대학교 대학원.
이은경(2008), 한국어 의존명사구성 표현 교육의 연구 : 관형사형 어미 제약을 중심으로, 동국대학교 대학원.
임헌영(2015), 읽기 텍스트 수정 유형이 한국어 관용어 습득에 미치는 영향, 이화여자대학교 대학원.
정소희(2007), 시각적 입력강화가 한국어 학습자의 문법(관형사형 시제표현)학습과 텍스트 이해도에 미치는 영향, 이화여자대학교 대학원.
정윤정(2014), 형태 초점 의사소통 접근 방법을 활용한 연결어미 '-느라고' 수업 효과 연구 : '입력 강화'와 '의식 고양 과제'를 중심으로, 이화여자대학교 대학원.
정은(2016), 영어권 초급 학습자를 위한 한국어 어순 교육 연구, 고려대학교 대학원.
캉 위에(2015), 중국인 학습자를 위한 한국어 부사격조사 '에', '에서', '로'의 교수·학습 방안 연구, 서울대학교 대학원.
초 곤(2012), 외국인을 위한 한국어 사동법 교육 방안 연구 : 형태 초점 교수법을 기반으로, 국대학교 대학원.
최문훤(2018), 입력 강화 기법을 활용한 한국어 띄어쓰기 교수 방안 연구, 동국대학교 대학원.
최보선(2010), 제2언어로서의 한국어 교육에서의 입력 강화 효과에 관한 연구 : 관형사형 어미 '-(으)ㄴ, -는, -던'을 중심으로, 영남대학교 대학원.
최은정(2012), 학습의 명시성에 따른 학습자의 자각과 수용의 차이 : 사고구술을 통해, 경희대학교 대학원.
하미령(2013), 명시적 FonF와 암시적 FonF가 중급 한국어 학습자의 조사 학습과 사용 오류에 미치는 영향 비교, 이화여자대학교 대학원.
황영애(2013), 한국어 쓰기의 오류 분석 및 교육 방안 연구 : 문장 성분의 호응 관계를 중심으로, 건양대학교 대학원.

2. 학술지

Du xin(2013), 입력강화를 활용한 한국어 띄어쓰기 교수의 효과 : 중급 중국인 학습자를 대상으로', 「한국학연구」 31. 인하대학교 한국학연구소.
고경민·이소영(2015), 텍스트 강화와 개요 쓰기를 중심으로 한 쓰기 지도 방안 : 학문목적 외국인 학습자를 대상으로, 「국제어문」 65. 국제어문학회.
김영규·오유영·이은주(2014), 수정된 텍스트가 고급 단계 한국어 학습자의 어휘다발 처리에 미치는 영향, 「외국어로서의 한국어교육」 40. 연세대학교 언어연구교육원 한국어학당.

김영주(2012), 형태집중을 활용한 경어법 교육 연구 -중국인 한국어 학습자를 대상으로, 「국어교육연구」 29. 서울대학교 국어교육연구소.

서효원(2018), 한국어 교재의 시각화 방안에 대한 고찰: 시각적 입력 강화와 전경화를 중심으로, 「학습자중심교과교육연구」 18-15. 학습자중심교과교육학회.

성지연(2014), 형태 초점 교수를 통한 '-더-' 관련 문법 항목 교육 연구, 「語文論集」 60. 중앙어문학회.

안주호(2014), 한국어교재에서의 형태 초점 접근법의 실현 방안에 대한 연구, 「국어교육」. 한국어교육학회.

우창현(2013), 입력 강화 기법을 활용한 한국어교육 방안 : 제주 방언 상대 높임 표현과 양태 표현을 중심으로, 「우리말연구」 35. 우리말학회.

우형식(2012), 한국어 문법 교육에서 형태 초점 접근법을 적용하는 문제, 「한어문교육」 26. 한국언어문학교육학회.

윤새롬·이지은·김영규(2017), 입력 강화의 정의와 한국어교육학 분야에서의 적용에 관한 고찰, 「외국어교육연구」 31-2. 한국외국어대학교 외국어교육연구소.

임진숙(2018), 형태 초점 접근법을 활용한 문법 교수가 한국어 통제 작문에 미치는 효과에 대한 실험적 연구, 「인문사회과학연구」 19-4. 부경대학교 인문사회과학연구소.

정대현(2012), 한국어교육에서 입력 처리 교수 연구에 관한 통시적 고찰, 「한국언어문화학」 9-2. 국제한국언어문화학회.

차윤정(2018), 한국어 학습자를 위한 부산 지역 방언 의문형 어미의 교육 방안 : '-가/-나', '-고/-노'를 중심으로, 「우리말연구」 53. 우리말학회.

최문석(2011), 입출력 강화를 통한 한국어 듣기 교육 방안 연구 : 듣고 재구성하기 과제의 활용을 중심으로, 「이중언어학」 47. 이중언어학회.

제5장
문법 의식 고양

김윤경

제5장 문법 의식 고양

김윤경

1. 기본 원리와 적용

1.1 정의

문법 의식 고양(grammatical consciousness-raising: GCR)은[59] 언어 학습을 할 때 학습자가 스스로 언어의 형태에 주의를 집중하여 문법 항목에 대한 형태적, 의미적, 화용적 특징을 발견하고, 명시적으로 이해할 수 있도록 돕는 언어 교육의 기법이다. 여기서 '의식 고양(consciousness-raising)'은 어떤 부분에 주의를 집중하여 의식을 높인다는 의미이며, 언어 습득이 이루어지기 위해서는 교사에 의한 단순하고 일방적인 제시가 아닌 언어의 특정 요소에 대한 학습자의 의식적인 주목이 필요하다.

이처럼 상호작용을 통해 주어진 문법 과제를 해결하는 과정에서 학습자들이 스스로 문법의 형태와 규칙을 발견하는 활동을 '문법 의식 고양 과제

---

[59] 문법 의식 고양은 연구자에 따라 '의식 고양', '의식 상향', '의식 상승', '문법 의식 상승 과제', '주목 및 문법 의식 상승 교수법' 등으로 불린다. 이처럼 용어 사용에 차이를 보이기는 하나, 모두 '문법 항목에 학습자 스스로가 주목하고 집중하는 것'이라는 의미는 동일하다.

(grammatical consciousness-raising task)'라고 한다(Fotos & Ellis, 1991). 문법 의식 고양 과제는 학습자의 의식 상승을 위한 명시적인 문법 내용을 다루고 과제의 형태로 제공되어 교실 내 다양한 상호작용이 가능하게 하며 이러한 상호작용을 통해 스스로 문법 규칙을 찾아 가는 귀납적이고 학습자 중심적인 문법 교수 기법이다. 또한 문법 의식 고양 과제는 과제를 통해 스스로 규칙을 발견하는 것에서 나아가 이미 알고 있던 지식과 새롭게 발견한 문법 규칙을 결합해 사고의 폭을 넓혀 나갈 수 있다.

1.2 이론적 배경과 역사

1.2.1 등장 배경

　의사소통 활동에서 학습자들의 주의는 대부분 의미에 집중되어 있는데, 의사소통 과정 중에 문제가 발생하게 되면 주의의 초점이 언어의 형태로 이동하게 된다. 이때 학습자는 다양한 방법을 활용해 목표 문법 구조가 작용하는 방법에 대한 명시적 지식을 스스로 발견해 나가는 의식 고양 과정을 통해서 언어에 대한 습득이 이루어지게 된다.

　의식 고양은 Rutherford & Sharwood Smith(1985)에 의해 처음 소개되었고 Fotos & Ellis(1991)에서 소그룹으로 문법에 대한 문제를 해결하는 활동이 제안되었다. 문법 의식 고양 과제는 Fotos & Ellis(1991)에 의해 제2언어 연구에서 본격적으로 주목받게 되었는데, 행동주의 학습 이론에 근거한 반복적인 연습 대신 학습자들의 인지 과정을 자극시키는 활동이 필요하며, 반드시 의미 중심의 과제와 함께 수업이 구성되어야 함을 강조하였다.

1.2.2 주요 개념 및 원리

문법 의식 고양은 과제 수행을 위한 유의미한 의사소통 과정에서 언어의 형태적 측면에 주의를 집중할 때 일어나는 일련의 인지 과정이며 이를 통해 성공적인 언어 학습에 이르게 되는 것이다. 학습자의 언어 형태에 대한 의식적 '주의 집중'은 언어 습득에 영향을 미치는데, 이렇게 주의가 집중된 언어 형태는 장기기억 속에 내재화될 가능성이 더 높으며, 학습자의 인지 과정 속에 이와 같은 과정이 나타나지 않으면 학습이 일어나기 어렵다.

학습자들이 주어진 과제 해결을 위한 의사소통 활동 과정에서 낯선 언어 형태를 발견하게 되면 자신이 사용하는 형태와 목표어 형태 간의 차이점에 주목하게 되고, 이는 학습자로 하여금 새로운 언어 형태를 활용하고자 하는 동기를 일으킨다. 이렇게 주의가 집중된 언어 형태의 규칙을 스스로 발견하고, 가설을 만들고 수정하며 내재화한다. 학습자가 스스로 이해하고 형성한 가설을 의사소통 활동 과정에서 다른 학습자나 교사와의 의미 협상을 통해 가설을 검증하고 의미를 재구성하게 되는 것이다.

이와 같은 문법 의식 고양 과제는 다음과 같은 특징을 가지는데, 이것이 곧 문법 의식 고양 과제의 기본 원리가 된다(Ellis, 1992)[60].

첫째, 학습자의 관심을 초점화하기 위해 특정한 언어적 자질에 주목하여 그것을 분리하려는 시도가 있다.

둘째, 학습자들에게 목표 자질을 분명하게 보여주는 자료가 제공되고 또

---

60) Doughty & Williams(1998)에서 제시한 형태 초점 교수 기법들의 7가지 자질 기준에 따르면 문법 의식 고양 과제의 특징은 학습자의 주의 집중을 직접적으로 유도하고, 학습자가 과제의 문제 해결에 대한 관여 정도가 높다. 그리고 연역적, 귀납적 학습 방법을 모두 사용할 수 있고, 입력된 자료를 바탕으로 문제를 해결하기 때문에 각 기능의 통합보다는 순차적 제시가 이루어진다. 또한 학습자들이 규칙을 찾을 수 있도록 메타언어의 사용이 이루어진다. 문법 의식 고양 과제는 반복적이고 생산적인 출력을 강조하는 것이 아니라 입력된 자료의 처리에 초점이 있고, 교사나 교재, 다른 학습자가 문법 지식의 제공자가 된다.

한 명시적인 규칙의 묘사나 설명을 제공할 수 있다.

셋째, 학습자들은 목표 자질을 이해하기 위해 인지적인 노력을 기울일 필요가 있다.

넷째, 학습자들의 문법적 구조에 대한 잘못된 이해는 자료를 더 많이 제공하거나 설명하는 것으로 분명하게 할 수 있다.

다섯째, 학습자들에게 문법적 구조를 설명하는 규칙을 표현하도록 요구할 수 있다.

이처럼 학습자들은 교사가 제시한 명시적 규칙과 과제 및 자료를 의사소통 활동을 통해 언어 형태를 비교, 대조하며 목표 문법의 명시적인 지식을 알아가게 된다. 이때 유의해야 할 것은 목표 문법을 정확하게 사용하는 것이 아니라 문법 항목의 규칙과 구조를 분명하게 이해하는 것이다.

1.3 수업에의 적용

문법 의식 고양 과제는 학습자들이 유의미한 상호작용을 하는 동안 목표 문법에 대한 명시적 지식을 얻을 수 있게 하는 것이다. 이를 위해 과제 수행을 위한 활발한 의사소통을 통해 언어 학습이 일어나도록 하는 과제 중심 학습 모형을 문법 의식 고양 과제에 적용해 볼 수 있다.[61]

---

61) Fotos(2002)에 따르면, 명시적 문법 과제 활동은 목표 문법에 대한 지시를 명시적으로 받아 필수적으로 사용하고 학습자 나름의 규칙을 만들기도 하는 활동을 말하는데, 이를 활용해 문법 의식 고양 과제를 수행하는 동안 학습자들이 다음과 같은 상호작용을 할 것을 기대할 수 있다.
  - 학습자는 자신이 잘 이해하지 못할 때 상대에게 재설명을 요청한다.
  - 자기가 이해한 것에 대해 상대로부터 확인을 받고 싶어한다.
  - 자신의 발화나 학습 내용을 상대가 이해하고 있는지를 확인하면서 의사소통을 진행한다.
  - 과제나 지시문에 대해 상대와 의견을 나눈다.
  - 상대에게 자신의 말을 반복하여 들려주거나 상대가 반복할 것을 요청한다.

과제 중심 학습 모형(task based learning)은 Willis(1996)에 의해 제시된 언어 학습 모형으로, 이 모형에 따르면 학습자들은 언어 학습에서 과제를 수행하면서 유의미한 방법으로 목표 언어를 사용하게 된다. Willis(1996)가 제시한 과제 중심 학습 모형은 다음과 같다.

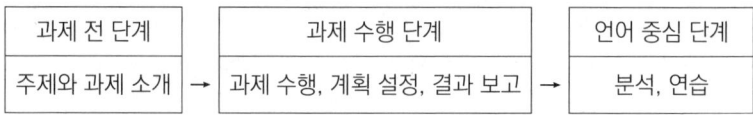

(1) 과제 전 단계

과제 전 단계는 과제의 준비 단계로 교사는 그림이나 동작 등을 활용하여 주제나 과제를 소개하고 주제가 명시되어 있는 학습 자료를 제공함으로써 학습자가 문맥 속에서 목표 문법을 스스로 유추할 수 있는 기회를 갖게 한다. 학습자들은 학습 목표와 관련된 어휘나 기본적인 표현을 익히게 된다. 유용한 단어나 표현은 미리 알려 줄 수 있지만 새로운 언어형식에 대해서는 설명하지 않는다.

분류하기, 틀린 것 고르기, 브레인스토밍과 마인드맵, 질문 생각하기 등의 활동을 활용할 수 있다. 또한 그림이나 문장, 텍스트 등을 통해서 목표 문법을 관찰하여 예상해 보는 활동도 할 수 있다.

과제 전 단계의 구체적인 예를 들면 다음 〈예시 1〉과 같다.[62]

---

62) 수업 적용의 예시를 위해 이유의 문법 표현인 '-아서/어서'를 목표 문법으로 활용하기로 한다.

제5장 문법 의식 고양

〈예시 1〉

※ 옆 사람과 함께 다음 대화를 읽어 보세요. 그리고 밑줄 친 부분을 보고 오늘 배울 내용이 무엇일지 생각해 보세요.

> 학생1: 여보세요, 소영 씨. 지금 뭐 해요?
> 학생2: 병원에 가고 있어요.
> 학생1: 왜 병원에 가요? 어디 아파요?
> 학생2: 네, 배가 많이 <u>아파서</u> 병원에 가요.

※ 다음 질문에 대답해 보세요.

> (1) 소영 씨는 어디에 가요?
> (2) 소영 씨는 왜 그곳에 가요?

먼저 목표 문법이 포함된 대화(텍스트)를 제시한다. 학습자들이 자료를 통해 맥락 속에서 새로운 문법 항목의 의미를 유추할 수 있도록 한다.

(2) 과제 수행 단계

과제 수행 단계는 다시 세 단계로 나뉘는데 첫 번째는 과제를 수행하는 과제 단계로 학습자들의 동기를 강화시키는 단계이다. 두 번째는 과제 수행의 보고를 계획하는 계획 설정 단계로 학습자들은 과제 단계에서의 과정 및 결과에 대해 보고할 계획을 세운다. 마지막으로 결과 보고 단계에서는 조별로 결과를 보고하는데, 학습자들은 다른 조의 발표 내용을 들으며 자신들의 과정 및 결과와 비교하면서 듣는다.

문법 의식 고양 과제의 주된 활동은 바로 이 과제 수행 단계에서 이루어지며, 과제 활동은 주로 의미, 형태, 통사 세 가지 영역에 대한 내용을 포함하며, 학습자들은 주어진 과제를 짝이나 소그룹 활동을 통해 수행하게 된다.[63] 이때 교사는 모니터 역할을 하며 학습자들을 격려한다. 과제 수행의 세 단계가 모두 끝나면 교사는 과제의 내용을 정리해 주며 필요한 경우 명시적인 설명을 제공하고, 학습자들의 행동을 긍정적으로 평가해 준다.

과제 수행 단계의 구체적인 예를 들면 다음 〈예시 2〉와 같다.

〈예시 2〉

※ 다음 대화를 옆 사람과 함께 연습해 보세요.

(가) 학습지	(나) 학습지
가 : 어제 왜 공항에 갔어요? 나 :	가 : 나 : 동생이 한국에 **와서** 공항에 갔어요.
가 : 나 : 길이 **막혀서** 늦었어요.	가 : 수업 시간에 왜 늦게 왔어요? 나 :
가 : 기분이 안 좋아요? 나 :	가 : 나 : 네, 친구하고 **싸워서** 기분이 안 좋아요.

학습자들이 대화 연습을 할 수 있도록 정보 차 활동(information gap activity)을 이용하는데 이를 위해 서로 다른 (가)와 (나) 학습지를 제공한다. 두 명씩 짝을 이뤄서 제시된 정보를 바탕으로 묻고 답하는 형식으로 필요한 정보를 채우는 과제를 수행한다. 그 후 학습자는 교사가 제시한 새로운 학습

---

63) Willis(1996)에서는 효과적인 문법 의식 고양 과제 활동을 위해 다음과 같이 문법 의식 고양 활동을 7가지 유형으로 제안하였다. 이는 구별/강화(identify/consolidate), 분류(classify), 가설 설계/가설 검증(hypothesis building/checking), 교차 언어 탐구(cross-language exploration), 재구성/해체(reconstruction/deconstruction), 회상(recall), 참고문헌 훈련(reference training)이다.

제5장 문법 의식 고양

자료를 통해 목표 문법이 쓰이는 다양한 상황을 안내받고 의미를 파악할 수 있게 된다. 의미와 사용 환경을 파악한 후에는 예문을 보고 목표 문법 형태의 규칙에 대해 생각해 보도록 한다. 이를 위해 다음 〈예시 3〉과 같은 자료를 제시할 수 있다.

〈예시 3〉

※ 다음 예문을 보고 문법 규칙을 정리해 보세요.

구분		예문	규칙
동사 · 형용사	ㅏ, ㅗ	• 늦게 **자서** 피곤해요. • 날씨가 **좋아서** 등산을 갔어요.	'ㅏ, ㅗ' ⇨ 아서
	ㅓ, ㅜ, ㅡ, ㅣ	• 밥을 많이 **먹어서** 배가 불러요. • 감기에 **걸려서** 병원에 갔어요. • 케이크가 **맛있어서** 많이 먹었어요.	'ㅓ, ㅜ, ㅡ, ㅣ' ⇨ ___
	하다	• **청소해서** 방이 깨끗해요. • **피곤해서** 일찍 잤어요.	'하다' ⇨ ___

동사와 형용사일 때, 또 받침의 유무, 어간의 형태에 따라 어떤 규칙을 갖는지 개인적인 활동이나 다른 학습자들과 의사소통 활동을 통해 내용을 정리한다. 그리고 문제를 만들어 이를 확인하고, 의미와 형태에 대한 파악이 끝나면 짝 활동을 통해 통사적인 규칙에 대해 생각해 보도록 한다.

〈예시 4〉

※ 다음 문장 중에서 맞는 문장에 O, 틀린 문장에 X 하세요. 그리고 옆 친구와 함께 이야기해보세요.

(1)	늦게 **일어나서** 지각했어요.	O
(2)	늦게 **일어났어서** 지각했어요.	
(3)	오후에 친구와 약속이 **있겠어서** 도서관에 못 가요.	
(4)	오후에 친구와 약속이 **있어서** 도서관에 못 가요.	
(5)	날씨가 추워서 옷을 많이 **입었어요**.	
(6)	날씨가 추워서 옷을 많이 **입으세요**.	
(7)	책이 재미있어서 계속 **읽고 싶어요**.	
(8)	책이 재미있어서 같이 **읽읍시다**.	

※ 친구와 함께 찾은 '-아서/어서'의 규칙에 대해 발표해 보세요.

짝 활동을 하기 전에 위의 〈예시 4〉와 같은 활동지를 활용해 개인적으로 통사적인 제약에 대한 문제를 해결한 후 함께 의견 교환을 하면서 의사소통 활동을 한다. 과제 수행 단계에서의 모든 활동이 끝나면 학생들이 발표한 내용을 바탕으로 교사는 의미, 형태, 통사적인 규칙에 대해 간단한 정리와 함께 명시적인 설명을 제공한다.

(3) 언어 중심 단계

언어 중심 단계는 목표 문법을 활용해 유의미한 표현을 할 수 있도록 활용 연습을 하는 단계이다. 목표 문법 항목에 대한 학습이 습득으로 전이되는 과정이므로 이 단계에서 듣기, 말하기, 읽기, 쓰기 등의 다른 언어 기능과 연계하여 그림 보고 대화하기 및 문장 만들기, 상황에 맞는 대화하기 및 문장

제5장 문법 의식 고양   125

만들기, 게임 등의 다양한 활동을 할 수 있다. 이 중 목표 문법을 활용한 게임 활동의 예는 다음 〈예시 5〉와 같다.

〈예시 5〉

※ 다음 단어들을 사용해서 5분 동안 문장 만들기 게임을 해 보세요.

| 기분이 좋다 | 친구 생일이다 | 날씨가 덥다 | 밥을 먹다 | 백화점에 가다 |
| 배가 부르다 | 고향에 가다 | 춤을 추다 | 창문을 열다 | 선물을 주다 |

학습자는 활용 가능한 표현과 목표 문법을 최대한 이용해서 다양한 문장을 정확하게 출력하는 활동을 한다. 이러한 과정을 통해 학습자는 목표 문법을 자연스럽게 습득하게 된다. 언어 중심 단계에서 과제를 수행할 때 교사는 학습자들이 필요로 하는 어휘나 표현에 대한 설명을 제공하는 조력자의 역할을 한다. 활동 중에 발생하는 오류는 학습자들 간에 수정을 할 수도 있고, 활동이 모두 끝난 후에 전형적으로 많이 일으키는 오류에 대해 교사가 수정을 해 줄 수도 있다.

학습자들 간의 활동이 모두 끝나면 교사는 흥미롭거나 잘 된 활동에 대해 발표를 시키고 격려를 해 주고, 목표 문법에 대해 다시 한 번 정리하고 마무리를 한다.

1.4 적용상의 유의점

1.4.1 장·단점

문법 의식 고양 과제는 의식적인 주의 집중 과정을 통해 학습자 스스로 목표 문법의 의미, 형태, 통사적 규칙을 찾는 기법으로 문법 의식 고양 과제를 적용한 수업은 다음과 같은 긍정적 효과가 있다.

첫째, 학습자들의 내적 동기와 자신감과 같은 정의적 요인의 형성에 도움이 된다. 문법 의식 고양 과제 활동은 학습자들이 문법 규칙, 의미 등을 스스로 발견하고 학습하는 학습자 주도적 활동으로 이루어지기 때문이다.

둘째, 학습자들은 문제 해결을 위해 적극적으로 의사소통 활동에 참여하게 되어 목표 문법 항목의 내재화에도 긍정적이다. 문법 규칙을 찾고 가설을 설정하고 확인하는 모든 과정은 짝이나 소그룹 활동으로 이루어지며 목표어로만 의사소통이 이루어지기 때문에 내재화에 도움을 줄 수 있다.

셋째, 문법 의식 고양 과제 활동은 목표 문법 형태를 계속 인지할 수 있게 도와 주고 유사한 문법을 학습할 경우에도 두 문법 간의 교차 비교를 통해서 목표 문법을 더욱 명확하게 이해할 수 있게 해 준다.

넷째, 문법 의식 고양 과제에서 활용되는 옳은 문장과 틀린 문장이 포함된 자료를 통해 목표 문법이 사용 가능한 경우만이 아니라 목표 문법의 사용이 불가능한 상황에 대한 정보까지 알 수 있다.

문법 의식 고양 과제는 이와 같은 여러 가지 긍정적인 측면이 있는 반면에 다음과 같은 문제점들도 지적할 수 있다.

첫째, 문법 의식 고양 과제는 다른 학습자들과의 끊임없는 의사소통 과정이 필수적인데, 말하기 활동을 어려워하거나 인지 능력에 비해 말하기 능력이 부족한 학습자의 경우 어려움을 겪을 수 있다.

둘째, 학습자가 상위 언어 지식과 메타언어적 용어가 부족할 경우 가설 설정과 문법 규칙을 설명하기가 힘들기 때문에 과제의 단계적 활동 시 인지적 부담감이 클 수 있다.

셋째, 문법 의식 고양 과제에서 활용되는 명시적인 학습 자료의 경우, 정해진 교재를 활용할 수도 있으나 대부분 교사가 새롭게 만들어야 한다는 부담이 있다.

1.4.2 발전적 제언

언어 교육에서 문법 의식 고양 과제의 효과적인 적용을 위해서 다음과 같은 점을 고려해볼 수 있다.

첫째, 문법 의식 고양 과제는 의사소통 상황 안에서 학습자가 주도적으로 활동해야 하는 기법이다. 따라서 교사는 학습자들이 자연스럽고 원활하게 의사소통을 할 수 있는 교실 상황을 만들어 주며 학습자들 스스로 모든 활동을 할 수 있도록 모니터 역할과 조력자의 역할을 해 주어야 한다.

둘째, 상위 언어 지식이나 메타언어적 용어에 대한 지식이 부족해 과제 해결을 어려워하는 학습자들을 고려해서 교사는 미리 상위 언어 지식을 활용하는 방법을 알려 주고, 메타언어적 용어를 명시적으로 설명해 주는 준비 과정이 필요하다.

셋째, 교사가 수업 자료를 준비해야 하는 부담을 덜기 위해 문법 항목을 범주화하여 구축해 둘 필요가 있다. 또한 학습 자료가 문장 단위로 제한되는 문제점을 보완하여 다양한 상황과 맥락에서 제시하는 것이 효과적이다.

넷째, 학습자들이 문법 과제 활동을 즐겁게 하기 위해 그림이나 다양한 시청각 자료를 활용해 문법 및 과제에 흥미를 가질 수 있도록 한다.

다섯째, 문법 의식 고양 과제 활동을 적용했을 때 효과가 있는 문법 항목을 선정해야 하는데 이때 맥락 의존성, 고빈도 오류 항목, 발견 가능성 등의 기준을 적용해 볼 수 있다.

2. 문법 의식 고양의 연구 동향

2.1 성격

한국어 교육에서 문법 의식 고양에 대한 연구는 2000년대 초반에 시작되었으나 그 양이 많지 않았다. 2010년대 이후 석사 학위 논문을 중심으로 조금씩 증가하였으나 전체적으로 보았을 때 여전히 연구물의 수가 그렇게 많은 편은 아니다.

지금까지의 연구는 주로 다양한 교수법에 문법 의식 고양 과제 기법을 적용해 그 효과를 검증하거나 문법 의식 고양 과제 외에 다른 형태 초점 교수법의 기법들과 함께 효과를 비교하는 형식으로 진행되어 왔다. 이는 문법 의식 고양 과제 기법이 한국어 문법 교육에 효과가 있을 것이라는 전제하에 다양한 비교 및 실제 교수-학습 상황에의 적용이 이루어져 온 것으로 언어 교육에서 학습자들의 정확성과 유창성을 동시에 향상시킬 수 있는 기법으로 관심을 받고 있음을 의미하는 것이라 볼 수 있다.

2.2 연구 대상 자료

한국어 교육에서의 문법 의식 고양에 대한 연구 동향을 살피기 위한 자료 수집은 한국교육학술정보원에서 제공하는 '학술연구정보서비스(www.riss.kr)에서 2017년 8월 현재까지 국내에서 발표된 연구물 중 '의식 고양', 'consciousness-raising'을 핵심어로 하는 연구들을 분석 대상으로 삼았다.[64] 그 결과 수집된 논문 수는 총 25편이다.

25편의 논문은 다시 연도 및 유형별, 연구 방법별, 주제별로 나누어 분류

---

64) '문법 의식 고양'은 연구자들마다 용어를 달리 사용하는 경우가 많아 'consciousness-raising'을 기본 검색어로 삼아 검색을 하고 그에 대한 한국어 번역 '의식 고양, 의식 상승'으로도 검색하였다.

제5장 문법 의식 고양   129

· 분석하였다. 연도 및 유형별 분석은 우선 한국어 교육에서 문법 의식 고양 과제가 처음 등장한 2000년대를 기점으로 연도별로 분류하고, 이를 다시 학위 논문과 학술지 논문으로 분류한 후 분석하였다. 주제별 분류는 문법 의식 고양 과제의 효과를 검증한 연구와 문법 의식 고양 과제를 활용한 교수모형 및 수업 설계 방안을 제시한 연구, 다른 형태 초점 기법들과 효과를 비교·검증한 연구로 나누어 분석하였다.

2.2.1 연도 및 유형별 분류

문법 의식 고양 과제의 전반적인 연구 동향을 살펴보기 위해 2002년부터 2017년 8월까지 발표된 학위 논문과 학술지 논문들을 분석하였다. 문법 의식 고양 과제의 연도별, 유형별 연구 수를 살펴보면 다음과 같다.

〈표 1〉 한국어 문법 의식 고양의 시기별 연구 현황   (단위: 편)

구분	2000년 ~2004년	2005년 ~2009년	2010년 ~2014년	2015년 ~2017년 4월	계
학위논문	1	4	11	3	19
학술지			4	2	6
합계	1	4	15	5	25

문법 의식 고양 과제와 관련된 연구는 2002년 논문을 시작으로 현재까지 모두 25편이 발표되었다. 25편의 논문 중 2000년대에 발표된 논문은 5편, 2010년대에 발표된 논문은 20편으로 2010년대에 양적 성장이 이루어졌다고 볼 수 있다. 2002년에 첫 번째 관련 논문이 나온 이후 연구가 이루어지지 않다가 2006년 이후 다시 관련 논문들이 발표되기 시작하였다. 2011년에 와서는 6편으로 증가하였고 그 후로 꾸준히 연구가 이루어지고 있다는 점에서 학습자의 의식 고양이 지속적인 연구의 관심 대상이 되었음을 알 수 있다. 앞으로도 문법 의식 고양 과제를 주제로 하는 연구가 지속적으로 이루어질 것으로 기대한다.

이상의 문법 의식 고양을 연구 유형별로 편 수를 정리해 보면 다음과 같다.

〈표 2〉 한국어 문법 의식 고양의 유형별 연구 현황

유형		편 수
학위 논문	박사 학위 논문	1
	석사 학위 논문	18
국내 학술지 및 학술대회 발표집		6

유형별 연구 수를 살펴보면 학위 논문이 19편, 학술지 논문이 6편으로 조사되었다. 문법 의식 고양 과제를 주제로 한 논문 중 학위 논문이 큰 비중을 차지하고 있는데 19편 중 성시연(2012)를 제외한 18편 모두 석사 학위 논문이었다. 학술지 논문의 경우, 총 6편으로 모두 2010년 이후에 발표된 것이다.

2.2.2 연구 방법별 분류

연구 방법별 유형은 양적 연구와 질적 연구로 나뉘는데, 양적 연구는 학습자를 대상으로 실험을 하고 그 결과에 대해 통계 분석을 하거나 교수모형 및 수업 설계를 한 연구들이고, 질적 연구는 문헌연구로 연구 주제에 대한 이론을 연구한 것으로 구분할 수 있다.

〈표 3〉 한국어 문법 의식 고양의 방법별 연구 현황

연구방법			편 수
이론적 연구			
실증적 연구	양적 연구	설문연구	
		실험연구	25
	질적 연구	관찰 · 면담	
	양적+질적 연구		

한국어 교육에서 문법 의식 고양 기법을 연구한 연구는 모두 양적 연구로 문법 의식 고양 과제 기법을 실제 수업에 적용하고 그 효과를 검증하기 위해

통계 분석을 한 연구가 19편으로 가장 많았다.[65] 단일 문법 항목을 문법 의식 고양 과제 기법을 활용해 수업에 적용한 후 효과를 검증한 연구가 11편, 형태 초점 교수법의 기법 중 하나 이상의 기법과 문법 의식 고양 과제 기법을 함께 적용해 그 효과를 비교한 연구가 8편이었다. 그리고 문법 의식 고양 과제 기법을 적용해 수업 모형이나 과제 활동을 설계하여 제시한 연구가 6편이다.

2.2.3 연구 주제별 분류

연구 주제는 크게 문법 항목과 기존의 교수법(교수 모형)에 문법 의식 고양 과제를 적용한 연구와 형태 초점 교수법의 다른 기법과의 비교 연구로 나눌 수 있으며, 그 외 문법 의식 고양 과제의 효과성을 검증한 연구, 다른 변인들의 비교 연구에 문법 의식 고양 과제를 적용한 연구 등이 있다.

---

65) 문법 의식 고양 과제를 적용한 연구물의 큰 비중을 차지하는 실험 및 통계는 크게 두 개의 형식으로 나눌 수 있다. 문법 항목을 선정하여 수업을 설계하고 통제집단과 실험집단으로 나누어 그 효과를 비교한 연구와 형태 초점 교수법의 여러 기법 중 하나 이상의 기법과 문법 의식 고양 과제 기법을 적용하여 그 효과를 비교한 연구이다.

<표 4> 한국어 문법 의식 고양의 주제별 연구 현황   (단위: 편)

	문법의식고양과제의 효과성	교수-학습지도안 및 과제활동	교수 모형				기법 비교				변인비교연구
			과제중심학습모형	PPP 모형	OHE 모형66)	PCP 모형	입력 강화	입력강화, 출력강화	입력기법, 피드백기법	딕토글로스	
2000년~2004년		1									
2005년~2009년				1	1						1
2010년~2014년	1		4	1	1	1	2	2	1	1	2
2015년~2017년		2		2	1						
계	1	3	4	4	3	1	2	2	1	1	3

문법 의식 고양 과제의 효과성을 검증한 연구는 1편으로, 문법 의식 고양 과제의 특징을 활용한 수업을 진행한 후 그 효과성을 검증하였고, 교수-학습 지도안 및 과제 활동을 설계한 연구는 3편으로, 목표 문법의 형태에 문법 의식 고양 과제를 적용한 수업 지도안과 과제 활동을 제안하였다.

외국어 학습에서 많이 활용되는 다양한 교수-학습 모형을 적용한 연구가 11편으로, 과제 중심 학습 모형, PPP 모형, OHE 모형, PCP 모형을 활용하였는데, 그 중 과제 중심 학습 모형, PPP 모형을 적용한 논의가 각 4편으로 많은 비중을 차지하였다. 과제 중심 학습 모형, PPP 모형, OHE 모형 등 기존의 교수 모형에 각각의 학습 단계, 국적, 문법 항목을 다양하게 적용하였다. PCP 모형의 경우 한하림((2011)의 연구에서 제안한 모형으로, PPP 모형과 TTT 모형의 각각의 장점들을 결합한 '산출(produce)-의식 고양(consciousness)-산출(produce)' 단계로 구성되어 있다. 지금까지 외국어 학습에서 사용하던 모형이 아닌 한국어 수업에서의 문법 의식 고양에 적용할 수 있는 새로운 모형을 제안한 것이다.

---

66) OHE모형은 '이해 및 관찰(observe)-발견 및 가설 형성(hypothesis)-시도 및 활용(experiment)' 단계로 구성된 교수-학습 모형으로 귀납적 접근을 강조한 모형이다.

형태 초점 교수법의 다양한 기법들과 문법 의식 고양 과제를 비교한 연구는 총 6편이었다. 이들 연구는 문법 의식 고양 과제와 입력 강화, 출력 강화, 피드백 기법 등의 형태 초점 교수법의 기법 중 하나 혹은 하나 이상의 기법과 함께 비교해 그 효과를 알아보았다.

마지막으로 서로 다른 변인들의 비교 연구에 문법 의식 고양 과제를 활용한 연구는 3편으로, 담화 표지 교육 효과를 비교하기 위해 문법 의식 고양 과제를 사용하거나 연역적 교수 방법과 귀납적 교수 방법을 비교하는 연구에 문법 의식 고양 과제를 활용하는 등의 연구가 진행되었다.

2.3 연구 동향 분석

한국어 교육에서 문법 의식 고양 과제는 2002년 중급 학습자를 대상으로 피동 표현에 과제 중심 학습 모형을 문법 의식 고양 과제에 적용한 이현진(2002)의 논문을 시작으로 연구가 이루어졌다. 2000년대에는 모두 석사 학위 논문을 중심으로 한 연구로, 문법 의식 고양 과제를 적용한 학술지 논문은 발표되지 않았다. 이 시기에 발표된 학위 논문은 과제 중심 학습 모형, OHE 모형, PPP 모형 등 기존의 교수 모형을 활용한 문법 의식 고양 과제를 적용한 것이었다.

문법 의식 고양 과제에 대한 연구는 2010년대 초반에 가장 활발하게 이루어졌는데, 이 시기에는 학위 논문과 학술지 논문 15편이 발표되었다. 이때 역시 학위 논문을 중심으로 많은 연구가 이루어졌는데, 그 내용도 과제라는 특성상 실제 교수-학습 상황에 문법 의식 고양 과제를 적용한 연구들이 대부분이었다. 2000년대의 연구에서처럼 과제 중심 학습 모형, PPP 모형, TTT 모형과 같이 기존의 모형에 문법 의식 고양 과제를 적용한 연구가 지속적으로 이루어졌고, 그 외에도 입력 강화, 피드백 기법 등과 같은 다른 형태 초점 교수법의 기법과의 비교 연구도 많이 이루어졌다. 한편, 이 시기에는 이러한 연구들에 더해 보다 다양한 문법 의식 고양 과제 연구가 이루어졌는데, 기존의 교수 모형들의 장점을 결합하고 보다 학습자 중심의 수업이 이루어질 수 있는 모형을 제안하기도 하였다(한하림, 2011). 그리고 문법 의식 고양 과제에 대한 비교 연구에서도 단순히 기존의 교사 주도적 수업과 문법 의식 고양 과제 수업의 효과를 비교하는 것에서 나아가 학습자의 익명성을 보장할 수 있는 Cliker를 사용한 문법 의식 고양 과제 수업의 효과를 비교하는 등의 다양하고 활발한 연구가 이루어졌다.[67]

2010년대 중반 이후에도 문법 의식 고양 과제에 대한 연구는 학습 단계, 목표 문법 등을 보다 다양화하여 꾸준히 이루어지고 있다.

2.4 향후 과제와 제언

지금까지 문법 의식 고양 과제의 연구 경향을 전반적으로 살펴보았다. 문법 의식 고양 과제는 정확성과 유창성을 함께 향상시킬 수 있는 학습자 주도적인 과제 기법으로 언어 교육에서 2000년대 이후 꾸준히 연구가 진행되어 왔다. 하지만 몇 가지 방식으로만 한정되어 연구가 진행되어 왔으며 지금까지 발표된 연구의 편수도 많지 않다. 이에 문법 의식 고양 과제가 앞으로 나아가야 할 방향을 다음과 같이 제안하고자 한다.

첫째, 문법 의식 고양 과제를 적용한 지금까지의 연구는 대부분 실험을 통

---

[67] Cliker는 LRSs(learning response systems)라고도 하는데 계산기처럼 작은 단말기(Cliker)를 이용하는 응답기로 해외의 많은 대학수업에서 대규모 강의에 수업용 의사소통도구로 사용되고 있다. 교사는 TurningPoint라고 하는 소프트웨어를 이용하여 수업에 사용할 선택형 질문을 담은 PPT 슬라이드를 제작한다. 학습자는 스크린에 주어진 질문에 대하여 키패드에 있는 버튼을 이용하여 대답을 선택하며, 학습자들의 응답은 컴퓨터에 연결된 수신기에 무선으로 보내지고 응답이 끝나면 결과를 자동으로 스크린에 보여준다. Cliker는 익명성이 보장되는 시스템이기 때문에 가설을 검증하는 동안 타인을 의식하거나 자신의 부족한 부분 때문에 좌절하기보다 다른 학습자들이나 교사와의 상호작용을 통하여 스스로 교정할 기회를 얻을 수 있고 그 과정에서 학습자의 자발적인 참여가 이루어지고 동기 부여가 된다.

한 효과성 검증 연구에 치중되어 있었다. 앞으로는 연구에서 나타난 문제점들을 보완하고, 말하기나 문법 자체에 흥미를 보이지 않는 학습자들의 동기를 끌어올릴 수 있는 다양한 수업 모형이나 활동 내용 등을 마련해 적용 가능성을 높여야 할 것이다.

둘째, 대부분의 실험 연구에서 대상자가 중국 국적의 학습자로 한정이 되어 있으므로, 다양한 국적의 학습자를 대상으로 연구가 진행되어야 할 것이다. 또한 실험 기간이 짧고, 학습자 수도 적은 편이라 적정한 수준의 학습자 수를 확보하고 실험 기간도 충분하게 마련해야 할 것이다.

셋째, 문법 의식 고양 과제가 학습자 간 상호작용 중에 이루어지는 활동이라는 특징으로 인해 언어 기능 중 말하기를 중심으로 한 연구에만 치중되어 있다. 이에 듣기, 읽기, 쓰기 등의 언어 기능에서도 효과적으로 활용될 수 있도록 적용 영역을 넓히는 노력이 필요하다.

참고문헌

우형식(2012), '한국어 문법 교육에서 형태 초점 접근법을 적용하는 문제', 「한어문교육」 26, 한국언어문학교육학회.

Doughty & Willams(1998), *Focus on form in classroom second language acquisition*, New York: Cambridge University Press.

Ellis, R.(1992), *Second language acquisition and second language pedagogy*, Clevedon, UK: Multilingual Matters.

Fotos, S. & Ellis, R.(1991), *Communicating about grammar: A task-based approach*. TESOL Quarterly25.

Rutherford, W & Sharwood Smith, M(1985), *Consciousness-raising and universal grammar*, Applied Lnguistics6.

Willis, J.(1996), *A Framework for Task-Based Learning*. London:Longman.

【부록】 문법 의식 고양 연구 논문 목록

1. 학위논문
- 박사학위논문

성지연(2012), 형태 초점 교수를 통한 한국어 내포문 교육 연구 - 관형사절과 명사절을 대상으로, 고려대학교 대학원.

- 석사학위논문

강혜옥(2006), 한국어 문법 교수를 위한 문법 의식 상승 과제 설계 연구, 서울대학교 대학원.

김아름(2016), 형태 초점 기법을 통한 한국어 부정 표현 학습 효과에 관한 연구, 이화여자대학교 교육대학원.

단 몽(2013), 한국어 문법 제시를 위한 의식 상승 과제의 설계와 적용 : '-아/어서'와 '-(으)니까'를 중심으로-, 부산외국어대학교 대학원.

류혜진(2013), 한국어 문법 항목의 의미 기능 교수 방안 연구 : '-겠-'과 '-(으)ㄹ 것'의 담화 화용적 의미를 중심으로, 경희사이버대학교 대학원.

손림여(2012), 형태 집중을 활용한 경어법 교육 연구 : 중국인 학습자 중심으로-, 경희대학교 대학원.

안격이(2015), 중국인 학습자를 위한 한국어 목적 연결어미 교육방안 연구 : '-(으)러, -(으)려고'를 중심으로, 안동대학교 대학원.
안나영(2011), 의식 상승 과제 활동을 통한 한국어 연결 어미 교육 연구 : '-(으)ㄴ/는데'를 중심으로-,경희대학교 교육대학원.
이민아(2011), 의식상승 활동이 조건 연결어미 습득에 미치는 효과 연구 : '-면, -어야, -거든'을 중심으로-, 숭실대학교 교육대학원.
이현진(2002), 한국어 피동 표현의 교수 내용 및 방안, 이화여자대학교 교육대학원.
인윤희(2013), 한국어 조사 교육에서 의식 상향 과제와 딕토글로스 과제의 교육적 효과 비교 연구, 고려대학교 교육대학원.
전진애(2009), 제2언어로서의 한국어 교육에서 문법 의식 고양의 효과에 관한 연구 : 피동 표현을 중심으로, 영남대학교 대학원.
정윤정(2014), 형태 초점 의사소통 접근 방법을 활용한 연결어미 '-느라고' 수업 효과 연구 : '입력 강화'와 '의식 고양 과제'를 중심으로, 이화여자대학교 교육대학원.
정은진(2009), 과제기반형태집중 활동을 통한 담화 표지 교육 효과 연구 : 주장하는 글을 중심으로, 경희대학교 대학원.
조영희(2015), 의식 고양 과제를 활용한 한국어 말하기 수업의 효과 연구 : 일본인 초급 학습자를 대상으로, 경희사이버대학교 대학원.
한하림(2011), 한국어 문법 교육을 위한 교수 모형의 개발 및 적용과 평가, 고려대학교 대학원.
홍경화(2011) 한국어 학습자 상호작용에서의 모국어 사용에 관한 연구 : 문법 의식 고양 과제를 중심으로, 영남대학교 대학원.
홍민경(2011), 연역적, 귀납적 문법 교수의 상대적 효과 비교 : 중급 한국어 성인 학습자를 대상으로, 고려대학교 교육대학원.

2. 학술지 논문

Sun Linru, 김영주(2012), '형태집중을 활용한 경어법 교육 연구 : 중국인 한국어 학습자를 대상으로', 「국어교육연구」 29, 서울대학교 국어교육연구소.
곽수진, 김영주(2011), '형태집중을 활용한 한국어 문장 구조 교육', 「언어 사실과 관점」 28, 연세대학교 언어정보연구원.
김미숙(2015), '문법 의식 고양 과제를 활용한 한국어 연결어미 '-길래'의 교수 방안 연구', 「한국어문화교육」 9-1, 한국어문화교육학회.
박혜경(2015), '영어권 계승어 학습자를 위한 한국어 맞춤법 교육 방안 연구'

: 의식 고양 과제를 활용하여, 「한국어교육」 26-3, 국제한국어교육학회.

석주연(2007), '학습자 중심의 한국어 문법 제시 방안 연구 : 두 모델 적용에의 개선안을 중심으로', 「국어국문학」 145, 국어국문학회.

성지연(2014), '형태 초점 교수를 통한 '-더-' 관련 문법 항목 교육 연구', 「語文論集」 60, 중앙어문학회.

정윤정, 이미혜(2014) '형태초점 의사소통 접근 방법을 활용한 연결 어미 '-느라고' 수업 효과 연구', 「외국어교육」 21-2, 한국외국어교육학회.

제5장 문법 의식 고양

제6장
고쳐 말하기

김세현

제6장 고쳐 말하기

김세현

1. 기본 원리와 적용

1.1 정의

고쳐 말하기(recast)는 교사가 학습자의 발화를 듣고 그 중에서 잘못된 부분을 고쳐서 다시 말해 주는 방법이다.[68] 학습자들은 제2언어를 사용할 때 원어민처럼 완벽하게 구사할 수 없기 때문에 오류가 생기기 마련이다. 그렇기 때문에 교사가 오류를 반복하거나 올바른 형태로 수정하여 제시하여 주는 과정을 통해 학습자는 제2언어를 정확하게 습득할 수 있다.

고쳐 말하기는 문법, 어휘뿐만 아니라 다양한 오류에 적용할 수 있다. 그리고 교사는 오류가 발생했을 때 대화를 끊지 않고 자연스럽게 올바른 형태를 제시해 준다. 그렇기 때문에 제2언어를 습득하는 데 효과적인 방법이라고 할 수 있다.

---

[68] 고쳐 말하기는 오류 고쳐 되말하기(이다미, 2005; 임수진, 2008; 이석란, 2005), 고쳐 말하기(진제희, 2005) 등 다른 용어로 번역되었다. 영어 교육에서도 고쳐 말하기(강민재, 2016), 리캐스트(신주현, 2011), 오류 고쳐 되말하기(장정희, 2011), 재조정 입력(김현전, 2004)이라고 번역하였다. 본 연구에서는 동일한 의미를 가지면서 간략한 형태인 '고쳐 말하기'로 사용하였다.

1.2 이론적 배경과 역사

1.2.1 등장 배경

고쳐 말하기는 오류를 수정하는 수정적 피드백(corrective feedback) 유형 중 하나이다. 수정적 피드백은 학습자의 발화에 오류가 있다는 것을 알려주는 것으로 학습자의 비문법적 발화에 대한 반응이기 때문에 부정적 피드백(negative feedback), 부정적 증거(negative evidence), 오류 처치(error treatment), 오류 수정(error correction) 등으로 쓰이기도 한다.

수정적 피드백은 교사와 학습자가 상호작용을 하는 과정에서 나타나는데 1980년대 초에는 상호작용 과정에서의 입력(input)에 많은 중점을 두었다. 이후 Long(1996)의 수정된 상호작용 가설에서는 입력만으로는 제2언어 능력을 발달시킬 수 없으며 학습자가 의미 협상(negotiation of meaning) 과정에 참여함으로써 습득하게 된다고 하였다. 다시 말해 교사와 학습자간의 상호작용은 학습자에게 의미 협상의 기회를 제공할 뿐만 아니라 피드백을 받으면서 자신과 교사의 발화를 비교하게 하고 그 결과 교사의 발화의 차이점을 깨달음으로써 제2언어를 습득하게 된다는 것이다.

Lyster & Ranta(1997)에서는 의미 협상의 과정에서 나타나는 수정적 피드백의 유형을 살펴보았다. 4개의 아동 몰입 프로그램 교실에서 교사가 사용한 수정적 피드백을 '명시적 수정, 고쳐 말하기, 설명요구, 메타 언어적 피드백, 유도, 반복' 6가지 유형으로 나누었고 그 중 고쳐 말하기가 55%로 가장 많이 사용되었다고 하였다.[69] 이후 고쳐 말하기의 사용 빈도와 효과성 검증

---

69) Lyster & Ranta(1997)에서 제시한 수정적 피드백 유형은 아래와 같다.
   ① 명시적 수정(explicit correction) : 잘못된 부분을 명시적으로 지적하고 정확한 형태를 제시하여 준다.
   ② 고쳐 말하기(recast) : 교사가 학생의 오류를 명시적으로 지적하지 않고 부분적 또는 전체적인 오류를 올바른 형태로 바꾸어 교정(reformulation)의 상태로 발화해 준다.

에 대한 연구들이 이어져 왔으며 한국어 교육에서는 이석란(2005)와 진제희(2005)에서 교실 수업을 관찰한 결과 고쳐 말하기가 빈번하게 사용되고 있다고 하였다.[70] 고쳐 말하기의 효과에 대해서는 여러 이견이 있지만 실제 교육 현장에서 많이 사용된다는 것은 그만큼 교사와 학습자에게 유용하다고 볼 수 있다.

1.2.2 주요 개념 및 원리

고쳐 말하기에 대한 개념은 시간이 지나면서 조금씩 구체화 되었다고 볼 수 있다. 먼저 Lyster & Ranta(1997)와 Braidi(2002)는 교사의 올바른 형태 제시에 집중하였다. Lyster & Ranta(1997)에서는 고쳐 말하기는 교사가 학생의 발화 중 전체 또는 부분에서 오류를 제외하고 재처방해 주는 것을 포함한다고 하였다. Braidi(2002)에서는 선행하는 비모국어화자(NNS)의 부정확한 발화의 내용, 어떤 음운론적, 통사론적, 형태론적, 어휘적인 면에서 그 발화를 변화시키고 수정해주는 것일 때 고쳐 말하기로 코드화된다고 하였다.

반면 Long(1996), Sheen(2006), Long(2007)에서는 학습자들이 언어 형태보다 의미에 집중하고 있어야 한다는 점을 중요하게 보고 의미와 맥락 중심

---

③ 명료화 요구(clarification requests) : 교사가 학습자의 발화 내용을 잘 알아듣지 못했거나, 학습자의 발화에 오류가 있을 경우 '뭐라고요?', '무슨 뜻이지요?'와 같은 질문을 통해서 이해나 정확성에 관하여 문제를 제시한다.
④ 메타 언어적 피드백(metaliguistic feedback) : 학습자가 범한 오류에 대해 교사가 비평이나 정보제공, 또는 질문을 하는 형식으로 학생의 오류에 대해서 정확한 답을 제시하지 않고 간접적으로 언급을 하거나 그와 관련된 질문을 한다.
⑤ 유도(elicitation) : 교사가 발화를 멈추거나 질문 혹은 다시 말하도록 요청하면서 학생이 바른 형태를 사용하도록 학습자를 유도한다.
⑥ 반복(repetition) : 교사가 학습자의 오류를 반복하되 오류 부분에 강세를 주거나 의문문 형태를 취함으로써 그 의도를 알아차리고 학습자 스스로가 오류를 발견하게 한다.

70) 이석란(2005)에서는 실제 수업을 녹음하고 전사한 결과 고쳐 말하기가 전체의 76.7%를 차지하였다고 밝혔다.

에서의 고쳐 말하기를 강조하였다. Long(1996)에서는 고쳐 말하기란 계속해서 중심의미에 주목하게 하면서 아동의 발화 중 하나 또는 그 이상의 구성 요소에 대해 재발화해 주는 것이라고 하였다. Sheen(2006)에서는 고쳐 말하기는 교실에서 진행되는 활동의 문맥 내에서도 적어도 하나의 오류가 포함된 학습자의 발화 전체 또는 부분을 교사가 재처방하는 것으로 구성된다고 하였다. Long(2007)에서는 고쳐 말하기는 대화상대자가 초점을 목표 언어가 아닌 의미에 두며 대화하는 중에 선행된 학습자의 발화 속에서 하나 또는 그 이상의 잘못된 항목을 그에 해당하는 목표 언어 형식에 맞게 대체해 주는 재처방으로 정의된다고 하였다.

고쳐 말하기의 목적은 유창성을 강조하는 의사소통 중심의 수업 환경에서 학습자들이 정확성까지 획보할 수 있도록 돕는 것이다. 이러한 고쳐 말하기는 다음과 같은 원리를 가진다고 할 수 있다(Long, 1996).

첫째, 오류 발화의 재구조화(reformulation)

둘째, 담화의 확장(expansion)

셋째, 의미의 수반(semantic contingency)

넷째, 오류 발화 다음에 위치(position)

오류 발화의 재구조화는 단순한 형태적 오류 및 의미를 알 수 없는 복잡한 오류를 교사가 수정하여 바른 형태로 구성하여 주는 것을 말한다. 담화의 확장은 학습자가 일으키는 오류를 포함하여 발화를 확장해 주는 것인데 쉽게 말해서 학습자의 불완전한 발화를 교사가 완전한 문장으로 확대해서 고쳐 말해주는 것이다. 의미의 수반은 오류를 수정하는 과정에서 대화의 맥락과 학습자 발화의 중심 의미는 유지된다는 것이다. 이점이 고쳐 말하기의 특징이기도 한데 오류 수정으로 대화의 흐름이 단절되고 학습자가 당황한다면 그것은 원활한 대화로 이어지기가 어렵다. 고쳐 말하기는 대화를 끊지 않은 상태에서 수정적 피드백을 제시하고 상호작용을 이어가기 때문에 학습자는 의미와 형태에 모두 집중할 수 있다. 오류 발화 다음에 위치는 교사의 피드백이 오류 발화 다음에 위치한다는 것을 말한다. 학습자의 오류가 선행된 후 교사가 그 오류를 수정할 수 있는 것이다.

1.3 수업에의 적용

고쳐 말하기는 학습자의 오류에 대한 교사의 반응으로 대화나 수업 상황에서 빈번하게 나타난다. 이를 모형으로 제시하면 다음과 같다.

대화 도중 학습자의 오류가 발생하면 교사는 즉시 정확한 형태로 수정하여 제시하는 순서로 진행된다. 그리고 교사는 학습자의 반응을 통해 오류 수정이 제대로 이루어졌는지 파악할 수 있다.[71] 일반적으로 고쳐 말하기는 문법이나 어휘, 발음 등과 같은 부분적인 오류에만 적용된다고 생각할 수 있는데 고쳐 말하기는 다양한 오류에 적용할 수 있다. 실제 교실 수업 상황을 살펴보면 다음과 같이 나타난다.

〈예시 1〉

학습자: 은항에 돈을 찾으러 갈 거예요.　→ 발음 오류 발생
교　사: 은항? 은행?　→ 고쳐 말하기
학습자: 네, 은행에.

---

71) 반응이란 영어로 'uptake'라고 하며 교사의 오류 수정에 뒤이어 학습자가 즉각적으로 올바른 형태로의 대답하는 것이나 학습자가 암묵적으로 받아들인다는 무언의 표시까지도 포함될 수 있다. 이러한 학습자의 반응은 오류 수정 연구에서 오류 수정의 효과를 측정하는 도구로 사용된다.

제6장 고쳐 말하기

〈예시 1〉에서 교사는 학습자의 발화를 정확하게 이해하고 학습자의 발음 오류 부분만 반복하여 수정해 주었다. 학습자는 교사의 피드백을 정확하게 인식하고 올바른 형태로 다시 발화하였다.

〈예시 2〉

교 사: 어제 왜 상담하러 안 왔어요?
학습자: 약속을 잃어 버렸어요.   → 어휘 오류 발생
교 사: 아, 약속을 잊어 버렸군요.   → 고쳐 말하기
학습자: 네.

〈예시 2〉에서 교사는 학습자의 발화를 정확하게 이해하고 학습자의 어휘 오류를 수정하여 정확한 문장으로 다시 발화하여 주었다. 학습자는 교사의 피드백을 듣고 오류에 대해 인식하였지만 학습자가 올바른 형태를 다시 발화하지 않고 단순하게 대답을 하는 경우도 있다.

〈예시 3〉

교 사: 이 영화는 어떤 내용일 거 같아요? 어떨까요?
학습자: 감동한 거 같아요.   → 어휘, 문법 오류 발생
교 사: 아, 감동적일 거 같아요.   → 고쳐 말하기
학습자: 네네.

교 사: 한국 물가가 많이 비싸죠?
학습자: 네, 너무 비싸요. 며칠 전에 마트에 갔어서 사과 샀어요.
          그런데 사과 육 개에 팔천 원이에요.   → 어휘, 문법 오류 발생
교 사: 여섯 개에 팔천 원   → 고쳐 말하기
학습자: 네, 여섯 개에 팔천 원이에요. 너무 비싸요.

〈예시 3〉에서는 어휘와 문법 오류가 함께 나타났으며 교사는 이를 다시 수정하여 발화하였다. 고쳐 말하기는 이렇게 부분 또는 문장 전체를 수정하여 학습자에게 정확한 형태로 제시해 줄 수 있다.

〈예시 4〉

교 사: 오늘 ○○ 씨 결석했어요? 혹시 어디에 있는지 알아요?
학습자: 지금 1청 펴이점에 밥을 먹었어요.　→ 발음, 어휘, 문법 오류 발생
교 사: 음.. ○○ 씨가 1층 편의점에서 밥을 먹고 있어요?　→ 고쳐 말하기
학습자: 네, 맞아요.

〈예시 4〉에서는 많은 오류들이 한 문장에서 발생하고 있으며 학습자가 전달하고자 하는 것이 무엇인지도 잘 전달되지 않고 있다. 교사는 이에 대해 오류를 수정하여 문장으로 제시해 주었고 학습자는 〈예시 2〉, 〈예시 3〉와 마찬가지로 단순하게 긍정적으로 대답을 하였는데 사실 이러한 학습자의 반응으로는 올바른 형태로 인식을 하였는지 알 수 없다. 이러한 학습자의 반응 때문에 고쳐 말하기가 오류 수정에 큰 효과가 없다는 의견도 있지만 예시를 통해 본 바와 같이 고쳐 말하기는 수업 시간에 빈번하게 사용되며 다양한 오류에 적용이 가능하다는 점에서 유용하다고 할 수 있다.

1.4 적용상의 유의점

1.4.1 장·단점

고쳐 말하기와 제2언어 습득과의 관련성을 검증하기 위해 교실 학습 상황에서 많은 연구가 진행되었고 제2언어 교수 및 학습에 효과적이라는 결과가 나타났다. 고쳐 말하기의 장점을 정리하면 다음과 같다.

제6장 고쳐 말하기   149

첫째, 학습자의 오류를 효과적으로 줄일 수 있다. 교사가 학습자의 오류가 발생한 직후 바로 수정해 주기 때문에 학습자는 자신의 오류에 대해 즉각적으로 피드백을 받게 된다. 또한 학습자는 자신의 오류와 교사의 피드백을 비교하면서 차이점을 인식할 수 있다. 이런 과정에서 학습자는 자신의 오류를 쉽게 알아차릴 수 있고 올바른 형태를 습득할 수 있다.

둘째, 학습자가 목표어의 형태뿐만 아니라 의미에도 집중할 수 있다. 학습자는 대화를 이어가면서 교사의 피드백을 받는데 이 과정에서 교사로부터 목표어에 대한 바른 형태와 의미를 제공 받는다. 그렇기 때문에 형태와 의미를 연결하면서 목표어를 보다 정확하게 습득할 수 있다.

셋째, 학습자가 목표어로 말하는 과정에서 실수에 대해 부담을 덜 느낀다. 학습자가 오류를 범할 때마다 교사가 정확하게 지적하고 설명한다면 학습자는 큰 부담을 느낄 것이고 대화를 더 이상 하지 않으려고 할 것이다. 하지만 고쳐 말하기에서는 교사가 대화의 흐름을 끊지 않고 우연히 개입하여 피드백을 제공하기 때문에 학습자가 실수에 대해 큰 부담을 느끼지 않으면서 목표어로 대화를 이어나갈 수 있다.

이러한 장점에도 불구하고 고쳐 말하기의 효과가 크지 않다고 주장하는 연구들도 많다.[72] 이러한 연구들에서 언급하는 고쳐 말하기에 대한 단점은 다음과 같다.

첫째, 고쳐 말하기가 가지고 있는 모호성 때문에 학습자가 교사의 피드백을 인지하지 못할 수 있다. 교사의 피드백 후 학습자의 반응이 있었다고 하

---

[72] Lyster & Ranta(1997)에서는 고쳐 말하기가 55%로 교사의 피드백 중 가장 많이 나타났지만 이에 대한 학습자의 반응은 31%로 그 효과가 크지 않다고 하였다. 진제희(2005)에서도 학습자의 반응이 11%에 불과해 고쳐 말하기의 효과에 대해 부정적인 입장을 취하였다.

더라도 그것이 정확한 학습으로 연결되었다고 보기 어려울 때도 있다. 학습자가 교사의 수정 의도를 정확하게 알아차리지 못하고 지나치는 경우도 있기 때문이다.[73]

둘째, 정확하게 오류 수정이 되지 않아 학습자의 실수가 고쳐지지 않고 반복될 수 있다. 고쳐 말하기에서는 오류에 대한 수정과 인식이 아주 짧은 시간에 이루어진다. 그렇기 때문에 학습자는 자신의 오류에서 형태와 의미를 연결하여 정확한 형태를 습득하지 못했지만 대화를 계속 이어가게 된다. 즉 오류 수정이 불완전하게 이루어짐으로써 오류가 고착화될 수 있다.

셋째, 고쳐 말하기는 학습자의 다양한 요인의 영향을 많이 받는다. 외적 요인에는 숙달도, 학습자의 모국어 등이 있고 내적 요인에는 수의, 삭동기억, 단기·장기기억, 처리 속도 등이 있다. 이러한 요인들 때문에 오류 수정이 충분히 정확하게 이루어지지 않는 경우도 많다. 효과적인 오류 수정을 위해서는 이러한 요인들을 잘 통제해야 할 것이다.

1.4.2 발전적 제언

고쳐 말하기는 제2언어 수업에서 빈번하게 사용되고 있지만 그 효과에 대해서는 많은 이견들이 존재한다. 고쳐 말하기를 수업에 적용할 때 유의해야 할 점을 살펴보면 다음과 같다.

첫째, 고쳐 말하기가 가지고 있는 모호성에 대한 논의가 필요하다. 고쳐 말하기는 정확하게 오류를 지적하고 설명해주는 방법이 아니기 때문에 학

---

73) Ellis(2009)에서는 수정적 피드백을 암시적과 명시적인 기준으로 나누었는데 고쳐 말하기는 수정적 피드백의 한 유형으로 학습자의 오류를 명시적으로 지적하지 않으면서 오류를 수정해 주기 때문에 암시적 피드백에 속한다고 하였다. 많은 연구에서 바로 이러한 암시적인 요소 때문에 학습자가 교사의 피드백을 명확하게 알아차리지 못하는 경우도 있다고 한다.

제6장 고쳐 말하기   151

습자들이 교사의 수정 의도를 알아차리지 못 할 때도 있다. 그렇기 때문에 학습 효과를 높일 수 있도록 이러한 부분에 대한 연구가 더 필요하다.

둘째, 고쳐 말하기의 학습자 반응에 대해 살펴볼 필요가 있다. 교사의 피드백에 대해서 학습자가 반응을 했다고 해서 그것을 모두 학습 효과로 볼 수 없고 반응을 하지 않았다고 해도 실패한 것으로 볼 수는 없다. 따라서 학습자 반응에 대해 다양한 측면에서 살펴봐야 한다.

셋째, 고쳐 말하기에 영향을 미치는 요인들을 주의해야 한다. 고쳐 말하기는 학습자의 내부에서 일어나는 과정으로 내적요인과 외적요인에 영향을 받을 수 있다. 이러한 요인들이 제대로 통제되지 않으면 고쳐 말하기의 효과가 다 다르게 나타날 수 있다.[74] 그러므로 이러한 요인들의 영향을 최소화 할 수 있는 방안이 마련되어야 할 것이다.

2. 고쳐 말하기의 연구 동향

2.1 성격

고쳐 말하기는 한국어 수업 현장에서도 많이 사용되는 방법이다. 교사들이 사용하기 쉬우면서도 학습 효과가 있기 때문이다. 이번 장에서는 한국어 교육 분야에서 고쳐 말하기에 대한 연구가 어떻게 이루어져 왔는지 살펴볼 것이다.

---

74) 학습자 내적 요인에는 학습자의 나이, 언어 능력, 작업 기업 기억 용량 등이 있고 외적 요인에는 목표 언어의 형태, 학습 공간 분위기 등이 있다.

2.2 연구 대상 자료

연구 동향을 살피기 위해 국내에서 발표된 학위논문, 학술대회 및 학술지에 실린 논문 중 '고쳐 말하기', '오류 고쳐 되말하기', '오류 수정' 등을 핵심어로 검색한 후 고쳐 말하기와 직접적으로 연관되는 연구들을 분석대상으로 삼았다. 고쳐 말하기로 검색하여 수집한 논문 수는 총 13편이었다.[75] 연구의 전체 현황을 분석하기 위해서 연도 및 연구 유형별, 연구 방법별, 연구 주제별로 분류하여 고쳐 말하기의 연구 동향을 살피고자 한다. 여기에서는 연도 및 유형별, 연구 방법별, 주제별로 분류하여 한국어 교육 분야의 고쳐 말하기 연구 동향을 살피고자 한다.

2.2.1 연도 및 연구 유형별 분류

이 연구에서 분석 대상으로 삼은 자료는 박사학위논문과 석사학위논문, 그리고 학술지와 학술대회 발표 자료집에 실린 연구이다. 한국어 교육에서의 고쳐 말하기에 관한 연구 현황을 시기별로 살피면 다음과 같다.

〈표 1〉 한국어 고쳐 말하기의 시기별 연구 현황 (단위: 편)

구분	2001년 ~2005년	2006년 ~2010년	2011년 ~2015년	2016년 ~2019년	계
학위논문	1	2	1	2	6
학술지	2	2	1	2	7
합계	3	4	2	4	13

고쳐 말하기에 대한 연구는 2019년까지 총 13편의 연구가 이루어졌다. 고쳐 말하기를 주제로 다룬 연구는 2005년부터 본격적으로 이루어졌고 학위논문 6편과 학술지 논문 7편이 있었다. 고쳐 말하기 연구를 유형별로 정리해

---

75) 한국어 교육에서 '수정적 피드백', '교사 피드백', '구어 오류 수정' 등을 주제로 한 연구에서 고쳐 말하기를 다룬 연구물들이 있었다. 이중에서 고쳐 말하기의 사용 및 그 효과에 다룬 연구들을 분석대항으로 삼았다.

보면 다음과 같다.

〈표 2〉 한국어 고쳐 말하기의 유형별 연구 현황

유형		편 수
학위 논문	박사 학위 논문	1
	석사 학위 논문	5
국내 학술지 및 학술대회 발표집		7

한국어 교육에서 고쳐 말하기를 다룬 연구가 많지는 않지만, 꾸준히 연구되고 있는 것을 보면 한국어 교육에서 고쳐 말하기가 많이 사용되고 있으며 고쳐 말하기에 대해 깊은 연구가 계속 될 것이라고 볼 수 있다.

2.2.2 연구 방법별 분류

방법별 분류에서는 이론적 연구와, 실증적 연구로 나누어서 분류한다. 이론적 연구는 문헌 또는 이론에 대한 연구이며 실증적 연구는 관찰이나 실험을 한 연구들을 말한다. 실증적 양적 연구, 질적 연구, 양적 및 직절 연구로 나눈다. 고쳐 말하기에 대한 연구들을 방법별로 분류하면 다음과 같다.[76]

〈표 3〉 한국어 학습 전략의 방법별 연구 현황

연구 방법			편 수
이론적 연구			
실증적 연구	양적 연구	설문연구	
		실험연구	5
	질적 연구	관찰 · 면담	8
	양적 + 질적 연구		

한국어 교육에서 고쳐 말하기에 대한 연구들은 모두 실증적 연구에 해당하였으며 대부분 관찰·면담과 실험 연구다. 학습자의 오류를 수정해주는

---

76) 학위논문과 학술지 및 학술 대회 논문이 같은 내용일 경우 각각 별도의 연구로 처리하였다.

상황은 대부분 수업 현장이다. 그러기 때문에 실제 수업에서 교사들이 고쳐 말하기를 어떻게 사용하고 있으며 이에 대한 학습자의 반응과 학습에 미치는 효과를 검증하는 실증적 연구들이 많이 이루어진 것이라고 볼 수 있다.

2.2.3 연구 주제별 분류

한국어 교육에서의 고쳐 말하기에 대한 연구 주제는 크게 네 가지로 나눌 수 있다. 고쳐 말하기에 대한 연구들을 주제별로 분류하면 다음과 같다.

〈표 4〉 한국어 고쳐 말하기의 주제별 연구 현황 (단위: 편)

구분	학습자 반응	학습 효과	세부 유형	빈도수
2001년~2005년	2			1
2006년~2010년	3	1		
2011년~2015년		1		1
2016년~2017년	1	1	2	
계	6	3	2	2

학습자 반응에 대한 연구는 총 6편이다. 고쳐 말하기에서 많이 언급되는 것이 교사의 피드백에 대한 학습자 반응(uptake)이다. 그런데 이러한 학습자 반응을 무조건 다 학습 효과로 보기 어려운 경우도 있으며 실험이 끝난 직후보다 지연된 사후 검사에서 효과가 나타나는 경우도 있었기 때문에 이에 대한 연구도 중요하다. 다음으로 학습 효과에 대한 연구는 3편이다. 교사의 피드백에 대한 결과는 학습자의 성공적인 학습에 달려 있다. 그렇기 때문에 학습 효과와 그 효과가 얼마나 지속되는지를 살펴볼 필요가 있다. 세부 유형에서는 고쳐 말하기를 특성에 따라 더 작은 유형으로 나누어 그 특징과 실제 수업에서 사용되는 모습을 살펴보고자 하였다. 사용 양상에서는 수업 시간의 교사와 학습자의 대화를 분석하여 고쳐 말하기의 제시 방법과 사용 횟수를 살펴보았다.

2.3 연구 동향 분석

외국어 교육 현장에서 학습자의 오류는 빈번하게 일어난다. 이러한 오류들을 어떻게 효과적으로 처리하여 학습자들에게 의미뿐만 아니라 형태적인 측면까지 학습시킬 수 있을지가 중요한 문제이다. 이에 대해 교실상황 관찰 및 실험 등을 통해서 고쳐 말하기에 대한 연구들이 진행되었다.

고쳐 말하기에 대한 연구는 2000년 중반부터 시작되었다. 먼저 '학습자 반응'에 대한 연구는 이석란(2005, 2009), 진제희(2005), 임수진(2008)[77], 이선진(2016)이 있다. 이 연구들에서는 학습자 반응으로 오류 수정의 효과를 측정하였다. 이석란(2005, 2009)에서는 고쳐 말하기의 교정률이 61.6%으로 나타났지만 학습자 반응을 자세히 살펴보면 교사의 피드백을 반복·합병하는 경우가 대부분이기 때문에 학습자 반응으로 학습자가 교사의 교정 의도를 잘 파악했는지 알 수 없다고 하였다. 실제로 학습자 형성 교정은 4.6%으로 고쳐 말하기의 모호성 때문에 학습자가 교사의 교정 의도를 오해한 것으로 볼 수 있다. 임수진(2008)에서도 이와 비슷한 결과가 나타났다. 학습자 반응을 살펴본 결과 교정률이 36.2%인데 비해 지속 비율이 56.4%였다. 하지만 말하기 시험에서는 형태 습득이 촉진되었기 때문에 학습자 반응으로 학습자 효과를 측정하기 어렵다고 하였다. 하지만 학습자 반응을 통해 고쳐 말하기가 효과적이라는 연구도 있는데 진제희(2005)에서는 학습자 반응을 살펴 본 결과 고쳐 말하기는 학습자들이 스스로 오류 발화를 바로잡을 수 있는 기회를 제공하고 있다는 것을 알 수 있었고, 이선진(2016)에서는 문법, 어휘, 발음 교육에서 고쳐 말하기가 많이 나타났고 교사의 피드백을 반복하며 오류 수정에 성공했다고 하였다.

학습 효과에 대한 연구는 3편으로 김남형(2010), 안지은(2012), 김국화

---

77) 이석란(2005, 2008)과 임수진(2008)은 학위논문과 학술지 및 학술 대회 논문의 내용이 같기 때문에 동향 분석에서는 학위논문을 살펴보았다.

(2016)이 있다. 김남형(2010)과 안지은(2012)는 고쳐 말하기가 장기적인 학습 효과가 있다고 하였다. 김남형(2010)에서는 사후평가에서 오류 인지와 오류 수정에 효과적이었고 지연된 사후평가에서는 고쳐 말하기만 효과가 있는 것으로 나타났다. 안지은(2012)에서는 문법성 판단 시험을 통해 단형 사동 습들이 단기적, 장기적으로 촉진되었다는 것을 알 수 있었고 고쳐 말하기의 효과가 시간이 지난 후에도 지속된다는 것을 확인하였다. 김국화(2016)에서는 조사 습득에 고쳐 말하기가 도움이 되는지 살펴보았는데 이해 능력보다 생산능력에 효과가 있었다고 하였다.

세부 유형에 대한 연구에는 김은호(2016)과 김서형(2019)가 있다. 김은호(2016)에서는 고쳐 말하기를 삽입된 고쳐 말하기와 고립된 고쳐 말하기로 나누고 고쳐 말하기가 이해 표시, 평가 등의 다른 행위에 삽입되어 진행 중인 다른 활동으로 인해 수정의 기능이 약화되거나 아예 드러나지 않는 경우가 있다고 하였다. 즉, 교사가 학습자의 문법 형태에 대한 주의 집중을 목표로 수정적 피드백을 제공한다 할지라도 그것이 반드시 학습자의 형태 초점으로 연결되지는 않는다는 것이다. 김서형(2019)에서는 고쳐 말하기는 수정 길이, 수정 유형, 제공 빈도별로 살펴보았을 때 고쳐 말하기의 세부 유형 중 어느 유형이 학습자의 반응을 잘 유도하는지 살펴보았다. 그 결과 학습자는 단어 수준의 길이로 수정할 때 가장 잘 반응하는 것으로 나타났다.

빈도수에서는 이다미(2005)와 이선진(2015)가 있다. 이다미(2005)에서는 조사를 학습하는 상황에서 원어민 화자는 33~61%에 달하는 부정적 피드백을 제공하였는데 그 중 고쳐 말하기를 제일 많이 사용한 것으로 나타났다. 이선진(2015)에서도 오류 수정 유형으로 고쳐 말하기가 높은 비율로 나타났는데 중급 학습자에게는 문법 오류, 고급 학습자에게는 어휘 오류에 대한 피드백 제공이 가장 많았고 고급 학습자의 어휘 오류의 수정 유형으로는 학습자가 어휘의 의미 유사성으로 인해 오류를 보인 의미적 오류에 대해 교사의 피드백이 주로 나타났다고 하였다.

3. 향후 과제 및 제언

한국어 교육에서의 고쳐 말하기에 대한 연구는 아직 연구가 부족한 편이다. 이에 좀 더 발전된 연구를 위해 보완되어야 할 것들을 다음과 같이 제시하고자 한다.

첫째, 신뢰할 수 있는 연구 결과가 나오도록 충분한 연구가 필요하다. 고쳐 말하기에 대한 연구들은 학습자 수뿐만 아니라 실험 기간이 충분하지 않은 경우가 많다. 이런 경우 기대하는 결과를 얻지 못하며 신뢰도도 떨어진다.

둘째, 고쳐 말하기가 가지고 있는 모호성이 실험 결과에 영향을 미치지 않도록 다른 방법들을 마련해야 한다. 피드백을 주는 부분을 더 강조하거나 시각적 자료를 함께 이용하는 등의 보완책도 생각해봐야 할 것이다.

셋째, 학습자가 만들어 낼 수 있는 많은 오류에 대한 연구가 필요하다. 대부분의 연구가 조사, 문법, 발음 등에 국한되어 있다. 하지만 학습자 오류는 매우 다양하다. 그러므로 고쳐 말하기가 어떠한 오류에 가장 적합한지 연구가 좀 더 진행될 필요가 있다.

넷째, 다양한 변인과 환경을 고려한 연구가 활발히 진행되어야 한다. 동일한 상황에서 피드백을 받았다고 하더라도 과제의 유형, 언어 복잡성, 숙달도, 학습자의 목표 언어 등에 따라 결과가 다르게 나타날 수 있다. 이러한 부분들을 고려한다면 다양한 상황이 존재하는 실제 교실상황에서도 적용할 수 있을 것이다.

참고문헌

강민재(2016), '모국어를 활용한 문법 지도: 입력강화와 고쳐 말하기를 적용하여', 조선대학교 대학원 박사학위논문.

김현진(2004), '제2언어습득에서 부정적 피드백이 갖는 역할에 대한 비판적 고찰: 재조정 입력의 역할을 중심으로', 「영어어문교육」 9-3, 한국영어어문교육학회.

신주현(2011), '입력쇄도(input flood)와 리캐스트(recast)를 활용한 초등영어 듣기와 말하기 능력 향상 방안', 경인교육대학교 대학원 석사학위논문.

장정희(2011), '교사의 오류 고쳐 말하기가 영어 학습자의 과거 동사 사용의 정확성 향상에 미치는 영향', 계명대학교 대학원 석사학위논문.

Braidi, S. M. (2002), Reexamining the role of recasts in native speaker/nonnative-speaker interaction. *Language Learning*, 52(1).

Ellis, R. (2009), Corrective feedback and teacher development. *L2 Journal*, 1.

Long, M.(1996), *The role of the linguistic enviroment in second language acqiosition*. In W. Ritchie & T. Bhatia (Eds.), Handbook of second language acquisition. New York, NY: Academic Press.

Long, M. (2007). *Problems in SLA*. Mahwah, NJ: Lawrence Erlbaum.

Lyster, R. & Ranta, L. (1997). Corrective feedback and learner uptake Negotiation of form in communicative classrooms. *Studies in Second Language Acquisition*, 19.

Sheen, Y. (2006). Exploring the relationship between characteristics of recasts and learner uptake. *Language Teaching Research*, 10.

【부록】 고쳐 말하기 연구 논문 목록

1. 학위논문
- 박사학위논문

이선진(2016), 중국인 한국어 학습자의 구어 오류에 대한 교사 피드백과 학습자의 피드백 수용 양상 연구, 경희대학교 대학원.

- 석사학위논문

김남형(2010), 고쳐 말하기가 한국어 학습자의 정확성 향상에 미치는 효과,

경희대학교 대학원 .
김국화(2016), 형태초점 과제 수행이 한국어 학습자의 조사 습득에 미치는 영향, 이화여자대학교 대학원.
안지은(2012), 오류 고쳐 되말하기와 개인차 요인이 중국인 한국어 학습자의 단형 사동 습득에 미치는 영향, 이화여자대학교 대학원.
이석란(2005), 교사의 오류 수정 유형에 따른 한국어 학습자 반응에 관한 연구, 이화여자대학교 대학원.
임수진(2008), 오류 고쳐 되말하기가 한국어 학습자의 형태 습득에 미치는 영향, 이화여자대학교 대학원.

2. 학술지

김서형(2019), '한국어 교육에서의 교사 고쳐 말하기와 학습자 반응 간의 상관관계 연구', 「한국언어문화학」 16-1, 국제한국언어문화학회.
김은호(2016), '한국어 교실에서의 수정적 피드백에 대한 대화 분석적 접근', 「語文論集」 65, 중앙어문학회.
이다미(2005), '부정적 피드백이 한국어 학습자의 주격과 목적격 조사 습득에 미치는 영향', 「한국어 교육」 16-2.
이석란(2009), '교사의 오류 수정 유형에 따른 한국어 학습자 반응에 관한 연구', 「Foreign languages education」 16-3, 국제한국언어문화학회.
이선진(2015), '중국 내 한국어 중, 고급 교실에서의 구어 오류에 대한 교사 피드백 연구', 「외국어로서의 한국어교육」 42, 연세대학교 언어연구교육원 한국어학당.
임수진(2008), '오류 고쳐 되말하기가 한국어 학습자의 형태 습득에 미치는 영향', 「응용언어학」 24-1, 한국응용언어학회.
진제희(2005), '한국어 수업에 나타난 교사의 수정적 피드백과 학습자 반응 연구', 「이중언어학」 28, 이중언어학회.

제7장
듣고 다시쓰기

최서원

제7장 듣고 다시쓰기

최서원

1. 이론과 기본 원리

1.1 정의

 듣고 다시쓰기(dictogloss)는 'dictation(받아쓰기)'과 'gloss(주석, 주해)'를 합성해서 만든 새로운 용어이다. 기존의 받아쓰기가 교사가 들려주는 텍스트를 학습자가 들은 후 그대로 옮겨 쓰는 활동이라면 듣고 다시쓰기는 들은 내용을 그대로 옮겨 쓰는 것이 아니라 학습자가 다른 구성원들과의 협상 과정을 통해 재구성하는 활동이다(Wajnaryb, 1990).

 받아쓰기는 제1언어 교육에서부터 시작되어 제2언어 교육 현장에서도 사용되고 있는 방법이다. 받아쓰기는 철자 능력뿐만 아니라 듣기 능력을 높이고 문법 구조 파악 훈련을 할 수 있도록 하여 언어 형식 습득에 도움을 준다. 그래서 의사소통 능력 신장에 도움이 되는 주요한 학습활동으로 제안되고 있다.

 받아쓰기는 제2언어 능력 향상을 위한 학습 활동으로서 다양한 형태로 활용되고 있다. 대표적으로 주로 언어 학습 초기에 사용되는 어휘 받아쓰기나 한 문장 받아쓰기와 같은 것이 있으며, 이런 전통적 받아쓰기의 형태에서 더 발전하여 받아쓰기와 작문을 통합한 통제된 글쓰기의 하나로 볼 수 있는 딕토콤프(dicto-comp)와 딕토글로스 즉, 듣고 다시쓰기가 있다.

딕토콤프는 언어 수업에서 작문을 연습하는 한 방법으로 교사가 문단을 읽어주고 학습자가 그 문단에서 이해한 것과 기억하는 것을 가능한 한 원문에 가깝게 자신의 단어를 사용하여 쓰는 것이다. 딕토콤프의 가장 큰 장점은 문장 전체의 의미를 파악한 다음 기억하지 못한 부분은 문맥으로 유추하여 자신의 말로 채운다는 것이다.

듣고 다시쓰기는 딕토콤프와 비슷한 활동이기는 하지만 학습자가 각자 하는 것이 아니라 소집단을 만들어서 상호작용을 한 다음 그들의 말로 글을 산출해 낸다는 점이 큰 특징이다. 듣고 다시쓰기는 단어와 표현을 그대로 정확히게 받아 적는 데 목적을 두지 않고 전체 맥락을 이해하는 것이 중요하다는 점과 동료 학습자들과의 상호작용 과정이 산출물을 내는 데 중요한 역할을 한다는 점에서 전통적 받아쓰기와 다르다. 그래서 듣고 다시쓰기는 교사 중심적이고 일방적인 전통적 받아쓰기에 비해 협동적 상호작용이 중심이 된 더욱 학습자 중심적인 활동이라고 할 수 있다. 듣고 다시쓰기에 대한 용어는 원문 그대로 딕토글로스로 사용되기도 하지만 듣고 받아 적어 재구성하기, 받아쓰기 작문, 의미 살려 받아쓰기 등으로 불리어지기도 한다.

1.2 이론적 배경과 역사

1.2.1 등장 배경

의사소통 중심 교수는 언어의 형태보다 의미를 강조했는데 1990년대 들어와 의사소통 교수의 한계점이 연구를 통해 밝혀지면서 의미만 중시하는 수업보다 의사소통 활동 가운데 학습자들이 형태에 집중할 수 있도록 하는 형태초점 교수(focus on form)가 제시되었다. 형태초점 교수에서는 실제 수업에 적용할 수 있는 여러 가지 기법을 제시했고 듣고 다시쓰기는 그 기법들 중 하나이다.

형태초점 교수의 기법은 명시적(obtrusive)인 것과 암시적(unobtrusive)인 것으로 분류된다. 형태초점 교수에서 사용되는 기법(Doughty & Williams, 1998)은 명시성과 암시성 정도를 보여 준다. 듣고 다시쓰기는 다른 기법들에 비해 명시적인 방법에 속하는데 듣기를 하면서 특정 문법 및 어휘에 집중할 수 있기 때문에 특정한 내용을 배울 때 그 내용에 많이 출현하는 문법과 어휘를 쉽게 익힐 수 있다.

언어 교육 현장을 살펴보면 언어를 교수할 때 출력보다는 입력 위주로 이루어지고 있다. 입력 홍수나 입력 강화 등의 기법을 통해 충분한 입력이 언어 습득에 중요한 작용을 한다는 것은 강조하지 않아도 된다. 그러나 출력도 언어 습득에서 입력만큼 중요한 작용을 하므로 교실 안에서 학습자에 의해 이루어지는 출력과 출력을 촉진하는 학습자 중심의 활동이 중요하다는 인식이 확산되었다. 교사가 준 입력을 반복, 연습하는 수동적이고 기계적인 생산이 아닌 능동적이고 창조적인 생산을 할 수 있도록 학습자를 독려하고 그런 기회를 효과적으로 제공할 수 있는 과제가 개발되어 적극적으로 수업에 도입이 될 필요가 있었다.

이러한 배경으로 인해 듣고 다시쓰기 기법에 주목을 하게 되었고 호주의 영어 교육자 Wajnryb(1990)이 효과적인 영어 교육을 위해 처음 제안한 교실 활동이다. 듣고 다시쓰기는 미국, 캐나다, 스페인 등에서 학습자 출력에 관한 연구에 활용되고 있으며 호주의 제2언어로서 영어 교육 교실에서 활발히 적용되고 있는 기법이다.

1.2.2 주요 개념 및 원리

듣고 다시쓰기는 학습자들이 교사가 들려주는 텍스트를 집중해서 듣고,

제7장 듣고 다시쓰기

들으면서 메모하고, 모둠별로 상호작용을 통해 의미를 재구성하는 학습자 중심의 능동적인 학습 활동이다. 듣고 다시쓰기에서 학생들은 교사가 제시한 텍스트를 그대로 받아 적는 것이 아니라 중요한 어휘나 문법 표현 등을 중심으로 메모한 후 동료 학습자들과 협의를 통하여 제시된 텍스트를 재구성한다.

기존의 받아쓰기가 상향식 듣기 과정을 강조했다면 듣고 다시 쓰기 활동은 들은 그대로 받아쓰는 것이 아니라 전체적인 맥락을 파악하고 의미를 중심으로 재구성하기 때문에 오히려 하향식 과정을 강조한다. 즉 학습자가 자신의 문법적, 언어적 지식을 총동원하여 모둠의 동료들과의 토론을 통해 텍스트를 재구성하기 때문에 받아쓰기와는 본질적으로 다르다. 듣고 받아쓰기는 학습지기 목표 언어에 대해 얼마나 자신이 알아나 알고 있는가 또는 무엇을 모르는가를 알아낼 수 있는 과업 중심의 과정이다. Wajnryb(1990)에서는 듣고 다시쓰기의 목적을 세 가지로 설명하고 있다.

첫째, 학습자 자신이 가지고 있는 배경 지식과 모든 언어학적 지식 등을 사용하여 문장을 생산할 수 있는 기회를 제공한다.

둘째, 학습자가 텍스트를 재구성하는 과정을 통해 자신이 아는 것과 모르는 것을 스스로 찾아낼 수 있는 기회를 제공한다.

셋째, 텍스트를 학습자 자신의 언어로 재구성하고 분석하고 오류를 수정하는 과정을 통해 학습자의 언어 사용 능력을 향상시킨다.

듣고 들을 것을 그대로 써야 하는 기존의 받아쓰기 활동은 부분적으로 학습자의 어휘력과 표현력 향상에 도움을 줄 수 있었지만 궁극적인 의사소통 능력을 신장시키는 학습 활동이 되기에는 부족함이 있었다. 이러한 점을 보완하여 고안된 학습 활동이 듣고 다시쓰기라고 볼 수 있다.

1.3. 수업에의 적용

1.3.1 절차

듣고 다시쓰기의 절차는 크게 준비 단계, 받아쓰기 단계, 재구성 단계, 분석과 수정 단계로 구성된다.

초급 수준의 학습자를 대상으로 '여행'을 주제로 한 듣고 다시쓰기의 적용 예를 제시해 보면 다음과 같다.

〈준비 단계〉는 학생들이 듣기 활동을 원활히 할 수 있도록 출발점 행동을 점검하고 배경지식을 활성화시키는 단계이다. 이를 위해 교사는 관련 있는 내용을 소개하거나 학생들에게 듣기 지문과 관련 있는 주제에 대해 토론을 하도록 유도할 수 있다. 교사는 그림이나 사진, 질문, 중요 어휘 등 다채로운 자료를 제시하여 듣게 될 글의 내용에 대한 학생들의 배경지식을 활성화시킨다. 텍스트와 관련 있는 주제에 대한 경험을 말하게 하거나 이미 알고 있는 지식을 나누도록 할 수 있다.

〈예시 1〉

• 주제 관련 질문하기
교사: 이번 방학에 뭐 할 거예요?
학생: OO에서는 무엇을 할 수 있어요?

• 주제와 관련된 그림이나 사진, 동영상 제시
-제주도의 바다, 풍경을 담은 사진과 동영상 제시
-제주도에서 먹을 수 있는 음식 사진 제시

듣기 자료로 제시할 텍스트에 학생들의 수준에서 알 수 없는 문법이나 단어, 문맥으로 뜻을 추측할 수 있는 단어가 있으면 미리 지도한다. 칠판에 주요 문법과 낱말을 써서 보여 주거나 텍스트에서 중요한 표현을 보여줌으로써 단서를 제공할 수 있다. 학생들의 소그룹 구성은 가능한 학습 능력이 큰 차이가 없도록 편성하는 것이 좋다.

〈예시 2〉

• 새 어휘 소리 내서 따라 읽기
  예) 여름방학, 제주도, 사진, 가다, 먹다, 찍다

• 새로 나온 문법과 어휘를 제시하고 설명하기
  - 동작 동사+-(으)ㄹ 거예요 : 미래에 일어날 행위를 나타내는 표현
    예) 갈 거예요, 먹을 거예요
  - 동작 동사+-(으)ㄹ 수 있어요/없어요 : 가능성이나 능력이 있거나 없음을 나타내는 표현
    예) 볼 수 있어요, 할 수 있어요

〈받아쓰기 단계〉에서 교사는 텍스트를 2~3회 들려주는데 학생들은 첫 번째 듣기에서 전체 내용을 파악하거나 주요 단어를 간단하게 메모한다. 두 번째 들을 때에서는 이미 작성된 메모를 구체화하거나 주요 구문의 전체적인 틀을 구성하도록 한다. 마지막으로 들을 때에는 빠진 부분을 채워가면서 받아 적도록 한다. 또한 학습자의 쓰기 능력에 따라 빈칸이 있는 원본을 제공한다든지 주요 문장만을 비워 둔 활동지를 제공하여 듣기 난이도를 조절할 수 있다. 또한 학습 목표와 관련된 주요 문장이나 표현, 핵심 어휘 등을 파악할 수 있도록 질문을 구성하여 제공할 수도 있다.

〈예시 3〉

교사: 앤디 씨는 이번 여름방학 때 제주도에 갈 거예요?

학생: 네, 갈 거예요.

교사: 제주도에 가면 무엇을 할 수 있어요?

학생: 제주도에 가면 멋진 바다를 볼 수 있어요.
　　　맛있는 음식을 먹을 수 있어요.
　　　사진도 많이 찍을 거예요.

〈재구성 단계〉에서는 소그룹(3~4명 정도)으로 모여 전체 지문을 재구성한다. 이때 각자 받아 적은 것을 비교하며 그 내용에 대해 토론한다. 토론 과정을 통해 합의된 내용을 바탕으로 지문을 완성하고 마지막으로 글의 응집력, 논리, 문법 등을 점검한다. 이때 교사는 각 그룹을 관찰하면서 학생들의 활동을 모니터한다. 이 단계에서 교사는 어떤 자료도 제공하지 않는 것이 원칙이나 학습자의 수준에 따라 도움을 줄 수 있다.

〈분석과 수정 단계〉에서는 소집단 활동에서 일차적으로 완성된 텍스트를 발표하고 반 전체가 함께 확인하는 단계이다. 교사는 학생들이 지문을 공유할 수 있도록 복사해서 나누어 주거나 칠판이나 프로젝터를 사용하여 보여준다. 학생들은 다른 소그룹의 지문과 비교하면서 원 텍스트의 내용을 다시 한 번 분석하고 수정하는 기회를 갖는다. 각 그룹이 분석하고 수정하는 단계를 끝내면 교사는 원본을 학습자에게 공개한다.

수업에서 네 단계를 진행하려면 교사는 활동을 적절하게 계획하고 시간 배분을 잘해야 한다. 특히 초급 학습자들은 한국어로 이야기를 주고받으면서 활동을 진행해야 한다는 부담감이 있을 수 있으므로 듣고 받아쓰기 활동이 잘 이루어지고 효과를 높이기 위해서는 듣고 다시쓰기의 절차와 규칙을 잘 지키도록 격려하고 살펴봐야 한다.

1.3.2 텍스트 선정

듣고 다시쓰기 활동의 효과를 높이기 위해서는 절차에 맞게 진행을 하는 것도 중요하지만 듣기 자료로 제시할 텍스트의 선정에도 주의를 기울여야 한다. 학습자의 수준에 적절하지 않은 텍스트를 선정할 경우 부담을 느끼거나 활동을 지루하게 느낄 수 있기 때문이다.

텍스트는 초급, 중급, 고급 학습자의 수준을 고려하여 일반적이고 친숙한 것으로 선택해야 한다. 준비단계에서 배경지식 활성화를 하면 텍스트의 내용을 어느 정도 추론할 수 있는 텍스트를 선정해야 한다. 예를 들어 초급 학습자의 경우에는 자기소개, 취미, 주말, 가족, 고향, 여행 등에 관한 주제가 처음 시작하기에 부담을 주지 않는 텍스트 내용이다.

그리고 텍스트에 포함되어야 할 문법 요소나 중요 어휘는 듣고 다시쓰기 활동이 본격적으로 이루어지기 전에 명시적으로 제시해서 설명해 주는 것이 좋다. 그래야만이 학습자는 새로운 문법이나 어휘에 대한 부담감이 줄고 들을 때 집중을 할 수 있으며 어휘나 문법을 단서로 해서 듣고 다시쓰기를 완성할 수 있다.

선정된 텍스트를 학습자에게 제시할 때는 교사의 목소리로 읽어 주는 것이 좋다. 녹음을 한 자료는 잡음을 통해 집중을 할 수 없게 할 수 뿐만 아니라 학습자의 상태나 교실 환경에 적극적으로 대처하기 힘들다. 교사가 읽어 줄 경우 학습자의 반응에 따라 대처가 가능하다.

1.4 적용상의 유의점

1.4.1 장·단점

학습자의 능동적인 참여를 유도하는 듣고 다시쓰기 활동이 언어 교수 활동에 주는 장점을 정리하면 다음과 같다.

첫째, 듣고 다시쓰기 활동은 듣기를 통해 텍스트의 맥락을 파악하는 것으로 학습자가 배경지식을 최대한 활용해 의미를 유추해 내는 능력을 키워 준다. 실제 생활에서의 듣기도 세부적인 내용까지 모두 듣고 기억하는 것이 아니라 핵심이 되는 몇 개의 단어를 기억하고 문맥에서 유추한다.

둘째, 맥락을 유추하는 훈련을 통해 목표어로 생각하고 표현하는 능력을 키운다. 핵심이 되는 단어들을 간단히 메모한 후 소그룹 활동을 할 때 원본과 비슷한 내용으로 재구성하기 위해 목표어로 생각하고 표현하게 된다.

셋째, 학습자들은 소그룹으로 나누어 활동을 하게 하므로 학습자 사이의 상호작용이 촉진되어 적극적으로 학습에 참여하게 된다. 개별적인 활동으로 끝나지 않고 협동 활동을 하게 되면 자신이 속한 소그룹의 유의미한 결과를 위해 좀 더 책임감 있고 적극적인 참여자가 된다.

넷째, 협동학습이 진행되므로 학습자 각자가 과제에 대한 부담이 줄어 심리적으로 편안하게 수업에 참여하게 된다. 듣기 단계에서 자신이 놓친 핵심 단어를 협동학습을 통한 정보차 활동으로 알 수 있고 재구성 결과물 또한 소집단별로 제출하므로 학습자의 부담이 적다.

다섯째, 듣고 다시쓰기 활동은 다른 언어 기능 발달에도 도움을 준다. 언어의 4가지 기능을 상호통합적인 발달이 이루어지기 때문에 듣고 다시쓰기를 활용한 듣기 수업 후에 말하기, 쓰기 수업을 연계해도 된다.

여섯째, 듣고 다시쓰기를 통해 학습자들은 정확한 자기 평가를 할 수 있다. 듣고 다시쓰기 각 단계에서 목표어에 대해 자신이 알고 있는 것과 모르는 것 그리고 이해하는 것과 출력할 수 있는 것을 확인할 수 있으므로 학습자는 자신의 현재 언어 지식과 언어기능에 대한 능력을 진단할 수 있다.

듣고 다시쓰기는 여러 장점을 지니기도 하지만 언어학습에 단점을 지니기도 하는데 정리하면 다음과 같다. 첫째, 학습자들은 쓰기에 부담을 느낀다는 점이다. 듣기에서 이해를 할 수 있었지만 들은 내용을 쓰기로 표현하는 것이 쉽지 않다. 둘째, 다른 학습자들과의 수준 차이로 인해 활동에 부담을 느끼기도 한다.

1.4.2 발전적 제언

듣고 받아쓰기의 장점과 단점을 토대로 듣고 받아쓰기를 실제 수업에 적용할 때 다음 사항을 고려한다면 언어 학습에서 효율성을 높일 수 있을 것이다.

첫째, 활동의 목적을 인지시키고 활동에 대한 동기 부여가 충분히 되어야 할 것이다. 활동을 본격적으로 시작하기 전에 배경지식을 활성화하여 학습할 내용과 목적이 무엇인지 학습자 스스로 유추해 낼 수 있도록 해야 할 것이다.

둘째, 학습자의 수준과 흥미를 잘 파악하여 텍스트를 선정하고 난이도 조절이 필요하다. 듣고 다시쓰기를 통해 완성된 텍스트를 구성해 내야 하는 것 자체가 학습자들에게는 부담이 될 수 있는데 학습자의 수준에 비해 너무 어렵거나 하면 흥미를 떨어뜨리고 활동 자체를 포기해 버리는 학습자가 있을 수 있다.

셋째, 학습자들 간의 성격과 상호 관계들을 고려해서 그룹을 구성해야 할 것이다. 협동으로 이루지는 활동이므로 무엇보다 학습자간의 수준과 성향을 잘 파악해서 모둠을 구성하지 않으면 학습을 해 나가는 걸림돌이 될 수 있다. 어느 정도 같은 수준의 학습자이긴 하더라도 그 중에 또 수준이 나누어진다. 언어 능력이 비슷한 학습자로만 구성했을 경우 수준이 낮은 학습자들은 듣고 다시쓰기를 완성하기가 힘들 것이고, 수준이 다른 학습자들로 구성을 했을 경우 학습자 간의 수준 차이로 활동을 진행함에 어려움이 따를 수 있다. 이점을 잘 고려해서 그룹을 구성해야 할 것이다.

2. 듣고 다시쓰기의 연구 동향

2.1 성격

한국어교육에서 듣고 다시쓰기와 관련된 연구는 2000년대 초반부터 서서히 시작되어 학위 논문과 학술지에 수록하는 소논문 형태로 현재까지 계속적으로 이어져 오고 있기는 하지만 그 양이 많지 않다. 듣고 다시쓰기와 관련된 논문은 활동의 방법을 제안하고 실제 수업의 예를 제시한 이론적 성격을 가지는 논문도 있으나 실제 교육 현장에 적용해 보고 그 결과를 기술한 실험적인 성격을 지닌 논문이 주를 이루고 있다. 듣고 다시쓰기는 듣고 쓰기 활동으로 연계되는 활동이나 이에 그치지 않고 말하기, 읽기, 문법 등 다양한 영역과 관련지어 그 효과를 검증하는 연구가 꾸준히 진행되고 있다.

2.2 연구 대상 자료

듣고 다시쓰기의 연구 동향을 살피기 위해 한국교육학술정보원에서 제공하는 '학술연구정보서비스(www.riss.kr)'에서 '듣고 다시쓰기'를 검색한 후 듣고 다시쓰기와 직접적으로 연관되는 연구물을 한정하여 분석하였다. 연구 자료는 2016년 11월까지 발표된 학위 논문과 학술지에 수록된 논문을 분석 대상으로 하였다. 듣고 받아쓰기와 관련된 논문은 총 27편이다. 27편의 논문을 연도 및 연구 유형별, 연구 방법별, 연구 주제별로 분류하여 듣고 다시쓰기의 연구 동향을 살피고자 한다.

2.2.1 연도 및 유형별 분류

듣고 다시쓰기와 관련된 연구 결과물을 연도와 연구 유형별로 분석해서 표로 제시하면 다음과 같다.

〈표 1〉 한국어 듣고 다시 쓰기의 시기별 연구 (단위: 편)

구분	2010년 이전	2011년 ~ 2015년	2016년 ~ 2017년 4월	계
학위논문	5	16		21
학술지	2	3	1	6
합계	7	19	1	27

〈표 2〉 한국어 듣고 다시쓰기의 유형별 연구 현황

유형		편 수
학위 논문	박사 학위 논문	
	석사 학위 논문	21
국내 학술지 및 학술대회 발표집		6

듣고 다시쓰기 논문은 정누리(2003)의 학위 논문에서 시작되어 학위 논문 21편, 학술지에 수록된 소논문 6편으로 집계된다. 21편의 학위 논문 중에서 박사 학위 논문은 아직 발표되지 않았고 모두 석사 학위 논문이다. 연도별로 살펴보면 정누리(2003) 이후 최희성(2005), 김수은(2009)로 이어져 2011년부터 2013년까지 연구가 좀 더 활발하게 이루어지다가 감소하는 추세를 보이고 있다. 학술지에 수록된 논문은 김인규(2009)와 정대현(2009)를 시작으로 2012년에 1편, 2015년에 1편 2016년 2편으로 모두 6편이다.

2.2.2 연구 방법별 분류

듣고 받아쓰기의 연구는 질적 연구와 양적 연구로 나뉜다. 질적 연구는 문헌 연구로 듣고 다시쓰기의 이론을 중심으로 한 연구이고 양적 연구는 실험적·통계적 분석 연구이다.

〈표 3〉 한국어 듣고 다시쓰기 연구 방법별 연구 현황

연구방법			편 수
이론적 연구			3
실증적 연구	양적 연구	설문연구	
		실험연구	24
	질적 연구	관찰·면담	
	양적+질적 연구		27

듣고 다시쓰기 활동을 제안하고 실제 수업의 예를 제시한 논문은 정대현(2009)를 비롯해 김인규(2009), 박진희(2012)의 논문이 듣고 받아쓰기 활동을 한국어교육 현장에 제안한 이론적 논문이다. 이외의 다수 논문은 듣고 받아쓰기 활동을 실험을 통해 그 효과를 검증하는 논문으로 분류할 수 있다.

2.2.3 연구 주제별 분류

듣고 다시쓰기는 듣기, 말하기, 읽기, 쓰기 언어의 네 가지 기능과 문법, 형태 집중 양상을 주제로 하여 연구가 이루어졌다. 연구 동향을 표로 정리하면 다음과 같다.

〈표 4〉 한국어 듣고 다시쓰기 연구 주제별 연구 현황　　　　(단위: 편)

	기능별	문법	어휘	한글 맞춤법	형태 집중 양상
2010년 이전	3	2	1	1	1
2011년 ~ 2015년	11	5			1
2016년 ~ 2017년	2				
계	16	7	1	1	2

듣고 다시쓰기를 언어의 네 기능 중 듣기 영역에 적용한 연구는 정누리(2003), 김하림(2009). 손해숙(2011), 김지인(2012), 박진희(2012), 최문식(2012), 서아람(2013) 등이 있다. 듣고 받아쓰기 활동과 듣기 능력의 상관관계를 밝히는 연구는 꾸준히 진행되어 오고 있다. 듣기 관련 듣고 다시쓰기의 효과는 긍정적인 것과 부정적인 것으로 나눌 수 있는데 긍정적 효과가 나타나는 것으로 손해숙(2011)과 최문석(2012)의 논문을 들 수 있고 부정적 효과가 나타나는 것으로 김하림(2009). 김지인(2012)이 있었다. 듣기와 관련된 논문의 대부분은 중급 학습자를 대상으로 초점이 맞춰졌다면 초급 학습자에 초점은 맞춘 논문은 박진희(2012)와 서아람(2013)이 있다.

다음으로 듣고 다시쓰기를 쓰기 영역에 적용한 연구는 류은주(2011)와 이현희(2011)이 있다. 류은주(2011)에서는 다시쓰기가 학습자의 쓰기에 대한 거부감을 줄이고 자신감이 상승하여 쓰기에 긍정적 태도를 보였다는 결과를 도출해 냈고 이현희(2011)에서는 쓰기의 정확성에 도움이 된다는 결과를 보여 줬다.

듣기 다시쓰기는 문법에 적용하여 그 효과를 살펴보기도 했는데 김수연(2012), 양재승(2012), 강지영(2013) 등이 이에 속하는 논문이다. 김수연

(2012)에서는 듣고 다시쓰기가 텍스트 수정 과정 과제가 한국어 문법 능력에 미치는 영향을 비교해서 살펴보고 양재승(2012)에서는 피동과 사동 학습을 통한 문법 이해 능력과 문법 산출 능력의 향상 정도를 살펴봤으며 강지영(2013)은 보조사를 선정하여 쓰기에서 오류율을 측정하고 분석하였다. 이외에도 듣고 받아쓰기를 통해 형태에 어떻게 집중하는가에 대한 양상을 살펴본 박유나(2010)과 강애리(2012), 어휘와 맞춤법에 효과를 검증하는 최희성(2005)와 전경숙(2001)가 있다.

2.3 연구 동향 분석

한국어교육에서 다루어져 왔던 듣고 다시쓰기와 관련된 연구는 아직까지는 언어의 다양한 영역에서 그 효과를 알아보기 위한 연구들이 그다지 폭넓게 이루어지지 않고 있다. 연구의 양적인 부분에서 부족하다는 것과 연구 방법 면에서도 듣고 다시쓰기를 수업에 적용해 보고 효과를 검증하는 연구가 주를 이루고 있어 이론적인 면을 좀 더 확장하고 제안하는 측면에 연구가 부족하다.

그리고 듣기 다시쓰기 활동을 듣기, 말하기, 읽기, 쓰기 그리고 통합적으로 적용해 보려는 시도는 이루어졌으나 많은 부분이 듣기 영역에 치우쳐 있다. 듣기 다음으로 문법적인 면에 적용하려는 노력도 보이나 다양한 문법 항목을 적용하지 못했다. 이는 연구가 아직 활발하게 이루어지지 못한 데서 기인한 것으로 보인다. 이외 어휘나 한글 맞춤법에 적용한 사례가 있기는 하지만 계속적으로 연구가 이어지지 않고 있다.

2.4 향후 과제와 제언

듣고 다시쓰기는 관련 연구 결과가 듣기 영역에서만큼은 긍정적인 효과를 얻을 수 있다는 것이 다수의 연구에서 밝혀진 만큼 앞으로도 다양한 영역으로의 적용 시도가 기대되는 교수 기법이다. 앞으로 더 발전된 연구가 이루어지기 위해서 나아가야 할 방향을 다음과 같이 제시하고자 한다.

첫째, 듣고 받아쓰기 교수법은 학습자와 교사에게 매우 생소한 방법이기 때문에 절차와 방법 등 과정에 대한 설명을 자세하게 설명해 주어야 한다. 학습자들이 듣고 받아쓰기 수업 자체를 어려워하는데 특히 초급의 경우 충분한 설명과 적응 기간이 필요하다.

둘째, 교사는 학습자의 수준과 흥미도를 잘 파악하여 텍스트나 문법 항목, 어휘 등을 선정하고 난이도를 조절해야 한다. 특히 초급 학습자 수준에 적용 시 어려움이 따르는데 학습자의 수준에 맞는 텍스트, 문법 항목, 어휘를 선정해야 긍정적 효과를 얻을 수 있다.

셋째, 실험 실시 횟수와 기간을 확대하여 통계적 안정성과 신뢰도를 높일 수 있는 연구가 이루어질 필요가 있다. 많은 연구들이 연구 대상과 실험 수업의 횟수가 충분하지 않아 듣고 받아쓰기의 과정을 따르는데 어려움이 있었고 충분한 상호작용이 이루어지지 못해서 효과를 충분히 살필 수 없었다는 점을 보완할 수 있을 것이다.

넷째, 연구대상자의 수와 폭이 넓혀 연구 결과를 일반화시킬 수 있어야 할 것이다.

다섯째, 듣고 받아쓰기를 할 때 학습자들의 활발한 상호작용을 이끌어 내기 위해 어떤 조치를 취해야 하는지에 대한 지속적인 고찰이 필요하다. 활동 목적을 인지시키고 활동에 대한 동기 부여가 충분히 되어야 심리적인 안정감을 얻어 활동에 집중할 수 있다.

참고문헌

Doughty & Williams. 1998, *Focus on Form in Classroom Second Language Acquisition*, Cambridge University Press.
Wajnryb, R (1990). *Grammar dictation*. Oxford: Oxford University Press.

【부록】 학습전략 연구 논문 목록

1. 학위 논문
-석사학위논문

강애리(2011), 한국어 학습자의 LRE분석을 통한 형태 집중과 정확성 연구: 〈Dictogloss〉와 〈글 재구성하기〉 과제를 중심으로. 숭실대학교 교육대학원.

강지영(2013), 협동적 출력 과제 유형이 한국어 학습자의 문법적 정확성에 미치는 영향: 딕토글로스와 빈칸 채워 구성하기를 중심으로. 이화여자대학교 교육대학원.

김수은(2009), 딕토글로스 수업이 한국어의 이해와 산출에 미치는 영향 연구. 고려대학교 교육대학원.

김지은(2013), 형태초점과제에서의 학습자 목표 항목 주목 양상과 학습의 관계 연구: 딕토글로스를 중심으로. 고려대학교 대학원.

김지인(2012), 받아쓰기와 Dictogloss를 이용한 수업이 한국어 듣기 능력에 미치는 영향 연구: 여성결혼이민자를 대상으로. 영남대학교 교육대학원.

김하림(2009), 딕토글로스와 학습자 출력 과정에 관한 연구. 연세대학교 교육대학원.

남효정(2012), 딕토글로스 활동이 문법적 정확성에 미치는 영향: 중고급 수준의 여성결혼이민자를 대상으로. 고려대학교 교육대학원.

류은주(2011), 받아쓰기 작문 활동이 한국어 쓰기 능력에 미치는 영향. 공주대학교 대학원.

박나랑(2012), 듣고 재구성하기(Dictogloss)가 한국어 글쓰기 과정에 미치는 영향 분석: 중국 내 한국어 전공자를 중심으로. 상명대학교 대학원.

박유나(2010), 한국어 학습자의 형태 집중 양상 연구: 딕토글로스와 직소 과제를 중심으로. 경희대학교 대학원.

서아람(2013), 딕토글로스를 활용한 수업이 한국어 학습자의 듣기 능력에 미치는 효과. 이화여자대학교 교육대학원.

손해숙(2011), 딕토글로스(Dictogloss)를 활용한 한국어 듣기 학습 방안 연구. 대구가톨릭대학교 대학원.

안가희(2012), 딕토글로스(dictogloss)가 한국어 어휘 습득에 미치는 영향 연구: 중급 학습자를 중심으로. 고려대학교 교육대학원.

양재승(2011), 딕토글로스를 활용한 문법교육 효과 연구. 고려대학교 교육대학원.

윤해리(2011), 한국어 학습자의 LRE 분석을 통한 형태집중과 정확성 연구. 숭실대학교 대학원.

이경주(2014), 딕토글로스 활동이 여성결혼이민자의 듣기 능력에 미치는 영향, 부산외국어대학교 대학원.

이현희(2011), 딕토글로스를 활용한 쓰기 수업이 형태 오류 감소에 미치는 효과 연구: 홍콩의 한국어 학습자를 대상으로. 이화여자대학교 국제대학원.

인윤희(2013), 한국어 조사 교육에서 의식 상향 과제와 딕토글로스 과제의 교육적 효과 비교 연구., 고려대학교 교육대학원.

전경숙(2001), 한국어 중급 학습자의 한글 맞춤법 교육 방안 연구: 여성결혼이민자를 중심으로, 인하대학교 대학원.

정누리(2003), 딕토글로스 교수법을 통한 듣기 능력 향상에 관한 연구. 성균관대학교 교육대학원.

최희성(2005), 딕토글로스 활동을 통한 듣기와 어휘 능력 향상에 관한 연구. 청주교육대학교 교육대학원.

2. 학술지

김인규(2009), '학문 목적을 위한 한국어교육에서 듣고 받아 적어 재구성하기 적용 방안 연구', 「새국어교육」 82, 한국국어교육학회.

박동수(2016), '딕토글로스(Dictogloss)를 활용한 기능 통합 수업 방안', 「국학연구론총」 17, 백민국학연구원.

박진희(2012), '딕토글로스를 활용한 초급 한국어 듣기 교육 방안', 「국어교과교육연구」 20. 국어교과교육학회.

이춘근(2015), '계승어 학습자의 한국어통합학습을 위한 딕토글로스(Dictogloss)의 활용 사례 연구', 「어문연구」 43-3, 한국어문화교육학회.

정대현(2009), '학습자 중심 형태초점교수 모형 연구', 「국어교육학연구」 34. 국어교육학회.

최문석(2012), '딕토글로스 중심 수업이 한국어 듣기 이해에 미치는 영향: 중급 단계를 대상으로,' 「한국어 교육」 23, 국제한국어교육학회.

제8장
처리 교수

한선경

제8장 처리 교수

한선경

1. 기본 원리와 적용

1.1 정의

처리 교수(processing instruction: PI)은 학습자의 언어 습득 단계 중 첫 번째 단계인 입력(input) 단계에서 교사가 체계화된 입력 처리 활동을 제공하여 학습자의 올바른 입력에만 초점을 맞추는 교수 기법이다. 학습자의 입력 처리(input processing)를 기본으로 하는 의미 중심 형태 교수법 혹은 문법 교수의 한 종류이다(VanPatten 1993, 1996: Lee & VanPatten 1995). 학습자는 교사가 제공하는 체계화된 입력 처리 활동을 통하여 해당 문법의 특징에 주의를 기울여 목표 문법의 형태(form)와 의미(meaning), 기능(function)을 바르게 연결(mapping)하는 데 집중하게 된다. 처리 교수는 학습자의 잘못된 입력 체계의 형성을 막고 산출을 요구하지 않는다.

처리 교수에서 입력은 단순히 많은 것이 학습자에게 제공될 때 습득되는 것이 아니라 일련의 체계적인 입력 구조를 갖추어야 보다 효율적으로 습득될 수 있다고 본다. 따라서 교사는 학습자들에게 단순 대치와 같은 연습 형태가 아닌 형태와 의미를 연결해 줄 수 있는 구조화된 입력 자료를 순차적으로 제공함으로써 학습자의 바른 입력 처리 전략을 도와줄 수 있다. 교사가 학습자의 바른 입력 처리 방법에 초점을 맞추어 학습 첫 단계부터 다양한 학습 활동을 제공하면 학습자는 목표 형태를 오류 없이 인지하고 내재화(intake)할 수 있어 스스로 바른 입력 형태를 찾아가게 된다는 것이다.[78] 이처럼 처리 교수는 제2언어 문법 교수에 있어서 이해 가능한 입력(comprehensible input)제공을 기반으로 한 새로운 접근법으로 문법적 정확성과 문맥을 통한 의미 이해를 중심으로 하는 의사소통 중심적 접근 방법이다.[79]

1.2 이론적 배경과 역사

1.2.1 등장 배경

1970년에 의사소통 능력이 중시되어 의사소통 능력 신장에 관심이 쏠리면서 목표 문법의 사용과 언어 형태 사용의 정확성이 관심을 받지 못하게 되었다. 그러나 진정한 의사소통 능력은 언어의 규칙성과 정확성이 결여되면 완성되지 않는다는 것을 깨닫게 되고 의사소통과 더불어 형태의 정확성에도 관심을 가져야 한다는 지적이 다시 일게 되었다. 또한 학습자의 언어 습득 능력은 반복 훈련을 통해서 길러지는 것이 아니라 학습자가 가진 본래의 인지 능력을 최대한 끌어내어 활용해야 한다는 믿음을 바탕으로 하게 되었

---

[78] Fotos(1993)에서는 학습자의 문법 구조에 대한 의식을 상승시키는 측면에서 형식(formal instruction)은 매우 중요하다고 지적하였고, Schmidt(1990)에서도 문법 교육은 의사소통 시 간과할 수 있는 언어의 형태에 학습자가 주목할 수 있는 능력을 길러 주어 특정 문법 규칙에 대한 의식을 높이게 하는 역할을 한다고 하였다.

[79] 아무리 이해 가능한 입력이 주어진다 하더라도 학습자가 주어진 자료에 주목하거나 의식적으로 인식하지 않으면 이를 내재화시키는 것은 어려운 것이다. 효율적인 언어 지식 습득을 위해 적절한 문법 교육이 필요하다는 입장이다(Ellis, 1993).

다.

　이에 1990년에 들어서 언어 학습은 의사소통적으로 접근하되 의미 전달을 중요시하면서 동시에 학습자들이 언어 형태에 주의를 집중하도록 하는 의미 중심 형태교수법이 문법 교육의 효과적인 방법들 중 하나로 등장한다. 의미 중심 형태교수법 교수요목의 내용은 주로 내용중심 교수와 과제중심 교수방법을 적용한 일련의 과제로 구성되어 있다. 학습자에게는 언어의 형식적인 요소에 주의를 기울일 것을 요구하는 주의력이 강조되고 심리언어학으로 보아 학습자는 목표 언어 형태를 표현하는 것이 아니라 입력이 포함된 형태에 주의를 기울이게 되면 자연히 습득이 일어난다고 보았다. 따라서 언어 입력을 조정해서 인이 입력이 내제화(intake)되는 가능성을 최대화시키는 것이 중요하다. 이에 교사는 학습자의 인지적인 접근법을 활용하여 언어 구조에 개념과 기능을 알려주고 유의미한 맥락 속에서 언어 형태에 주의를 기울일 수 있도록 학습자를 유도하여 성공적인 입력을 이끄는 역할을 맡게 된다.

　이러한 언어관에 바탕에 두고 학습자의 입력과 입력 처리 전략에 중점을 둔 처리 교수는 VanPatten & Cadierno(1993)에서 처음 제시된 것으로, VanPatten(1996)에서 처리 교수라 하여 하나의 교수 기법으로 정립되었다. VanPatten(1996)에서는 제2언어 학습자의 인지력과 주의력은 선택적이고 한정적이어서 일련의 과제를 통한 올바른 입력 처리 활동 제공이 성공적인 언어 습득을 이끌 수 있다는 데 주목하였고 한정된 기억력과 주의력을 가지고 입력된 언어 자료의 어떠한 부분에 주의를 집중하여 처리하는지에 관한 입력 원리를 밝혀내고자 하였다. 처리 교수는 스페인어의 어순과 목적격 대명사를 목표 규칙으로 한 연구(VanPatten & Cadierno, 1993)를 시작으로, 많은 학자들이 스페인어, 영어, 프랑스어, 이탈리아어와 같은 인구어 문법의 기술과 문장 분석 시 학습이 이루어는 것을 관찰하면서 처리 교수 연구 결과

제8장 처리 교수

를 일반화시키고 긍정적인 효과를 검증하는 연구들을 이어나갔다.[80]

1.2.2 주요 개념 및 원리

학습자의 입력 원리는 학습자는 들어오는 모든 입력을 저장하거나 산출할 수 없으며 입력 시에도 특별히 의도를 가지고 목표 형태에 주의를 기울인다는 것이다. 처리란 목표 문법의 형태와 의미, 기능을 올바르게 연결하는 것을 뜻하며 입력 처리는 학습자가 특별히 주의를 기울여 형태와 의미, 기능을 연결하는 것을 말한다. 따라서 입력 처리 전략은 학습자들이 입력을 내재화하는 과정에서 입력된 언어 형태와 의미를 연결시키기 위해 사용하는 무의식적인 전략이나 방법을 의미한다. 이러한 입력 처리에는 4가지 원리가 있다. 이 원리는 학습자들이 목표 항목을 입력할 때 어떤 부분에 주의를 기울이는지, 그 이유가 무엇인지를 말해준다.[81] 입력 처리 4가지 원리는 크게 2가지 원리로 나누고 이하 각각의 세부 원리가 있는데 그 내용은 다음과 같다.[82]

---

80) 대표적인 논의로 Cadierno(1995), Cheng(1995), Buck(2006), Benati(2001, 2005)를 참고할 수 있다.

81) 이러한 원리들은 몇몇 언어와 해당 언어의 몇몇 문법적 형태 습득에서 비효율적인 입력 처리 전략이 될 수 있으므로 교사는 올바른 처리 전략을 제공하기 위해 구체적 활동 방안을 구상해야 한다.

82) 여기에서는 VanPatten(1996)과 VanPatten(2004)을 중심으로 서술하기로 한다. 한국어 교육에서는 위에서 제시한 원리 중 원리1을 중심으로 연구가 진행되며 원리2는 한국어 피동 학습과 습득에 부정적인 영향을 미칠 것으로 예상되는 '첫 명사 원리'를 개선시킬 수 있는 처리 교수 방안을 교육 방안으로 제시한다.

⟨원리 1⟩

어휘 항목 우선(primacy of lexical items)원리로, 학습자는 형태(forms)를 처리하기에 앞서 의미(meaning)를 먼저 입력 처리한다.

a. 학습자는 무엇보다도 입력에서 내용어들(content words)을 처리한다.
b. 학습자는 의미 정보가 주어졌을 때 문법 항목보다 어휘 항목을 처리하는 것을 더 선호한다.
c. 학습자는 덜 혹은 무의미한 형태보다 좀 더 유의미한 형태를 처리하는 것을 더 선호한다.

⟨원리 1⟩은 어휘 우선 처리 원리로 학습자는 형태를 처리하기에 앞서 어휘나 의미를 먼저 처리하려는 경향이 높다는 것을 설명한다. 즉 학습자는 형태보다 단어나 문장의 의미, 메시지를 먼저 인식하려고 하기 때문에 처리해야 할 어미나 어형의 변화 형태들에 주의를 기울이지 못한다. 따라서 어형 변화인 굴절(inflection)이나 어미, 비내용어(noncontent words)와 관련된 문법 형태를 습득할 때 문제가 될 수 있어 학습자가 문법적 요소의 처리를 생략하거나 부분적으로만 처리함으로써 정확하게 습득하지 못해 오류를 일으키게 된다.

⟨원리 2⟩

첫 번째 명사 전략(first-noun strategy)으로, 학습자들은 문장/발화에서 접하는 첫 명사(구)를 주어(subject) 또는 행위자(agent)의 역할로 처리하는 초기전략 (default strategy)을 가지고 있다.

a. 첫 명사 전략은 어휘 의미나 사건의 있음직함에 의해 무시될 수도 있다.
b. 학습자들은 문법적 역할 지정에 있어서 다른 처리 전략들을 사용할 것인데, 이는 학습자들의 발달 체계가 격 구분, 강세 등과 같은 다른 단서들을 수용할 수 있을 때 일어날 수 있다.

⟨원리 2⟩는 문장을 처리할 때 첫 번째 명사를 처리하는 원리로, 문두의 첫

제8장 처리 교수   187

명사가 반드시 주어나 행위자가 아닐 수도 있다는 원리를 말한다. 학습자들은 문장을 처리할 때 '명사(S)-동사(V)-명사(O)'의 순서에서 대개 첫 번째 명사를 주어나 능동주로 처리하여 습득을 시작하게 되는데 이는 피동, OVS 어순 구조, 격표지 등의 습득을 지연시킬 수 있다고 하였다(VanPatten, 2004). 따라서 학습자는 문장에서 첫 번째 명사가 비주어(nonsubject)이거나 비능동주(nonagent)가 될 수도 있음을 인지하고 목적어를 주어나 행위자로 잘못 입력하지 않도록 주의를 기울여 입력을 처리해야 한다는 것이다.

1.3 수업에의 적용

처리 교수의 특징이자 주요 내용은 명시적 설명, 처리 전략 정보 제시, 구조화된 입력 활동으로 구성되며 처리 교수 적용 과정은 아래의 세 단계 적용 과정을 따른다.

| 명시적 설명 | → | 처리 전략 정보 제시 | → | 구조화된 입력 활동 |

첫 번째는 명시적 설명(explicit explanation) 단계로 교사가 학습자들에게 목표 항목의 형태와 그것이 전달하는 의미 관계에 대한 정보를 직접적으로 설명하는 단계이다. 설명이란 입력이 아니며 말로써 교사가 이해하기 쉽도록 직접 설명하는 것이다. 이 명시적인 규칙 설명은 유의미한 맥락을 가진 예문을 들어 간결하게 설명되어야 한다. 예를 들어, "내가 어제 먹은 삼계탕은 정말 맛있었다."에서 관계절을 교수할 때 관계대명사가 포함된 예시 문장은 '입력'이 되고, 무엇이 머리명사이며 어디서 어디까지가 관계절인지 등을 설명해준다면 이것은 '설명'이 된다. 따라서 설명은 입력을 이해하는 데에 도움을 줄 정도로만 제공되고 설명의 양이 입력의 양보다 많아서는 안 된

다.[83]

두 번째는 처리 전략 정보(information about processing strategies)제시 단계로 목표 문법과 관련한 정보를 제공하는 단계이다. 학습자가 목표 문법을 오류 없이 처리할 수 있도록 교사는 목표 문법과 관련한 특정한 단서나 힌트를 제공한다. 최종 목표 문법의 형성 과정을 하나씩 이해시키는 단계가 된다. 위와 동일한 예문 "내가 어제 먹은 삼계탕은 정말 맛있었다."의 경우, 먼저 두 문장 내 동일한 명사를 찾고 하나가 머리명사로 사용되며 하나는 관계절 내에 남아 관계절을 구성한다는 정보나 적합한 관형사형을 선택, 사용해야 한다는 것과 같은 형성 과정과 관련한 정보들이 제공될 수 있다. 학습자는 이러한 정보를 가지고 형태나 구조가 문장에서 어떻게 적용되는지를 인지하게 되고 형태에도 주의를 기울일 수 있다.

그리고 마지막 과정은 구조화된 입력 활동(structured input activities)단계로 목표 문법의 특정 구조나 형태를 처리하도록 학습자에게 다양한 활동 방안을 제공하는 연습 단계이다.[84] 여기서 구조화된 입력이란 입력 처리 활동 방안을 특정한 방법으로 만들었다는 것을 의미하며 학습자의 이해도를 측정하고 입력을 더욱더 강화시키도록 설계된다.[85] 구조화된 입력 활동은 '지

---

83) 명시적 설명 시에 필요나 교사의 능력에 따라서 대조 언어학적 방법을 사용하여 설명할 수도 있다.

84) 구조화된 입력 활동의 종류는 다음과 같다. ①이원선택형(binary option)은 답이 될 수 있는 두 개의 항목(진위형(true/false), 예/아니요(yes/no), 일치/불일치(agree/disagree))을 주고 하나를 선택하도록 하는 활동이다. ②맞추기(matching)는 입력 문장들(A)과 다른 것들(B) 사이에서 해당하는 문장을 찾아서 연결하는 활동이다. ③정보제공하기(supplying Information)는 목표 문법에 대한 입력이 제공된 상태에서 빠진 정보를 채워 넣는 활동이다. ④고르기(selection alternatives)는 주어진 셋 이상의 보기 입력 문장들 중에서 고르는 활동이다. ⑤조사하기(surveys)는 학습자들이 조사항목에 표시를 하거나 다른 이들로부터 정보를 조사하는 활동이다(Lee & VanPatten 1995).

85) 처리 교수 시 필요에 따라서 시각적 강화 기법을 사용하여 목표 문법에 주의를 집중하도록 설계할 수도 있다.

시적 활동(referential activities)'과 '정의적 활동(affective activities)'으로 구성된다. 지시적 활동과 정의적 활동에서는 목표 문법이 포함된 문장이 다양한 형태로 제시됨으로써 유의미한 문맥을 통해 학습자가 주의를 기울일 수 있도록 설계된다. 제시 문장을 복잡하지 않게 설계해야 학습자의 빠른 입력 처리를 도울 수 있다. 지시적 활동은 문어와 구어로 문장이나 그림을 이용한 선택형 답안 형태로 만들어서 올바르거나 틀린 정답을 찾으라고 요구한다[86]. 다음은 과거시제를 교수하기 위한 지시적 활동 방안의 예시 중 한 형태이다.

〈예시 1〉
※ 아래 A 문장에 가장 알맞은 B 문장을 찾아서 연결하십시오.

A. 동생은	B. 동생은…….
1. 지난달에 식당에서 일했습니다.	a. 도서관에서 열심히 공부했습니다.
2. 지난주에 다이어트를 시작했습니다.	b. 한 달에 백만 원을 받았습니다.
3. 이번 학기에 장학금을 받았습니다.	c. 아침마다 헬스장에 갔습니다.

위의 지시적 활동 방안은 과거시제를 교수하기 위해 맞추기(matching)형태를 활용한 입력 처리 활동 방안이다. 학습자는 과거시제가 포함된 입력 문장들에 주목하여 A 문장과 B 문장의 내용이 논리적으로 연결될 수 있는 것을 고르는 활동이다.

반면 정의적 활동은 정해진 정답이 없는 활동 형태로 학습자가 목표 문법을 사용하여 자신의 생각이나 신념, 의견을 표현한 문장을 사용하여 일대일이나 팀으로 의사소통 활동을 하게 된다. 정의적 활동은 올바른 입력 문장만 제공되므로 학습자나 교사는 '있다, 없다', '동의하다/동의하지 않는다' 등의 형태로 대답하고 학습자가 정답을 찾는 것이 목표가 아니라 문법 형태에 주의를 기울임으로써 제시 문장의 의미를 바르게 이해할 수 있다고 인지시키

---

[86] 듣기 형태는 문장 수준에서 담화 수준까지 알맞은 형태를 고르는 활동이 적합하다.

는 것이 중요하다. 학습자는 정의적 활동을 통해 주변이나 실제 세계에 관한 정보를 표현하고 수집하기 위해 목표 문법을 사용해야 한다는 것을 알게 된다. 다음은 피동사를 학습하기 위한 정의적 활동 방안의 예시 중 한 형태이다.

〈예시 2〉

※ 다음 문장을 읽고 맞으면 '예', 틀리면 '아니요'에 표시하십시오.

제시 문장	예(Y)	아니요(N)
1. 우리 학교 도서관은 오전 8시에 문이 열린다.		
2. 한국에 은행은 3시 반에 문이 닫힌다.		

위의 정의적 활동 방안은 피동사를 교수하기 위한 것으로 피동사가 포함된 문장을 제시함으로써 학습자에게 필요한 실제 한국 상황에 관한 정보를 수집할 수 있도록 만든 활동이다. 학습자는 이렇게 유의미한 문맥을 통해서 목표 문법에 주의를 기울이고 적합한 형태와 의미를 인지할 수 있게 된다.

구조화된 입력 활동 단계는 학습자의 주의 집중을 방해하지 않는 정도에서 학습자들이 목표 문법을 읽고 들음으로써 형태와 의미를 연결하여 더 정확하게 이해할 수 있는 기회를 만들어 준다. 교사는 학습자의 인지를 자극해 주의를 요구하는 구조화된 과제 활동 중심으로 목표 형태를 읽고 듣는 형태로 설계하여 문법의 형태와 의미를 더 많이 노출시켜줌으로써 학습자가 더 잘 인지하도록 도와준다.[87] 또한 학습자가 목표 문법을 사용하여 자신이나

---

87) Lee & VanPatten(1995)에서는 체계화된 입력 활동을 제작하는 데 지침이 되는 입력 처리 교수 지침을 제시하였다. 1. 한 번에 한 가지만 가르쳐라. 2. 의미에 초점을 두어라. 3. 학습자들은 입력으로 무엇인가를 해야 한다. 4. 구두와 문어 입력을 모두 사용하라. 5. 문장에서 연결된 담화로 진행하라. 6. 언어심리적 처리 전략을 기억하라.

상대방을 더 잘 이해시키려고 노력함으로써 언어 습득의 동기를 부여할 수 있게 해 준다.

1.4 적용상의 유의점

1.4.1 장·단점

처리 교수가 등장한 배경에서도 살펴보았듯이 처리 교수는 전통적 언어 교수와 의사소통적 언어 교수의 장점을 결합하고 단점을 보완한 데서 출발하였다. 따라서 두 언어 교수의 장점을 활용한 처리 교수의 장점은 다음과 같다.

첫째, 처음부터 바른 입력체계에 초점을 맞추기 때문에 중간 언어의 화석화 가능성을 낮춰 준다. 이는 명시적 설명 단계에서부터 지속적으로 형태에 초점을 두어 형태와 의미의 연결에 주의를 기울이도록 설계되기 때문이다.

둘째, 의미와 형태의 연결을 구성하도록 도와준다. 처리 교수법의 활동 방안의 목표는 바른 형태의 입력을 통해 의미와의 연결 과정을 만들어 주는 것이기 때문이다.[88]

셋째, 교사의 명시적 설명과 다양한 구조화된 입력 처리 활동을 통해서 결과적으로 목표 문법의 정확성과 유창성을 모두 기를 수 있다.

---

88) VanPatten & Oikkenon(1996)은 명시적 정보가 유리한 결과를 가져온 것은 아닌지 알아보기 위해서 스페인어의 목적격 대명사의 어순에 대한 입력 처리 교수를 받은 집단, 어떠한 활동이나 연습 없이 명시적 설명만 받은 집단, 설명 없이 입력 처리 교수에서의 체계화된 입력 활동만을 받은 세 집단을 비교 연구하였다. 그 결과 사전에 설명 없이 입력 활동이 주어진 반의 효과가 입력 처리 집단의 효과와 같게 나타남으로써 습득력은 명시적 설명 때문이 아니라 체계화된 입력 활동 때문인 것을 밝혀냈다.

넷째, 학습자의 주의가 언어 형식에 향하도록 입력 활동이 설계되므로 의사소통 활동 중에 교사의 추가 설명이나 개입을 줄일 수 있다. 학습 활동 시 잦은 교사의 개입은 학습자의 주의를 분산시킬 수 있으므로 이를 줄일 수 있는 방법이 된다.

다섯째, 학습자들이 능동적으로 정의적 활동에 참여함으로써 의사소통적 능력 향상에 도움을 준다. 입력의 과정을 다른 학습자와 함께 겪으면서 좀 더 빠르게 입력을 도와줄 수 있다.

한편 처리 교수와 같은 개별 교수 방법은 다양한 언어의 모든 영역에서 요구되는 것을 해결해 주지는 못한다고 지적된다. 특히 처리 교수의 적용은 활용이 규칙적인 인구어를 기반으로 했기 때문에 한국어의 언어적 특성을 고려하여 실제 수업에 적용했을 때 다음과 같이 몇 가지 문제점이 나타날 수 있다.

첫째, 구조화된 입력 활동 자료가 충분해야 습득력을 높일 수 있으므로 수업 준비 단계에서 교사의 부담이 크다.

둘째, 분석적이지 못하거나 주의 집중력이 낮은 학습자는 수업 참여도와 집중도가 낮아져 습득력이 떨어질 수 있다.

셋째, 대응과 규칙화가 용이한 인구어와 달리 한국어는 용법이 다양하고 복잡하기 때문에 그에 따른 다양성과 복잡성을 완전하게 적용하기 힘들다. 즉 특정 문법 형태가 문맥이나 상황에 따라 다양한 의미 또는 기능을 실현할 때 용법의 다양성과 복잡성을 해결해 주지 못하는 부분이 있다.

넷째, 학습자들이 목표 형태와 의미를 정확하게 연결하지 못한 채 지시적 활동을 시행하면 학습 효과를 볼 수 없다. 지시적 활동은 올바르거나 틀린 답을 요구하는 형태이기 때문에 충분한 입력이 이루어진 이후에 시행하는 것이 적절하다.

다섯째, 단편적이고 기계적인 학습이 될 수 있고, 명시적인 규칙 제시와 의사소통적 적용 과정이 긴밀히 연결되어 있지 않아 진정한 의사소통적 접근 방법이라고 보기에 무리가 있다.

1.4.2 발전적 제언

처리 교수는 학습자 중심의 교수 방법 중 하나로 학습자로 하여금 문법적으로 정확하고 의사소통적으로 유창하도록 하는 것을 목표로 한다. 처리 교수가 한국어의 다양한 영역에 적용하기 힘들다 하더라도 앞선 효율성과 장점을 살려 한국어 교육에서 효과를 높일 수 있는 발전적 과제를 몇 가지 생각해 볼 수 있다.

첫째, 처리 교수가 지금까지 여러 언어에 적용되어 온 영역들을 살펴보면 기능어보다 의미와 형태를 함께 설명해야 하는 문법 형태에 적합한 교수법이라고 할 수 있다.[89] 이는 처리 교수가 형태에 주의를 기울여 정확성을 높이는 데 목표를 둔 교수 기법이기 때문에 한국어에서 형태와 의미를 지닌 언어 영역에 적용하는 것이 효과적이다.

둘째, 입력 처리 교수의 구조화된 활동 방안과 관련하여 학습자의 주의를 끌기 위해서는 다양한 유형의 활동 방안 구상이 주요 관건이다. 또한 학습자가 목표 형태에 주의를 기울이는 행동을 하고 있는지를 확인하는 것이 필수적이다. 학습자들이 입력 처리를 하는 동안 미처 따라가지 못해 놓치는 순간이 없고 관심과 주의력을 잃지 않도록 다양한 유형의 연습이 제공되고 교사

---

89) 처리 교수를 적용한 문법 영역은 스페인어의 경우 목적격 대명사, 어순, 과거 시제, 가정법, 계사를 다루었고 영어의 경우 과거 시제나 수동태, 가정법, 프랑스어에서는 미완료 시제, 사역 동사 교수 등에 활용되었다.

의 지속적인 관심이 뒤따라야 할 것이다.

셋째, 교사의 설명과 처리 전략 정보 제시 단계에서는 가능한 한 입력시키고자 하는 목표 항목이 분명히 드러나는 입력 문장을 제시하고, 간결한 설명과 목표 문법과 관련한 중요 정보만 제공하여 학습자의 주의를 흐리지 않도록 주의해야 한다.

넷째, 처리 교수가 의사소통교수법의 장점을 가지고 있지만 입력 처리의 절차 과정이 주입식 형태로 흐를 수 있으므로 구조화된 활동 단계에서 좀더 활동적인 교실 분위기를 조성하는 것이 필요하다. 입력 처리 교수는 인지적 처리를 다루기 때문에 정의적 활동 시에는 자신의 감정이나 의견을 말할 수 있도록 도움을 주고, 앉아서 하기보다는 교실을 다니면서 적극적인 참여를 유도한다면 언어 사용의 동기 부여와 함께 상호 협력적인 의사소통 분위기가 만들어질 것이다.

2. 처리 교수법의 연구 동향

2.1 성격

한국어 교육에서 형태 초점 접근법과 처리 교수의 역사는 길지 않다. 처리 교수는 논문 편수가 다른 교수법에 비해 많지 않고, 동일한 언어 영역을 지속적으로 연구하는 경향을 보였다. 학위 논문을 중심으로 처리 교수의 효과를 증명하거나 목표 문법의 습득력을 알아보는 실험 연구가 진행되었으며 학술지에 게재된 논문의 경우 같은 연구자의 앞선 학위 논문과 유사한 연구 대상과 방법을 활용하여 동일한 선상에서 연구가 이어져 진행된 형태이다. 연구 대상자 역시 중국인 학습자이거나 몇 국가의 학습자 중 중국인 학습자가 실험에 다수 참여하였다. 연구 주제는 관계절이나 시제, 양태를 대상으로 한 연구가 주를 이루어 한정된 연구 영역에 적용되어 온 것을 알 수 있다. 연구 방법의 주된 흐름은 전통적 언어 교수와 비교하여 처리 교수의 효율성을 검증하는 데 집중하는 양상을 보이며 실험과 통계를 활용하거나 활동 방안을 설계, 적용하는 방법론을 사용하고 있다. 여기서는 한국어 교육에서의 처리 교수 연구 동향을 살펴보기 위해 연구 대상 자료를 먼저 살펴보고 연구 동향을 양적, 질적으로 분석하여 연구 내용을 자세히 살펴보도록 한다.[90] 이어서 앞으로의 연구 과제가 무엇인지도 살펴볼 것이다.

2.2 연구 대상 자료

한국어 교육에서 처리 교수를 활용한 연구들은 2010년부터 꾸준히 이어지고 있다. 논문 검색 사이트를 중심으로 살펴본 결과 학위 논문과 관련 학회지에 게재된 논문은 총 20편으로 처리 교수만을 연구한 것과 다른 교수법 적용 과정 중에 처리 교수의 구체적 활용 방안을 일부 적용한 연구까지 포함한다.[91] 여기서는 이 자료를 양적 연구와 질적 연구로 나누어 연구 유형, 연구 방법, 연구 주제별로 분석한 후 전반적인 처리 교수의 연구 동향을 살펴볼 것이다.

---

90) 입력 처리 교수에 관해 1993년 이래로 60개가 넘는 실험이 수행되었고 대다수의 연구들은 교수의 효과성을 양적으로 검증하였다. 이 중 영어를 교수 대상으로 삼은 연구들의 경우 과거 시제, 가정법, 수동태 습득과 관련하여 전통적인 교수와 의미 기반 산출 교수의 효과를 비교하거나 딕토글러스와의 효과를 비교하였다(황정은, 2015 참조). 한국어 교육에서 역시 이와 유사한 방향으로 연구가 진행되어 왔으며 연구 결과 또한 유사한 흐름을 보여 준다.

91) 여기서는 논문 검색 사이트 한국교육학술정보원(www.riss.kr)을 통해서 검색된 논문을 대상으로 한다.

2.2.1 연도 및 유형별 분류

연구 자료를 유형별로 분류하면 박사 학위 논문 4편, 석사 학위 논문 7편, 그 외 학술지 국제한국어교육학회「한국어교육」, 한국언어문학교육학회「한어문교육」, 동북아문화연구학회「동북아문화연구」, 한국어문화교육학회「한국어문화교육」등에 9편이 게재되었다.

〈표 1〉 한국어 처리 교수의 시기별 연구 동향   (단위: 편)

구분	2006년 ~ 2010년	2011년 ~ 2015년	2016년 ~ 2017년 4월	계
학위논문	3	8		11
학술지	1	8		9
합계	4	16		20

〈표 2〉 한국어 처리 교수의 유형별 연구 동향

유형		편 수
학위 논문	박사 학위 논문	4
	석사 학위 논문	7
국내 학술지 및 학술대회 발표집		9

한국어 교육에서 처리 교수 연구는 2010년부터 시작되었다. 학위 논문을 살펴보면, 석사 학위 논문은 2010년부터 2013년까지 꾸준히 연구되다가 최근 년도에는 연구되고 있지 않은 것으로 나타났다. 반면 박사 학위 논문은 4편으로 적은 편수지만 최근 년도까지 찾아 볼 수 있었다. 학술지는 학위 논문에 비해 2010년부터 최근 년도까지 매년 꾸준히 한 편 이상 연구 발표되고 있다. 이러한 결과는 처리 교수가 비교적 최근에 관심을 끄는 교수로 등장한 탓에 연구 결과물은 적지만 연구는 꾸준히 이어져 온 것으로 볼 수 있다.

2.2.2 연구 방법별 분류

연구 방법별 유형은 양적 연구와 질적 연구로 나뉜다. 양적 연구는 실험

제8장 처리 교수   197

적, 통계 분석 연구가 주를 이루고 질적 연구는 문헌연구로 처리 교수 이론을 연구한 것으로 구분하였다.

〈표 3〉 한국어 처리 교수의 방법별 연구 동향

연구방법			편 수
이론적 연구			3
실증적 연구	양적 연구	설문연구	4
		실험연구	13
	질적 연구	관찰·면담	
	양적+질적 연구		

한국어 교육에서 처리 교수를 연구한 양적 연구 방법은 실험과 통계 분석을 바탕으로 한 연구가 총 12편으로 가장 많이 차지하였다. 처리 교수를 적용한 후 학습자의 습득률을 조사해 처리 교수의 효용성을 검증하거나 학습자의 목표 문법 습득이 지속적으로 이어지는지를 알아보는 연구가 각각 9편과 3편이다. 그리고 처리 교수를 교수·학습안 작성에 반영한 연구가 3편, 목표 문법을 효율적으로 적용할 수 있는 처리 교수의 활동 방안을 설계한 연구가 2편이 있다. 그 외 질적 연구가 처리 교수 이론과 관련한 문헌 연구로 3편이 있다.

2.2.3 연구 주제별 분류

연구 주제는 문법 영역 중 어미와 용언과 관련한 연구가 주를 이루었는데 세부적으로는 관형사절(관형사형 어미)와 명사형 어미, 과거 시제, 피동 표현, 보조용언과 불규칙 용언 연구로 나눌 수 있다.

〈표 1〉 한국어 처리 교수의 주제별 연구 동향 (단위: 편)

	어미			용언	그 외
	관형화 어미, 명사화 어미	선어말 어미	파생 어미		
2000년 이전					
2000년 ~2004년					
2005년 ~2009년					
2010년 ~2014년	2	4	3	3	3
2015년 ~2017년	2				
계	7	4	3	3	3

처리 교수가 적용된 연구 주제는 어미 관련 연구가 7편으로 가장 많았다. 처리 교수 적용 후 한국어 학습자의 관계사절 습득률을 높이고 한국어에 다양한 실현 형태를 가진 관형사형 어미와 명사형 어미를 교수할 수 있도록 연구하였다. 과거 시제 어미 연구가 4편이고 피동 형태 습득을 연구한 논문이 3편, 그리고 한국어에 다양한 보조 용언과 불규칙 용언 연구가 각각 2편과 1편으로 나타났다. 그 외 처리 교수를 한국어 교육에 적용하는 문제를 논한 연구가 3편을 차지한다.

2.3 연구 동향 분석

한국어 교육에 처리 교수를 적용한 연구는 인구어에 비해 아직 양적인 측면이나 질적인 측면에서 많지 않은 편이다. 학위 논문의 경우 동일한 몇 학교를 중심으로 연구가 이어졌고 한 연구자가 본인의 학위 논문을 바탕으로 학술지에 게재한 논문이 다소 있어서 연구의 창의성 면에서 다양하지 못하고 제한적인 것을 알 수 있다.

먼저 처리 교수를 이용한 연구 방법론을 살펴보면 처리 교수의 효율성을 검증하기 위해 전통적 언어 교수와 비교하는 실험을 실시하여 통계 처리를 한 연구가 다수를 차지하였고 처리 교수를 적용하였을 때 높아진 습득력을 연구하였다. 그리고 문법 항목에 맞는 처리 교수의 활동 과제들을 설계하거나 수업지도 방안을 제안하였다.

김창구(2010ㄱㄴ, 2011), 진동희(2010), 김정(2011), 박아현(2011), 뇌뢰(2012), 성지연(2014), 정대현(2015)에서는 처리 교수를 적용한 후 목표 문법 항목의 높은 습득력을 검증하였고 이원우(2010, 2011), 김창구(2012)에서는 처리 교수 적용 후 효율성과 사후 지속력 검사를 이어서 실시하였다. 이 연구들의 대부분은 실험반과 비교반을 설정하여 전통적 교수 기법과 처리 교수를 비교 실험하거나 의미 기반 연습 집단이나 산출 집단 또는 딕토글라스 집단과 처리 교수법 처치 십난을 비교 실험하였다. 연구 결과는 처리 교수를 적용한 연구들이 다른 교수법에 비해 이해, 산출 면에서 모두 높은 습득률을 보였고 사후 지연 실험에서도 효과적인 것으로 나타났다.

고몽신(2013), 한선경(2015)에서는 처리 교수 활동 방안을 단계별로 설계하였고 성지연(2012), 오일특(2011), 최영(2014)에서는 교수·학습안을 구성할 때 처리 교수 단계에 따라 학습안을 짜거나 일부 교수 단계에서만 처리 교수를 적용하여 문법 교수에 효율성을 높이고자 하였다. 우형식(2012, 2013)과 정대현(2012)에서는 처리 교수 이론에 관한 연구와 한국어 교육에의 적용 가능성을 논하였다.

연구 주제는 어휘적으로 접근해야 할 필요가 있는 문법 형태나 의미와 형태 모두 초점을 두고 연결시켜야 하는 문법 항목과 사용 빈도가 높으면서 실현 의미가 유사하여 학습에서 혼돈을 일으킬 수 있는 시제나 양태 범주 형태들이 연구되었다. 연구 주제를 자세히 살펴보면 김창구(2010ㄱㄴ, 2011)과 한선경(2015)에서는 관계절만을 대상으로 하였고 성지연(2012, 2014)에서는 명사절 구성 항목 '-음, -기, -는 것, -는 지'와 함께 관형사절을 대상으로 연구하였다. 그리고 정대현(2015)에서는 관형사형 어미 습득을 문장 해석 과제 수행을 통하여 살펴보고자 하였다. 박아현(2011), 뇌뢰(2012), 고몽신(2013)에서는 피동 형태, 오일륵(2011)에서는 보조 용언 '아/어 보다, 아/어/여야 하다, -아/어 놓다'에 관한 연구, 최영(2014)에서는 보조 용언 중 '진행, 보유, 완료'의 의미를 가진 11개의 보조 용언을 대상으로 선정하여 처리 교수법을 문법 인지 연습 단계에 적용하였다. 진동희(2010), 이원우(2010, 2011), 김창구(2012)에서는 과거시제 형태인 '-었-'이나 '-더-', 그리고 김정(2011)에서는 불규칙 용언 중에서 '으, ㄹ, ㄷ'의 활용을 주제로 연구하였다. 그 외 처리 교수를 한국어 교육에 적용하기에 앞서 타당성을 고찰하는 이론 연구가 있었다.

2.4 향후 과제 및 제언

처리 교수는 다른 교수법에 비해 특정 문법 항목에 대한 절차를 직접적이며 구체적으로 다루고 있어 현장 적용 가능성 측면에서 앞으로도 매우 기대되는 교수 기법이다. 앞선 연구의 결과를 바탕으로 앞으로의 연구 방향과 관련한 처리 교수 적용에서 향후 과제와 몇 가지 제언을 남기고자 한다.

첫째, 기존의 활동 방안에서는 문어를 활용한 연구가 대부분이었는데 앞으로는 일상 대화에서 많이 사용하는 구어 자료가 충분히 반영된 활용 방안 설계가 필요하다. 실질적인 자료가 학습자의 이해력과 인지력 향상에 더 많은 도움이 될 것이다.

둘째, 앞으로의 연구 방법은 처리 교수에 대한 효과 검증보다는 실제 현장에서 활용할 수 있는 활동 방안을 다양하고 구체적으로 마련하는 것이 더 필요할 것으로 보인다.

셋째, 중국인 학습자로 한정되었던 피험자를 다양한 국적의 학습자에게로 넓힐 수 있도록 연구자들은 대상자 모색에 힘써야 한다. 처리 교수의 효과를 한국어 학습자 전체로 일반화시킬 수 있을 것이다.

 넷째, 처리 교수가 입증된 문법 항목 외에 다른 문법 구조에 대해서도 처리 교수 적용 효과가 나타나는지 연구가 이루어진다면 한국어 교육에서 처리 교수의 효과성에 대한 설득력도 더 높일 수 있다.

 다섯째, 목표 항목 선정은 교사나 연구자의 판단보다는 학습자의 언어 자료 분석을 바탕으로 해야 오류율을 낮추고 바른 입력 활동 방안이 제안되어 교육적 효과를 높일 수 있다.

 여섯째, 처리 교수가 보편화된 활용 형태를 갖기 위해 앞선 연구에서 제안한 다양한 구조화된 입력 활동 방안이 반영된 교재가 제작된다면 학습자에게는 학습의 편의를, 교사에게는 공통되고 집중적인 교수 활동을 제공할 수 있을 것이다.

참고문헌

김도연(2007), '영어 문법 학습에 대한 입력 처리 교수와 발화를 강화한 의식 고양 교수의 효과', 한양대학교 대학원 박사학위논문.
김윤정(2007), '형태 초점 의사소통 접근방법을 활용한 문법 지도 방안 연구', 「인문논총」 16, 서울여자대학교.
나고영(2010), '의사소통 능력 향상을 위한 중국어 문법 지도 방안 연구 : 형태 집중 교수법을 중심으로', 이화여자대학교 대학원 석사학위논문.
변진석, 조영우(2013), 교수법에 관한 제2언어습득이론으로서 VanPatten의 입력처리이론 평가, 「한국지식정보기술학회」 8-1, 한국지식정보기술학회.
이영자(2008), '형태 초점 문법 교육의 현장 적용 실태', 한양대학교 대학원 석사학위논문.
이윤선(2010), '입력 중심 교수가 청각장애 학생의 문법적 이해와 표현에 미치는 효과: 사동문, 피동문 중심', 단국대학교 대학원 석사학위논문.
염수(2016), '한국어 피동 습득에서의 형태집중 교육 효과와 언어적성의 영향-중국인 학습자를 대상으로-', 경희대학교 대학원 박사학위논문.
조현경(2011), '다양한 입력 처리 교수 방법 효과 연구: 초등학교 6학년의 과거 의문문과 부정문 문법 지도', 숙명여자대학교 대학원 석사학위논문.
전영환(2012), '입력 처리 교수를 활용한 영어 문법 교수가 중학교 학습자의 영어 가정법 학습에 미치는 영향', 한국외국어대학교 대학원 석사 학위논문.
황선유(2006), '구조화된 입력처리 문법지도에 대한 학습자의 인식과 효과', 「영어어문교육」 12-3, 한국영어어문교육학회.
황정은(2015), '입력 처리 교수의 각 단계에서 주목과 정의적 태도에 관한 질적 연구', 한국외국어대학교 대학원 석사학위논문.

Benati, A. (2001), A comparative study of the effects of the processing instruction and output-based instruction on the acquisition of the Italian future tense. *Language Teaching Research, 5.*
(2005). The effects of processing instruction, traditional instruction and meaning - output instruction on the acquisition of the English past simple tense. *Language Teaching Research, 9(1).*
Buck, M. (2006), The effects of processing instruction on the acquisition

of English progressive aspect. *Estudios de Lingüuíistica Aplicada, 24(043).*

Cadierno, T. (1995), Formal instruction from a processing perspective: An investigation into the Spanish past tense, *Modern Language Journal, 79.*

Cheng A. (1995), Grammar instruction and input processing: The acquisition of panish ser and estar. Unpuisblished doctoral dissertation, University of Illinois Urbana-Champaign.

Ellis, R. (1993), Structural syllabus and second language acquisition. TESOL Quarterly, 27(1).

Lee, J., & VanPatten, B. (1995). *Making communicative teaching happen.* New York: McGraw-Hill.

VanPatten, B., & Cadierno, T.(1993), Explict instruction and input processing, *Studies in Second Language Acquisition* 15.

VanPatten, B. (1996), *Input Processing and Grammar Instruction: Theory and Research,* Ablex Publishing Corporation, New Jersey: Norword.

VanPatten, B. & Oikkenon.(1996). Explanation versus structured input in processing instruction. *Studies in Second Language Acquisition*, 18.

VanPatten, B. (2004), *Processing Instruction: Theory, Research, and Commentary,* Mahwah, N. J Lawrence Erlbaum Associates, Inc.

Schmidt. R. (1990), The role of consciousness in second language learning, *Applied Linguistics, 11.*

Fotos, S. (1993), Consciousness raising and noticing through focus on form: Grammar task performance versus formal instruction, *Applied Linguistics, 14(4).*

【부록】처리 교수 연구 논문 목록

1. 학위논문
- 박사학위논문

김창구(2010), 외국어로서의 한국어 관계절 습득 연구, 부경대학교 대학원.

성지연(2012), 형태 초점 교수를 통한 한국어 내포문 교육 연구-관형사절과 명사절을 대상으로, 고려대학교 대학원.

최 영(2014), 중국인 학습자를 위한 한국어 보조용언 연구, 인하대학교 대학원.
한선경(2015), 태국인 학습자의 한국어 관계절 습득 연구, 부산외국어대학교 대학원.

- 석사학위논문

고몽신(2013), 한국어 피동 표현 교수를 위한 입력 기반 과제 설계 방안, 부산외국어대학교 대학원.
김 정(2011), 입력 처리 교수가 한국어 불규칙 활용 학습에 미치는 효과 연구, 부산외국어대학교 대학원.
뇌 뢰(2012), 한국어 피동 표현의 교육 방안에 관한 연구, 중앙대학교 대학원.
박아현(2011), 처리 교수가 한국어 피동 학습에 미치는 영향 연구, 경희대학교 대학원.
오일륵(2011), 중국어권 한국어 학습자를 위한 보조동사의 교육 방안에 관한 연구, 중앙대학교 대학원.
이원우(2010), 입력 처리 활동을 활용한 문법 교수가 한국어 문법학습에 미치는 영향 연구, 영남대학교 대학원.
진동희(2010), 처리 교수가 한국어 과거시제 습득에 미치는 효과, 이화여자대학교 대학원.

2. 학술지

김창구(2012), '한국어 과거시제 습득에 있어서 처리 교수의 효과', 「동북아문화연구」 31, 동북아시아문화학회.
(2011), '한국어 관계절 구조의 교수와 일반화 가능성에 관한 연구', 「한국어교육」 22-2, 국제한국어교육학회.
(2010), '유표성 일반화와 한국어 관계절 습득의 관련성에 관한 연구', 「동북아문화연구」 22, 동북아시아문화학회.
성지연(2014), '명사절 구성 항목 교육을 위한 입력 중심 기법과 산출 중심 기법의 적용 연구', 「한국어학」 62-1, 한국어학.
우형식(2012), '한국어 문법 교육에서 형태 초점 접근법을 적용하는 문제', 「한어문교육」 26, 한국언어문학교육학회.
우형식(2013), '한국어 문법 교육에서 처리 교수를 적용하는 문제', 「한어문교육」 29, 한국언어문학교육학회.
이원우(2011), '입력 처리를 활용한 한국어 문법 교수의 효과', 「한국어문화교육」 5-1, 한국어문화교육학회.

정대현(2015), '처리 교수가 학습자의 문장 의미 이해에 미치는 영향에 관한 연구', 「우리말교육현장연구」 9-2, 우리말교육현장학회.

(2012), '한국어 교육에서 입력 처리 교수에 관한 통시적 고찰', 「한국언어문화학」 9-2, 국제한국언어문화학회.

제9장
협력 학습

임진숙 · 김세현

제9장 협력 학습

임진숙 · 김세현

1. 기본 원리와 적용

1.1 정의

　협력 학습(collaborative learning)은 학습자들이 동료들과의 대화와 타협을 통하여 상황과 맥락에 따라 지식을 구성하며 과제를 수행해 나가는 교수 방법이다.[92] 다른 학습자들과 짝(pair work)이나 그룹(group work)을 이루어 학습자들의 협력 활동을 통해 상호작용이나 상호 수정을 능동적으로 추진하여 자신의 정보로 내재화하여 의사소통 상호작용을 증진시키는 방법으로 의사소통 중심 접근 방법원리를 확장시키는 학습자 중심의 접근 방법이라고 할 수 있다.
　즉, 학습 능력이 다른 학습자 집단이 서로 경쟁하기보다는 함께 상호협력 활동을 통해 서로 의미를 협의하면서 공동의 과제를 수행하는 방법으로 근접발달영역 내에서 고등 정신 기능을 습득하고 내면화하여 지식을 발전하

---

[92] 학자들마다 협력 학습과 협동 학습에 대한 이견을 보이고 있으나, 본고에서 협력 학습이 협동 학습보다 좀 더 폭 넓은 개념으로 정의하고 있는 Dillenbourg(1999)의 논의에 따라 협력 학습을 collaborative와 cooperative의 의미를 포함하는 것으로 보고자 한다.

게 되는 것이다.[93]

1.2 이론적 배경과 역사

1.2.1 등장 배경

협력 학습은 학습자 간의 사회적 상호작용을 중시하는 사회적 구성주의에 기반을 두고 있는데, 언어 교실에서 교사가 일방적으로 지식을 전달하고 학습자들이 동일한 지식을 암기하도록 강요받는 주입식 교육 방식을 비판하면서 등장하게 되었다. 사회 구성주의는 Vygotsky가 학습자의 사회적 세계와 심리적 세계간의 중요한 관계를 강조하는 새로운 관점을 제시한 것이다.[94] 이 관점에서 학습자는 교육의 주체로서 외부 세계와의 상호작용을 통해 학습 과제를 수행해 나가게 된다.

이때 학습이 이루어지기 위해 가장 중요한 요소는 바로 학습자가 상호작용을 할 수 있는 학습 환경으로 '근접발달영역(Zone of proximal development: ZPD)'이라고 할 수 있다. 이것은 학습자가 스스로의 능력으로는 해결할 수 없는 어려운 과제라고 하더라도 자신보다 뛰어난 타인과의 사회적인 상호작용을 통한 도움(비계, scaffolding)을 받으면 성공할 수 있는 영역을 의미한다. 즉, 학습이란 학습자의 잠재적 발달 능력을 일깨워 더 높은 정신적 발달 수준의 상태를 지향하게 하는 것으로 학습자들이 혼자 힘으로 할 수 없는 것을 하도록 이끌기 위해 협력자나 동료가 학습자와 협력하는 수

---

93) 근접 발달 영역이라는 개념은 Vygotsky(1978)에 의해 제안된 것으로 '독립적으로 문제를 해결할 수 있는 실제적인 발달 단계와 성인의 조력이나 조금 더 유능한 동료와의 협력을 통해 도달할 수 있는 잠재적 발달 단계 사이의 거리'를 의미한다.

94) 사회 구성주의는 Vygotsky의 발달심리이론에 기초를 둔 것으로 학습은 개인의 적극적인 인지 활동과 함께 사회 상호작용의 과정에서 일어나는 것으로 보고 있다.

업이다.

언어 교실에서는 학습자들에게 내재된 언어 정보의 출력을 극대화하기 위하여 능동적인 상호작용 활동을 하게끔 수업 환경을 조성할 수 있다. 예를 들어, 교실 수업에서 의사소통 과제를 짝(pair work)이나 그룹(group work)으로 수행하게 하는 것이 상호작용이나 상호수정을 능동적으로 추진시킬 수 있다는 것이다.

1.2.2 주요 개념 및 원리

협력 학습은 학습자들이 소집단을 만들어 주어진 학습 과제를 수행하기 위해 서로 돕고 협력하는 것을 말한다. 즉, 소집단 내의 구성원들이 상호작용하면서 자신의 생각들을 공유해 나가는 과정이며, 학습 능력이 각기 다른 학습자들이 동일한 목표를 향하여 소집단 내에서 함께 활동하는 수업 방법이다.

이와 같은 언어 습득 방법을 근거로 하여 그 기본 원리는 다음과 같이 구성될 수 있다.[95]

첫째, 긍정적인 상호의존이다. 협력 학습에서 팀별학습 목표 달성을 위해 구성원들은 긍정적인 상호의존 안에서 과제를 분담하고 정보를 나누며 학습 결과에 대한 동일한 보상을 받는 것이다.

둘째, 개인적 책임이다. 협력 학습에서 그 팀이 성취해야할 목표와 과제는 팀원 개인 간의 균형적인 책무성을 바탕으로 이루어진다.

셋째, 긍정적 상호작용이다. 협력 학습은 팀원들이 상호인격을 존중하는

---

[95] 협력 학습의 원리는 Slavin(1995), Johnson&Johnson(1994), Educational Research Service(1990), 이성은(1999)의 견해를 참고하여 재정리 한 것이다.

활발한 상호작용 안에서 이루어질 필요가 있다. 이것은 과제 완성이라는 목표를 달성하기 위한 과정을 함께 하는 것으로 격려, 신뢰, 정확하고 효과적인 소통, 인정과 지지, 갈등 해결 등의 사회적 기술을 숙지하고 있어야 달성할 수 있다.

넷째, 활동에 대한 피드백이다. 협력 학습으로 과제를 완성하고 나서 활동 과정에서 시간 활용, 사회적 기술 활용, 활동의 효율적 진행 여부 등을 분석할 수 있는 피드백 시간이 필요하다. 이런 활동 분석을 통한 피드백은 학습자들의 시야를 넓힐 수 있고 차후 활동에 대한 밑바탕이 될 수 있다.

이상에서 살펴 본 바와 같이 협력 학습에서는 기본적으로 언어학습은 개인과 환경 간의 상호작용과 지식의 사회적 맥락을 강조를 통해 형성된다고 이해한다.

1.3 수업에의 적용

협력 학습은 주어진 학습 과제의 해결이나 공동의 학습 목표를 달성하는 학습 방법으로 소집단 내의 구성원들이 상호작용하면서 자신의 생각들을 공유해 나가는 과정이며, 학습 능력이 각기 다른 학습자들이 동일한 목표를 향하여 소집단 내에서 함께 활동하는 수업 방법이다. 협력 학습의 유형은 매우 다양하게 나타나는데, 언어교육 현장에서는 각기 문화적 배경이나 언어 숙달도가 다른 학습자들이 모여 학습하므로 여러 가지 변인을 생각해서 모형을 활용할 필요가 있을 것으로 보인다.

협력 학습을 활용한 수업에 적용할 수 있는 주요 단계를 제시하면 다음과 같다.

도입 단계에서는 학습 목표를 설정하고 지도할 계획을 수립한다. 교사는 학습자들에게 수업에서 활용할 협력 학습 방법의 유형인 Jigsaw 모형[96], STAD 학습 모형[97], 짝 활동 모형 등을 구체적으로 설명하고 명시적으로 수업 방법을 전달한다. 오늘 학습할 내용을 멀티미디어를 활용하여 보여 주거나 낱말카드, 문법 문형 카드, 학습지 등을 준비해 놓는다.

전개 단계에서는 교사와 학습자가 인사를 나누면서 심리적으로 학습자에게 학습을 준비할 수 있게 한다. 또 퀴즈 등을 활용하여 학습자의 주의를 집중하게 하고 학습 동기를 유발한다. 협력 학습에 들어가기 전에 교사는 오늘의 학습 내용을 직접 교수한다. 학습자들은 어휘나 문법에 대해 교사에게 질문하고 중요한 점을 메모한다. 교사가 학생들에게 개별적으로 오늘의 학습 내용 이해도를 확인하고 질문하면서 반복 훈련을 시킨다.

발전 단계에서는 STAD를 활용하여 소집단 학습을 실시한다. 먼저 예약

---

96) Jigsaw는 Aronson(1971)이 교실 내의 인종차별 문제를 개선하기 위해 서로 존중하고 협동하는 수업 분위기를 조성하고자 고안한 수업모형이다. 먼저 가능한 성별, 인종, 민족, 수준이 서로 다른 학습자 5~6명으로 팀을 구성하고 팀원 중에서 수준이 높거나 성숙한 학생 한 명을 지도자로 지명한다. 그리고 학습할 내용을 나누어서 팀의 개별 학습자에게 한 부분씩 나누어 주고, 자신이 받은 자료만 확인하고 그것을 최소 두 번 이상 읽게 한다. 그리고 각 팀에서 같은 자료를 받은 학습자들만 모아서 새로운 '전문가 집단(expert group)'을 만들고, 이들은 전문가 집단에서 받은 자료의 중심 내용이 무엇인지 토의하고 그 내용을 발표하는 연습을 한 후 다시 모 집단(home group)으로 돌아가서 다른 학습자들에게 자신이 알고 있는 지식을 전달한다. 교사는 팀을 관찰하고 확인하는 역할을 하며 만약 팀에 문제가 발생했을 때는 직접 중재하지 않고 정해진 팀의 지도자에게 조언하고 그가 직접 문제를 해결하도록 유도한다. 형성평가를 통해 성취도를 평가하고 성적 제공과 보상은 모두 개인별로 진행한다.

97) STAD(Student teams-achievement divisions)는 Slavin(1995)이 개발한 학습 모형이다. 교사가 학급 전체를 대상으로 단원 내용을 학습한 후 팀을 구성하고 학습 내용 전체를 제시하여 팀별 학습이 이루어지게 한 다음 개인별 평가를 실시하는 절차로 진행된다.

제9장 협력 학습

에 필요한 어휘 조사를 하도록 한다. 팀원이 함께 협동하여 사전을 활용하여 어휘와 문법을 조사하고 연습한다. 팀원 개인에게 찾아야 할 어휘의 종류와 개수를 지정해 주고 각자 찾은 후에 팀원들이 찾은 어휘를 토대로 소집단끼리 어휘를 공부한다. 공부한 다음 교사가 나눠 준 퀴즈를 풀고 교사는 평소 학생 개인의 퀴즈 점수 평균과 소집단 학습 차시의 점수를 비교하여 얼마나 향상했는지 향상 점수를 기록하는 방법을 취한다.

다음은 예약에 필요한 어휘와 문법 조사하기의 예를 소집단 학습 유형으로 제시한 것이다.

〈예시 1〉

※ 소집단 활동에서 예약에 필요한 어휘와 문법 조사하기
T: 여러분, 모둠끼리 예약에 필요한 어휘와 문법을 조사해 봅시다. 한명 당 어휘 3개, 문법 2개를 조사합니다. 사전을 찾아도 괜찮아요.
S1: 네, 알겠습니다.
T: 여러분, 어휘와 문법을 조사한 후에 퀴즈를 풀어 볼 거예요.

다음은 소집단 활동에서 문형 연습하기 예의 일부이다.

〈예시 2〉

※ 소집단 활동으로 문형 연습하기

T: 여러분, 다음 'V-(으)ㄹ 수 있다, A-(ㄴ)데요/V-는데요, V-고 싶다' 문법을 서로 도와가면서 공부해 보세요. 이 카드에는 문법의 설명이 있어요. 이것을 보면서 서로 문법의 의미에 대해 이야기 해 보세요.

S2: 네, 알겠습니다.

T: 그리고 교재의 내용을 보고 반복해서 연습도 해 보세요.

※ 짝 활동으로 대화하기

T: 여러분, 각 조에서 대표자 두 명씩 나와서 대화를 해 봅시다. 가장 다양한 대화를 한 조에게 상을 줄 거예요.

S3: 네

활용 단계에서는 Jigsaw를 활용한다. 먼저 소집단 별로 대화 연습에 필요한 역할을 맡을 사람을 정하고 먼저 교사와 소집단 대표가 대화하는 모습을 시연한다. 멀티미디어 자료 등을 활용해 학습 목표를 다시 확인하게 한다. 그리고 원집단에서 구성원들끼리 각각 맡을 분야를 정하고 각 소집단 내에서 대화 연습에 필요한 역할을 맡을 사람을 정한다. 이 때 교사는 Role Play를 맡은 사람들이 대화하는 모습을 관찰하고 지도할 내용을 메모한다. 그리고 학습 활용 자료를 준비하여 전문가 집단을 지도할 준비를 한다.

다음은 소집단에서 역할 정하기 일부 예를 제시한 것이다.

제9장 협력 학습

〈예시 3〉

※ 역할 정하기

T: 각 조에서 여행사 직원을 맡을 사람 한 명 씩 나와 주세요. 그리고 나와 대화 연습을 하도록 합니다. 여러분은 잘 들어 보세요.

S2: 네, 알겠습니다.

※ 원 집단 역할 정하기

T: 이제 대화에 필요한 역할을 정해 볼까요? 누가 여행사 직원을 하고 누가 고객을 맡을 건지 정해 보세요.

S3: 네

그리고 소집단의 전문가들끼리 모여 교사가 제시한 다양한 주제에 대하여 전문가 학습을 한다. 전문가 집단의 활동이 끝나면 원 집단으로 돌아와 자기가 학습한 전문지식을 소집단 내의 다른 동료에게 전한다. 소집단에서 함께 연습한 내용을 반복할 때에는 짝 활동으로 연습해 본다. 점검하기, 격려하기, 짝 바꾸기, 역할 바꾸기 등을 통해 소집단끼리 충분한 연습이 되도록 한다. 이 때 교사는 학습 주제에 필요한 표현을 미리 유인물 등을 준비해 두었다가 짝 활동이 활발히 이루어지지 않는 짝들을 도와준다. 교사가 제시한 과제를 빨리 이해하고 자연스럽게 대화한 집단이 점수를 높게 받는다.

평가 단계에서는 교사가 개인별로 할 수도 있고 집단별로 할 수도 있다. 이러한 평가의 내용은 학습자의 자기 학습에 도움이 될 수 있도록 하고 교사의 다음 수업에도 반영할 수 있도록 한다.

1.4 적용상의 유의점

1.4.1 장·단점

협력 학습은 과제를 중심으로 상호작용하면서 학습동기를 유발하는 데 초점을 두고 있다. 언어 교수에서 협력 학습의 장점은 다음과 같이 예상된다.

첫째, 협력 학습은 학습자의 인지발달에서 창의적 사고를 길러준다. 창의력은 새로운 생각 이 촉진되고 그 가치가 인정되며 자유롭게 논의되어지는 환경 속에서 길러진다.

둘째, 협력 학습에 참여하는 동료들 간의 상호 이해와 수용을 가능하게 하여 학습자들 상호 간의 긍정적인 인간관계를 촉진시킨다.

셋째, 수업 활동이나 학습 과제 해결 과정에 학습자들이 적극적으로 참여하여 학습 동기가 유발되고 상호협력 속에서 학습 불안감을 감소시켜 학습자의 정의적 언어 영역 발달에도 기여할 수 있다.

넷째, 다양한 유형의 상호작용을 통해 입력과 출력의 기회가 많아져서 언어 습득을 촉진시킬 수 있다.

반면에 협력 학습이 학습자 상호 작용을 통한 과제 수행으로 언어 능력을 향상시킨다고 하였으나 그에 문제점이 드러나면서 학습 효과에도 의문이 제기된다. 일반적으로 협력 학습의 문제점은 다음과 같다.

첫째, 팀 안에 특정 학습자나 리더가 잘못 이해하고 있을 때 다른 사람들이 그것을 그대로 모방하여 잘못된 이해가 강화되는 경향이 생길 수 있다.

둘째, 팀 구성원들 간의 인간적 활동이 지나치게 강화되어 과제 수행에 대한 목표 의식이 약화되면서 집단의 성격이 변질될 우려가 있다.

셋째, 팀원 간의에 상호인격을 존중하며 상호작용을 할 필요가 있는데 학습능력이 높은 학습자가 일방적으로 이끌어가거나 능력이 부족한 학습자의 소극적 참여로 이어져 균형적인 참여가 이루어지지 않을 수 있다.

넷째, 협력 학습을 개인이 아닌 팀에게 주어진 목표와 과제로 오인하여 개인적인 책임을 회피하는 경향이 발생할 수 있다.

1.4.2 발전적 제언

실제 수업에 협력 학습 방법을 적용할 시에는 다음과 같은 부분에 유의할 필요가 있다.

첫째, 협력 학습은 모든 구성원들이 참여하는 데 의미가 있는 학습으로 구성인 중 그 누구도 배제되는 일이 없도록 해야 할 것이다. 이를 위해서는 교사나 동료 등의 조력자의 균형적인 조율이 필요할 것이며 구성원들 간의 배려가 중요하다고 볼 수 있다.

둘째, 구성원 중에서 그 모둠을 이끌어 가는 리더의 역할이 부각되지 않고 서로가 공평한 위치에서 서로의 의견을 나누고 취합할 수 있는 사전 교육을 실시한 후 협력 학습을 활용해야 할 것이다.

셋째, 소극적 참여를 보이는 학습자가 자기 주도적으로 학습에 참여할 수 있도록 교사가 노련하게 수업을 이끌어갈 수 있는 능력을 길러야 할 것이다.

2. 협력 학습의 연구 동향

2.1 성격

협력 학습[98]은 2000년대 무렵부터 한국어 교육에서 연구가 이루어지기 시작했다. 언어 기능 향상에만 초점을 맞추거나 교사가 일방적으로 진행하던 수업에서 학습자가 중심이 되고 다양한 상호작용을 중시하는 교수법들이 등장하면서 협력 학습도 주목을 받게 된 것이다.

이번 장에서는 한국어 교육에서 협력 학습을 적용한 연구들을 유형별, 방법별, 주제별로 나누고 한국어 교육에서 협력 학습이 어떻게 이루어져 왔는지 연구 동향을 살펴 볼 것이다. 그리고 이를 바탕으로 향후 한국어 교육에서 협력 학습을 어떻게 다루어야 하는지 그 한계점과 과제에 대해 생각해보고자 한다.

2.2 연구 대상 자료

협력 학습의 연구 동향을 살펴보고 분석하기 위하여 2017년 10월까지 국내에서 발표된 논문을 연구 대상으로 삼아 유형별, 방법별, 주제별로 분류하였다. 그리고 한국어 교육과 관련된 국내 석·박사 학위 논문을 비롯하여 학술지에 개재된 학술 논문을 모두 분석 대상으로 삼았다.

협력 학습을 다룬 연구의 전체 현황을 분석하기 위해서 첫 연구가 발표된 1999년부터 2017년까지 발표된 연구들을 대상으로 하였다.

---

[98] 앞에서 언급한 것처럼 연구 동향에서도 협력 학습을 협동 학습을 포함하는 폭 넓은 개념으로 보고 연구 대상 논문들을 정리하였다. 하지만 연구 동향 분석에서 각 논문에 대해 언급할 때는 각 논문에서 사용한 대로 협력과 협동을 구분하였다.

2.2.1 연도 및 유형별 분류

한국어 교육에서 협력 학습에 대한 연구의 전체적인 흐름을 파악하기 위해서 연구들을 연도별로 분류하였다. 이를 살펴보면 다음 〈표 1〉과 같다.

〈표 1〉 한국어 협력 학습의 시기별 연구 현황 (단위 : 편)

구분	2005년 이전	2006년 ~ 2010년	2011년 ~ 2015년	2016년 ~ 2017년 4월	계
학위논문	2	5	10	7	24
학술지	1	1	2	1	5
합계	3	6	12	8	29

위 〈표 1〉에서 보면 협력 학습에 대한 논문은 현재까지 총 29편인 것으로 조사되었다. 협력 학습에 대한 연구를 유형별로 정리해 보면 다음과 같다.

〈표 2〉 한국어 고쳐 말하기의 유형별 연구 현황

유형		편 수
학위 논문	박사 학위 논문	4
	석사 학위 논문	20
국내 학술지 및 학술대회 발표집		5

협력 학습은 대부분 학위 논문이 많았으며 박사 학위 논문도 계속 발표되었다. 이는 한국어 교육에서 협력 학습이 많은 주목을 받고 있으며 이에 대한 연구가 많이 이루어지고 있다는 것을 보여준다.

2.2 연구 방법별 분류

협력 학습에 대한 연구들을 연구 방법별로 살펴보면 질적 연구는 7편, 양적 연구는 22편인 것으로 나타났다. 이를 표로 정리하면 다음과 같다.

〈표 3〉 한국어 학습 전략의 방법별 연구 현황

연구 방법			편 수
이론적 연구			7
실증적 연구	양적 연구	설문연구	1
		실험연구	21
	질적 연구	관찰 · 면담	
	양적 + 질적 연구		

 질적 연구에는 실제적인 실험이나 수업을 하지 않았지만 한국어 수업에 적용할 수 있는 수업모형이나 지도안을 제시한 연구가 주를 이루었다. 이를 바탕으로 이후 실제 수업에 협력 학습을 적용한 연구들이 진행되었고 2010년 중반에 다시 질적 연구가 이루어졌다. 이 연구들은 어떤 특정 집단을 대상으로 하거나 언어의 기능 중 한 두 가지를 선택하여 그 기능을 향상시키는 것을 목적으로 하였다.

 협력 학습에서는 양적 연구는 질적 연구에 비해 훨씬 많은 비율을 차지하고 있다. 총 21개의 연구가 있으며 2000년대에 들어서 매년 꾸준히 연구되고 있다. 대부분 협력 학습을 한국어 수업에 적용하여 언어 능력을 향상시키기 위해 실제 교실 수업에서 활용하거나 실험-통제 집단을 설정하여 그 효과를 검증하였다.

2.2.3 연구 주제별 분류

 연구 주제별 분류는 먼저 언어 영역별로 연구 내용을 분류하였고 하위 항목으로 듣기, 말하기, 읽기, 쓰기, 발음, 문법, 통합, 문화 총 8개 범주로 분류하였다. 다음 〈표 3〉은 연구 주제별 연구 동향을 나타낸 것이다.

〈표 4〉 한국어 협력 학습의 주제별 연구 현황 　　　　(단위: 편)

	듣기	말하기	읽기	쓰기	발음	문법	통합 수업	문화
2005년 이전				1			2	
2006년 ~ 2010년			1	3			2	
2011년 ~ 2015년		2		6		2	2	
2016년 ~ 2017년 4월	1		1	3	1		1	1
계	1	2	2	13	1	2	7	1

영역별 분류를 살펴보면 듣기, 발음, 문화는 각 1편, 그리고 말하기, 읽기, 문법이 각 2편으로 발표되었다. 가장 많은 연구가 진행된 부분은 쓰기이며 그 다음으로 통합 수업이 차지하였다. 초반의 연구들을 보면 쓰기 영역과 통합 수업에 집중되어 있지만 이후 다양한 영역에도 적용되기 시작하였다.

2.3 연구 동향 분석

한국어 교수법에 관한 연구에서 협력 학습은 2010년에 들어오면서 연구의 종류와 연구물의 수도 조금씩 증가하고 있는데 이는 협력 학습이 언어 능력 향상에 도움이 있으며 다양한 분야에 적용 가능한 교수법이기 때문이다. 이 장에서는 연구 주제별 분류를 중심으로 현재까지의 협력 학습 연구의 동향을 분석해 보도록 하겠다.

듣기 연구는 한 편이 있는데 딕토글로스와 과제 중심 활동을 결합하여 상호 협력적인 듣기 수업 모형을 제시하였다. 대부분의 듣기 수업은 기계적인 듣기 활동만을 반복하기 때문에 효율성이 떨어진다. 하지만 이 연구에서는 토픽 기출문제에서 과제를 선정하고 그 과제를 해결하기 위해 딕토글로스를 적용하여 학습자들이 흥미를 느낄 수 있는 수업 방향을 제시하였다.

말하기에서는 노브리카와에리(2015)과 이승찬(2015) 두 편의 연구가 있다. 노브리카와에리(2015)에서는 한국어로 대화하는 것에 부담을 느끼는 일본인 학습자에게 피어러닝(peer learning)이라는 협동 학습을 적용한 후 이러한 문제들이 크게 개선되었으며 학습자들의 만족도도 높았다고 하였다. 이승찬(2015)는 Kagan이 고안한 구조 중심 모형을 토론 수업에 적용하여 학습자들이 토론에 대한 자료를 모은 후 토론문을 함께 작성하고 수정하는 과정을 거쳐 실제 토론 수업을 진행하였다.

읽기에서는 채은경(2009)와 양민철(2017)에서 협력 학습을 적용하였다. 채은경(2009)에서는 STAD, CIRC, Jigsaw 모형의 장점들을 모아 적합한 교수-학습 모형을 제시하였다. 실험 결과 학습자들이 텍스트의 세부적 내용을 이해하는데 많은 도움이 되는 것으로 나타났다. 이는 학습자들이 상호작용을 하는 과정에서 모르는 부분이나 놓친 부분들을 알게 되었기 때문이다. 양민철(2017)에서는 여성 결혼 이민자들을 대상으로 한 읽기 수업을 진행하였다. 특히 짝활동을 통하여 짝과 함께 읽으면서 학습자는 자신이 이해하지 못한 부분도 알게 되었으며 수업 후에도 SNS를 통해 교사와 다른 학습자들과 소통하며 읽기 활동을 이어나갈 수 있게 하였다.

쓰기에서는 가장 많은 연구가 진행되었다. 먼저 이성은(1999)에서는 'thanksgiving과 추석'을 비교해보며 낱말을 찾고 그 낱말을 사용하여 짧은 글을 짓고 발표하는 수업을 진행하였다. 오기원(2007), 이희욱(2014), 김지혜(2015), 공영숙(2016)에서는 쓰기의 전, 중, 후 단계를 설정하고 전 영역에 협력 학습을 적용하였다. 대부분 내용 영역과 구성 영역에서 효과가 있는 것으로 나타났다. 특히 이희욱(2014)에서는 어휘의 양적, 질적 증가가 나타났다고 하였다. 그러나 표현 영역에서는 효과가 좀 적은 것으로 나타났다. 이소(2009), 박주영(2010)에서는 학습자들을 둘 이상의 집단으로 나누어 협력 학습과 개별 학습을 진행하였다. 협력 학습을 적용한 집단은 앞의 실험과 동일하게 쓰기 전, 중, 후 단계로 진행하였고 다른 집단 개별쓰기나 일반적인 쓰기 수업을 진행하였다. 실험 결과 효과가 미비한 연구도 있지만 대부분 협력 학습이 더 효과적인 것으로 나타났다. 김은정(2014)에서는 보고서 쓰기, 요약하기, 리포트 쓰기 등 학습자들이 대학 입학 후 가장 힘들어하는 학술적 글쓰기에 협력 학습을 적용하였다. 먼저 교사는 학술적 텍스트의 특징이 잘 드러난 모범글을 학생들에게 제시하고 학습자들은 이를 통해 문형을 익힌 후 다른 학습자들과 함께 개요를 짜고 내용을 조직하여 글을 완성하였다. 권혜경(2016)에서는 교사가 주도하는 기존의 쓰기 수업 방식에서 벗어나 학습자들이 상호 협력하여 과제를 수행하는 수업 방안을 제시하였다. 실제 수업 방안을 적용하여 실험을 한 결과 학습자 모두 쓰기 능력이 고르게 발달한 것으로 나타났다. 또한 학습자들이 스스로 문제를 해결하는 과정을 통해 글쓰기에 대한 자신감도 갖게 하였으며 협력적 쓰기와 개별적 쓰기를 연계하여 좀 더 효과적인 쓰기 수업이 되도록 구성하였다. 이러한 협력 학습을 적용한 쓰기 교육은 전반적으로 학습자들이 쓰기 과정에서 부담감을 덜게 되었으며, 다른 학습자들과 활동을 하는 과정을 통해 이전보다 더 짜임새 있는 글을 쓰게 되었다고 하였다.

발음에서는 1편의 연구가 이루어졌다. 오문경(2017)은 효과적인 발음 교육을 제안하기 위해 협력 학습의 모형 중 하나인 문제 중심 학습 전략을 사용하였다. 먼저 한국인[99]과 유학생들이 한 팀이 되어 유학생들의 발음에서 어떤 문제가 있는지 발견하고 그 문제를 해결해 나가는 과정으로 진행되었다. 한국인과 외국인 학습자들이 서로 협력하여 도움을 주고받으면서 외국인 학습자는 문제 발음이 점점 정확해졌으며 한국인은 외국인 학습자의 발음을 고쳐주면서 발음에 대한 문제해결능력이 함양될 수 있었다.

---

99) 이 연구에서 한국인은 한국어 교육 전공자를 말한다. 한국인은 자신이 배운 발음에 대한 지식을 실제로 유학생의 발음 문제 해결에 적용·수정·평가하는 과정 속에서 한국어 발음에 대한 문제해결능력이 함양 될 수 있다.

문법에 관한 연구물은 2편으로 협동적 출력 과제[100]를 다루었다. 김수연(2012)에서는 문법성 판단 능력과 문법성 사용 능력의 향상을 살펴보았는데 딕토글로스와 텍스트 수정과제에서 모두 점수 향상이 있었지만 텍스트 수정과제가 더 효과적인 것으로 나타났다. 강지영(2013)에서는 보조사 습득에 무엇이 더 효과적인지 살펴보았는데 오류율이 많이 감소된 활동은 딕토글로스였다.

통합 수업은 특정한 언어 기능이나 영역의 향상에 초점을 두지 않고 도입부터 마무리까지 전반적인 수업의 흐름에 대해 살펴본 연구들을 포함하고 있다. 그렇기 때문에 가장 많은 협력 학습 모형을 사용하였다. 문진형(2004), 박형란(2007)은 협력 학습을 적용하여 수업방안, 학습 모형을 연구하였다. 이수진(2010), 장흔열은(2015)에서는 국제 결혼 여성들과 다문화 가정들을 위한 한국어 교육 방안을 연구하였고 윤수연(2015)는 관광 통역 안내사 양성을, 박완숙(2016)은 중도 입국 청소년들을 대상으로 연구하였다. 통합 수업에서 협력 학습을 적용한 연구가 많은 이유는 대학 기관의 한국어 교육은 어느 정도 기반이 다져지고 체계적으로 진행되고 있지만 여성 결혼 이민자, 다문화 가정 자녀, 중도 입국 청소년 등과 같은 학습자들을 위한 한국어 수업은 주먹구구식으로 진행되는 경우가 대부분이기 때문이다. 실제 이 연구들에서도 현재 사용하고 있는 교재들과 수업 방식에 대한 문제제기를 하며 협력 학습을 적용하는 수업이 더 효과적이라고 말하고 있다. 이러한 연구들을 살펴보면 협력 학습은 어느 특정 기능에만 적용 가능한 것이 아니라 언어 교육의 전반에 걸쳐 적용할 수 있는 교수법이라고 할 수 있다.

고아혜(2016)는 문화는 언어 교육에 있어서 중요한 부분임에도 불구하

---

100) 협동적 출력 과제는 협력 학습의 특징을 가지고 있는 출력 중심의 과제이며 학습자들이 동일한 과제를 학습자들이 상호작용하며 해결하고 성취감을 느끼는 협력 학습과 같은 의미를 가지고 있다고 할 수 있다. 강지영(2013)에서는 이러한 협동적 출력 과제의 유형으로 '딕토글로스, 빈칸 채워 구성하기, 텍스트 수정과제, 협동적 직소과제'가 있다고 하였다.

제9장 협력 학습

고 현재의 문화 수업은 문화에 대한 지식을 전달하는 것에만 초점이 맞추어져 있어 학습자들은 문화 수업에 흥미를 느끼지 못한다고 하였다. 이를 해결하기 위해 요구조사를 바탕으로 협동 학습유형 중 하나인 Co-op Co-op을 적용한 학습 모형을 만들고 실제 수업을 진행하였다. 실험 결과 문화에 대한 흥미·동기유발, 의사소통능력 신장, 문화 탐구 능력 배양의 효과가 있었다.

2.4 향후 과제와 제언

지금까지 협력 학습의 연구 동향을 전반적으로 살펴보았다. 짧은 기간에 비해 다양한 연구가 이루어졌지만 그 수가 부족한 실정이다. 앞으로 좀 더 많은 연구들이 이루어져야 할 것으로 보인다. 앞으로 더 발전된 연구가 이루어지기 위해서 나아가야 할 방향을 다음과 같이 제시하고자 한다.

첫째, 한국어 수업 현장에서 적용할 수 있는 협력 학습 모형에 대한 연구가 더 이루어져야 할 것이다. 협력 학습 모형은 매우 다양하며 새롭게 개발된 모형들도 많이 존재한다. 한국어 교사들이 수업 현장에서 사용 가능한 모형들을 제시한다면 실제 한국어 수업에도 많은 도움이 될 것이다.

둘째, 다양한 한국어 수준의 학습자를 대상으로 한 실험 연구가 이루어져야 한다. 대부분의 연구에서 실험 대상은 대부분 중급 수준의 학습자였다. 협력 학습은 학습자들이 서로 상호작용을 해야 하므로 의사소통능력이 어느 정도 가능해야 하기 때문이다. 하지만 과제의 난이도를 조절하여 고급, 초급 학습자들에게도 협력 학습을 적용한다면 좋을 것이다.

셋째, 협력 학습을 적용한 연구들은 대부분 언어 정의적 측면은 향상되었지만 정확성은 많이 개선되지 않는 것으로 나타났다. 특히 맞춤법, 어휘, 문법 등에서 많은 오류가 있었다. 이는 실험 집단에서 학습 능력이 가장 높은 학생도 이에 대한 정확한 지식을 가지고 있기 때문인 것으로 보인다. 따라서 이러한 부분은 교사가 가볍게 확인해준다면 정확성을 높일 수 있을 것이다.

넷째, 두 개 이상의 언어 기능을 통합한 협력 학습 수업이 진행될 필요가 있다. 협력 학습을 적용한 한국어 교육들을 보면 대부분 하나의 언어 영역만을 다룬다. 하지만 언어는 다양한 영역들이 서로 유기적으로 연결되어 있고 한 영역의 발달은 다른 영역에도 영향을 미친다. 그러므로 연관되는 언어 기능을 통합한 협력 학습이 연구되어야 할 것이다.

참고문헌

이성은(1999), '협력 학습 전략을 활용한 제2언어로서의 한국어 교수법', 「이중언어학」 16. 이중언어학회.

Aronson, E. (1971), *The Jigsaw Classroom*. Beverly Hills: Sage.
Dillenbourg, Pierre(1999), *Congitive Learning : Cognitive and Computational Approaches.* New York: Pergamon.
Educational Research Service(1990), *Cooperative learning: What we know about series*.(ED 332 281)
Johnson, D. W. · R. Johnson · E. Holubec(1994), *Cooperative Learning in the Classroom,* 추병완 역(2001), 학생들과 함께하는 협동학습, 백의.
Slavins, R. E. (1995), *Cooperative learning: Theory, research, and practice.* Boston: Allyn & Bacon.
Vygotsky, L. (1978). *Mind in society: the development of higher psychological process.* Cambridge, MA: MIT Press.

[부록] 협력 학습 연구 논문 목록

〈학위논문〉
- 박사학위논문

공영숙(2016), 협력쓰기를 강화한 장르 중심 한국어 쓰기 교육 연구 : 외국인 대학생을 대상으로, 공주대학교 대학원.

권혜경(2016), 협력적 쓰기 활동이 한국어 학습자의 쓰기 능력에 미치는 영향, 부산외국어대학교 대학원.

김은정(2014), 협력 학습을 중심으로 한 학문 목적 한국어 쓰기 교육 연구, 숭실대학교 대학원.

양민철(2017), 협력 학습을 활용한 열린 읽기 프로그램의 개발 및 효과 연구 : 여성결혼이민자를 대상으로, 부산외국어대학교 일반대학원.

- 석사학위논문

강지영(2013), 협동적 출력 과제 유형이 한국어 학습자의 문법적 정확성에 미치는 영향 : 딕토글로스와 빈칸 채워 재구성하기를 중심으로, 이화여자대학교 교육대학원.

고아혜(2016), 자율적 협동학습을 활용한 한국어 문화 수업 방안 연구 : 대만 내 대학 한국어 전공자를 중심으로, 고려대학교 대학원.
공영숙(2011), 협력쓰기가 한국어 쓰기 능력 향상에 미치는 영향 연구 : 문제 해결 쓰기 전략을 중심으로, 공주대학교 대학원.
김수연(2012), 협동적 출력과제 활동이 한국어 학습자의 문법 능력에 미치는 영향 비교 : 문법받아쓰기와 텍스트수정과제를 중심으로, 이화여자대학교 교육대학원.
노보리카와에리(2015), 일본인 학습자를 위한 한국어 수업에서의 협동학습 활용 방안 연구, 베재대학교 대학원.
문진형(2004), 협동학습을 활용한 한국어 수업 방안 연구, 경희대학교 교육대학원.
박완숙(2016), 협동학습을 적용한 중도입국 청소년 대상 한국어 수업 방안 연구, 세종대학교 대학원.
박주영(2010), 한국어 교육에서의 협력쓰기 연구, 가톨릭대학교 대학원.
박형란(2007), 한국어 통합적 교수를 위한 협력 학습 모형 연구, 한양대학교 교육대학원.
양윤희(2005), 교사와 학습자 협동 중심의 효율적인 한국어 교수법 연구 : 게임과 노래를 이용한 학습 활동을 중심으로, 선문대학교 교육대학원.
오기원(2007), 쓰기 협력 학습이 한국어 쓰기 능력 향상에 미치는 영향 연구, 연세대학교 교육대학원.
용함빙(2016), 학문 목적 학습자의 쓰기 능력 향상 방안 연구 : 협력쓰기를 중심으로, 세종대학교 대학원.
윤수연(2015), 협동학습을 활용한 한국어 교육 방안 연구 : 중국의 관광통역 안내사 양성을 중심으로, 경희사이버대학교 문화창조대학원.
이 소(2009), 위키기반 한국어 작문학습에서 개별학습과 협동학습의 효과- 외국 학습자 대상으로, 안동대학교 대학원.
이수진(2010), 협동학습을 통한 다문화 가정의 한국어 교육 방안 연구 : 결혼이주여성과 그 자녀를 대상으로, 한국외국어대학교 대학원.
이승찬(2015), 구조 중심 협동 학습을 통한 한국어 토론 교육 방안 연구, 한국외국어대학교 대학원.
이예승(2012), 협력 학습이 한국어 학습자의 쓰기 능력에 미치는 효과 연구 : 한국어 중급(4급) 학습자를 대상으로, 고려대학교 교육대학원.
이희욱(2014), 웹 기반 협력적 쓰기를 통한 한국어 어휘력 향상 연구, 이화여자대학교 교육대학원.
장흔열(2015), 한중 국제결혼 중국여성을 위한 한국어 개별학습과 협동학습

제9장 협력 학습   229

　　의 연계 방안 연구, 경희대학교 일반대학원.
채은경(2009), 협동학습을 통한 읽기 학습 방안 연구, 영남대학교 대학원.
하선미(2016), 학습자 상호 협력을 통한 듣기 능력 신장 연구, 충북대학교 대학원.

〈학술지〉
김지혜(2015), 내용 지식 확장을 위한 협력적 쓰기 활동 연구-중급의 수준의 학문 목적 한국어 학습자를 대상으로, 어문논집 74, 민족어문학회.
오문경(2017), 한국인과 유학생의 협동학습을 통한 발음교육 연구, 언어와 언어학 75, 한국외국어대학교 언어 연구소.
이성은(1999), 협력 학습 전략을 활용한 제 2 언어로서의 한국어 교수법, 이중언어학 16-1, 이중언어학회.
정영애(2011), 협력 학습을 통한 학문 목적 한국어 학습자의 보고서 쓰기 교육 방안 : 공학계열의 제안서를 중심으로, 국어교과교육연구 19, 국어교과교육학회.

제10장
의미 협상

조윤경

제10장 의미 협상

조윤경

1. 기본 원리와 적용

1.1 정의

일반적으로 '협상(negotiation)'이란 사전적으로 '어떤 목적에 부합되는 결정을 하기 위하여 여럿이 서로 의논하는 것'을 말한다. 이러한 일반적 정의가 언어와 관련될 때 협상은 발화한 내용이 동일한 의미를 가질 때까지 의논하는 일련의 구두 상호작용 과정을 말한다. 즉 의미 협상이란 대화자들이 상호작용에 참여할 때 대화자가 서로 이해하고 대화를 지탱하기 위해서 협력하는 과정이라고 할 수 있다.

특히 제2언어 학습에서의 의미 협상(negotiation of meaning)이란 교사와 학습자들 또는 학습자와 학습자 사이에 서로에게 어떤 정보를 전달하고자 하였지만 서로의 메시지를 이해하는 데 어려움을 느꼈을 때 이 정보를 되묻거나 명확히 하거나 또는 재구성하는 과정을 통해서 공통된 이해에 도달하고자 하는 과정이라 할 수 있다.

1.2 이론적 배경과 역사

1.2.1 등장배경

1970년대 후반 이후 제2언어 연구자들에 의해 상호작용에 대한 연구가 시작되었다. 그리고 상호작용에 대한 연구자들이 대화와 제2언어 습득 간의 관련성에 관심을 가지면서 제2언어 연구는 의사소통, 즉 상호작용을 통한 학습자의 성공적 의사소통에 초점을 맞추어 왔다. 상호작용을 연구한 대표적인 연구로 Long(1980)을 꼽을 수가 있는데 여기서는 이 상호작용을 의사소통 장애를 해소하는 과정에서 일어난 '대화 조정'이라고 정의를 한다. 여기서 Long(1980)은 상호작용을 통해 조정된 대화가 학습자의 입력어의 이해를 돕는데 더욱 효과적이라는 것을 강조한다. 그는 이 개념을 소개하면서 조정된 입력어를 의미 협상의 과정이라고 제시하였다. 그리고 이 의미 협상은 학습자에게 불분명한 입력어의 의미를 서로 협의할 때 일어나고 상호작용에 의한 대화의 조정을 통해 입력어를 이해 가능하게 할 수 있는 효과적인 방법이라고 설명하였다.

즉 성공적 의사소통을 위해서 상호간의 대화 속에 조정된 대화의 의미를 밝혀 내면서 의미 협상의 과정이 제시되었고 의미 협상의 유형을 Long(1980)에서 처음 분류하게 되었다.[101]

1.2.2 주요 개념 및 원리

언어 습득에 있어서 의미 협상은 제 2언어 학습에서 학습자들의 언어 발달에 효과적이고 또한 결정적인 요소로 간주된다. 이러한 의미 협상의 주요

---

101) Long(1980)에서는 의미 협상의 과정을 상호작용의 조정된 대화라고 보면서 명료화 요구, 확인점검, 이해점검, 자기반복, 타인반복 등으로 구분하였다.

한 원리는 크게 이해 가능한 입력과 학습자의 출력이라는 원리로 나누어 볼 수 있다.[102]

1) 이해 가능한 입력

의미 협상에서 말하는 입력의 개념은 Krashen(1982)에서 시작되었는데 그는 학습자에게 제공되는 입력은 이해 가능한 입력이어야 한다고 주장하였다.[103] 이해 가능한 입력은 크게 변형된 입력과 상호작용적 구조 변형으로 나누어 볼 수 있다. 먼저 변형된 입력은 단순화된 입력으로 말할 수 있는데 단순화된 입력은 제2언어 학습자의 이해를 돕는다고 주장했다. 단순화된 입력이란 아래의 예 (가)처럼 동사, 명사를 반복하거나 절을 적게 사용하는 등 언어를 간단하게 변형시키는 것을 말하는데 이처럼 언어적으로 단순화된 입력이 제2언어 학습자의 이해에 유리하게 작용한다는 것이다. (가)에서는 조사와 미래형어미를 생략함으로써 입력을 변형한다.

(가)

    원 어 민 : 내일 몇 시에 학교 가요?

    비원어민 : 9 시

---

102) 사실 의미 협상에 대한 언어 학습에서의 연구 관점은 입력과 출력과 더불어 사회언어학적 관점으로 분류되기도 한다. 의미 협상을 사회언어학적인 관점에서 본다는 의미는 의미 협상에서 입력과 생산된 발화물을 단순히 정보를 전달하기 위한 수단이 아니라 구두상호작용을 통해서 사회적 힘의 관계가 드러난다는 것을 의미한다. 예를 들면 문제 해결 협상 과정에서 원어민과 비원어민 사이의 대화의 불균형성을 들 수 있다. 즉 원어민과 비원어민 간의 의미 협상에서 원어민이 대화를 지배한다고 할 때 이는 원어민이 문제 해결 과정에서 더 많은 노력을 한다는 것, 즉 원어민이 대화 중 상호 이해의 과정에서 발생한 문제를 명료하게 하는데 더 많은 통제성을 가지고 있다는 것으로 보는 관점을 말한다.

103) 이해 가능한 입력이란 I(현재 학습자가 가진 언어 능력)+1을 말하는 것으로 현재 학습자가 가진 언어 능력보다 한 단계 높은 수준의 언어 능력을 의미한다.

제10장 의미 협상

이와는 달리 Long(1983)에서는 원어민 화자가 비원어민 화자와 대화를 할 때 발화를 변형하는 것 즉, 언어적 조정을 통해서 입력을 이해 가능하게 한다는 것에 대해 의문을 제기하였다. 입력 자체의 변형은 의사소통의 즉각적 요구는 도울 수 있지만 학습자의 중간언어 발달을 돕지는 못한다고 하였다. 그래서 입력 자체를 변형할 것이 아니라 입력이 가능하게 만드는 방법을 제시하는데 그것이 바로 대화의 상호작용적 구조를 변형하는 것이다.

그 예를 보면 다음과 같다.

(나)

    원 어 민 : 어제 뭐 했어요?

    비원어민 : 쉬어요.

    원 어 민 : 아, 집에서 쉬었어요?

    비원어민 : 네, 집에서 쉬었어요.

(나)에서 보면 입력 자체는 아무 변형이 없다. 원어민 화자가 처음 질문을 했을 때 적절한 대답을 유도하지 못하자 원어민 화자가 자기 반복을 하고 확인하는 구조로 나타났다. 그러나 비원어민 대답이 옳지 않자 원어민은 확인 점검을 하는데 이것은 원어민 화자가 비원어민화자의 대답을 정확하게 들었다는 것을 확인하기 위해서이다. 이 대화를 통해서 나타난 것처럼 비원어민 화자와 원어민 사이에 상호작용적으로 변형된 구조가 의미 협상이 잘 일어나도록 하여 언어 학습을 용이하게 함을 보여준다.[104]

---

104) Ellis(1994,1995)는 실험 집단을 둘로 나누어 변형된 입력과 상호작용적으로 구조가 변경된 입력을 제공하였는데 그 결과는 상호작용 중 변형된 입력이 미리 변형된 입력보다 더 잘 이해되는 것으로 나타났다.

2) 이해 가능한 출력

이해 가능한 출력이란 학습자들이 스스로 발화를 생산하기 위해서 통사적 구조 속에 단어나 표현들을 끼워 넣는 작업을 말한다. 언어 습득 면에서 학습자들의 이 같은 노력은 꼭 필요하다고 보는 입장이다. 이러한 학습자의 노력을 통해서 제2언어 습득이 이루어진다는 가설이 바로 Swain(1985)의 이해 가능 출력 가설이다. 그는 제2언어 습득에서 이해 가능한 입력만으로는 충분하지 않으며 학습자의 발화물 즉 출력에 대해서 최초로 언급하였다. 의미 협상을 학습자의 발화 연구로 보는 것은 Swain(2000)이 말한 이해 가능한 출력 가설을 말하는 것인데, 언어를 습득 또는 학습이 잘 되지 않는 이유는 이해 가능한 입력이 제한되어서가 아니라 이해 가능한 출력의 기회가 제한되었기 때문이라고 보고 있다. 즉 그는 이해 가능한 입력과 함께 학습자가 언어적 자료를 사용할 기회를 제공하는 것도 중요하다고 보는 것이다. 더 나아가 학습자를 참여시켜야 하는 것의 중요성도 말하고 있다.

1.3 수업에서의 적용

제2언어 교실에서 전형적으로 일어나는 교사와 학습자의 발화 구조는 '교수 교환 기본 기능 구조(teaching exchange fundamental function structure)로 IRF구조[105]라고 볼 수 있다. 그러나 의미 협상 과정은 필연적으로 교실상호작용의 전형적인 유형으로 알려진 IRF와는 다르게 하나에서 다른 하나로

---

105) Sinclair & Coultard(1975)의 일명 '교수 교환 기본 기능 구조(teaching exchange fundamental function structure)인 IRF(initiation response feedback)에 대해서는 그동안 교실 상호작용을 연구한 많은 학자들의 지지 및 반복 등이 있어 왔다. Boulima(1999)는 IRF 대화 이동(move)는 '비협상적 상호작용 유형'이라고 지적한다. 또한 IRF대화 이동은 통상 하나에서 다른 하나로 그대로 이어지며 각 대화 이동마다 명확한 기능을 갖는다고 한다. 시작(initiation)은 교환(exchange)을 열고, 응답(response)은 앞선 시작에 대한 응답을 구성하고 피드백(feedback)은 응답을 평가한 후 교환을 닫는다.

제10장 의미 협상

대화가 이어지는 것이 아니며 각 대화마다 그 기능이 중복될 수 있다. 의미 협상의 구조를 대화 속에서 다음과 같이 적용시켜 그 구조를 볼 수 있다. 교사 시작 대화의 예를 보면 다음과 같다.

〈예시 1〉

	I	교사: 그 사람은 무엇을 했습니까?
	R	학생: 그 사람은 먹습니다.
	I	교사: 그 사람은-?
	R	학생: 그 사람은 먹었습니다.
협상(Negotiated)	F	교사: 네.

〈예 1〉에서 보듯이 교사는 암묵적으로 '그 사람은?'이라고 다시 물으며 학습자에게 대답이 뭔가 잘못되었음을 알게끔 한다. 그리고 동시에 이것은 학습자가 수정된 대답을 하도록 명시적으로 요구하는 것이다. 그로 인해 교사와 학습자의 발화 구조가 IRF 구조가 아닌 IRIRF의 변형된 구조를 보이고 있다.

상호작용적 문제 해결 협상이 학습자 시작일 때는 위 대화와 또 다른 구조를 보인다. 학습자 시작 협상은 교수 교환의 기본 구조에 영향을 미치게 되고 다음과 같은 대화의 양상을 보인다. 학습자 시작 대화의 예를 보면 다음과 같다.

〈예시 2〉

		〈선생님이 학생들에게 '우리 교실에 3대의 컴퓨터가 있습니다.'의 문장을 반복시키고 있다〉
		우리 교실에 3대의 컴퓨터가 있습니다.
	R	학생1: 교실에 3명의 ….
	I	학생2: 3대의
	R	학생1: 우리 교실에 3대의 컴퓨터가 있습니다.
협상(Negotiated)	F	교사: 음

〈예 2〉는 학습자가 다른 학습자의 발화에 바로잡기를 제공하는 경우로서 학생1은 형태에 대해 바로잡아야 할 응답을 제공한다. 이에 대해서 학생2가 학생1의 대답을 맞게 재형성하기 위한 바로잡기를 제공함으로써 문제 해결 협상 교환이 시작된다. 교사는 끼어들지 않고 맞는 대답이 주어질 때까지 기다린다. 그 후 교사는 긍정적으로 그 대답을 평가함으로써 교환을 마무리한다. 학습자는 목표어가 아직 유창하지 않기 때문에 교사나 다른 학습자들은 학습자의 발화에 문제가 발생했을 때 돕기 위해서 많이 끼어들게 된다. 이와 같이 세 번째 순서에서 명시적인 피드백 대화 이동을 사라지게 함으로써 기본구조 IRF가 깨지는 것이다.

Stubbs(1983)도 역시 Sinclair & Coultard(1975)의 의미 협상에서 IRF체계는 상호작용 과정에서 맞지 않다고 지적하면서 IRF구조는 목표어 교실 담화 맥락에서 볼 때 이상화된 구조이지 현실적인 구조가 아닌 것으로 보인다고 주장하였다.

이와 같이 교실에서 교사와 학습자의 실제 발화를 보면 대화를 하면서 참여자들은 보다 명확한 의미 전달 및 이해를 위해 지속적으로 대화에 끼어들게 된다. 이러한 대화에 끼어듦으로 인해서 실제 의미 협상에는 상호작용 중 수많은 삽입구조가 포함되고 이는 결국 이상적 구조인 IRF의 붕괴를 가져오게 되는 것이다.

결국 의미 협상은 상호작용에서 주요 흐름을 균열되게 하는 것처럼 보이지만(Jefferson 1972) 상호작용 구조를 파괴하는 것이 아니라 대화 참여자들이 같은 주도권을 가지면서 이야기하도록 하는 필수적인 요소이며 대화가 성공할 수 있도록 하는 중요한 요소이다. 이러한 사실로부터 더 효과적인 문제해결을 위해 의미 협상은 각 대화에서 IRF구조보다는 훨씬 복잡한 구조를 가진다고 볼 수 있다.

1.4 적용상의 유의점

1.4.1 장단점

의미 협상의 장점은 그 역할로 대신 말할 수 있겠다. 즉, 그 역할은 크게 두 가지로 나누어 볼 수 있는데 하나는 문제 해결 역할로서의 의미 협상이고 다른 하나는 상호작용의 역할로서의 의미 협상을 말할 수 있다.

첫째, 문제해결 역할로서의 의미 협상은 일반적인 대화 중에 일어나는 대화의 단절을 피하기 위한 보편적인 기법으로 볼 수 있다. 문제 해결 의미 협상은 원어민 화자보다는 비원어민 화자를 포함한 대화에서 불가피하게 발생되는 것이다. Ellis(1994)에서는 제2언어 교실에서 교실 내 상호작용이 가장 빈번한 구도는 '학습자의 오류-교사의 반응'임을 밝히고 있는데 이는 곧 제2언어 교실 내 구두 상호작용의 목적이 문제 해결을 위한 것임을 나타내며, 그 원인으로 두 대화 참여자의 언어 능력에서의 큰 차이를 들 수 있다. 교실이라는 제도적 환경에서 지식을 전달해야 하는 교사의 임무와 학습자의 제한된 언어 능력은 교실 내 상호작용을 일상적 대화에서 나타나는 대화 유지를 위한 협상이 아닌, 문제 해결의 성격을 띤 의미 협상으로 규정짓게 되는 것이다.

둘째, 상호작용 역할로서의 의미 협상은 언어가 습득된다는 것은 문법이나 어휘를 직접적으로 가르치는 것보다는 학습자들이 교사와의 대화 과정을 통해서 제공받은 것을 통해 습득된다는 것이다.[106] Ellis(1994)는 구두 상호작용에서의 의미 협상은 언어발달에 기여한다는 주장을 하였다. 그 이유는 학습자가 아직 자신의 능력 이상인 언어적 항목을 담고 있는 메시지를 접한 후 상호작용을 통해서 학습자 자신이 이미 생산했던 언어적 지식을 변형 또

---

106) Hatch(1978)는 학습자는 대화하는 법, 말로 상호작용하는 법을 배우고 이러한 상호작용으로부터 통사적 구조가 발달된다고 주장한다.

는 보충할 수 있는 기회를 얻게 되고 이를 통해서 대화를 이끌어 나갈 수 있기 때문이라는 것이다. 또한 Schachter(1984)에서는 구두 상호작용에서 제2언어를 사용하는 것은 학습자가 자신이 목표어에 대해서 만든 가설을 확신하거나 부정하는 기회를 준다고 주장한다. 이 때 구두상호작용은 그 가설들이 맞는지를 실험할 수 있는 기회를 주기 때문에 학습자가 의미 협상을 통해서 생산할 기회를 갖는 것은 성공적인 언어 학습을 위한 필수 조건이라고 주장한다.

지금까지 살펴 본 바와 같이 제2언어 학습자는 의미 협상을 통해 이해가 능한 입력을 받고 출력을 하며 또한 그러한 과정에서 이루어지는 언어적 변형이 제2언어 습득을 돕는다는 것이다. 따라서 의미 협상은 입력과 출력의 상호작용을 통해 제2언어 습득에 필요한 기회를 제공한다는 점에서 그 장점을 찾을 수 있을 것이다.

제2언어 습득에서의 의미 협상의 중요성에 대해서 살펴보았지만 의미 협상이 가지는 극복해야 할 한계점이 있다. 그 한계점은 다음과 같이 말할 수 있다.

첫째, 빈번한 의미 협상으로 인한 수업 시간 지체를 들 수 있다. 의미 협상이 일어나기 위해서는 의사소통장애가 일어나야 하는데 Long(1980)은 제2언어 습득은 상호작용이 원활하게 진행될 때보다 의사소통장애가 일어나고 이것을 해소하기 위해 협상하는 과정에서 효과적으로 일어난다고 주장하였다. 그러나 지나친 의미 협상장애는 수업을 더 이상 진행할 수 없게 만들어 수업 시간을 효율적으로 사용하지 못하게 할 수 있다.

둘째, 학습자의 심리적 위축을 초래할 수 있다. Long(1980)은 의미 협상이 일어나기 위해서는 첫째, 의사소통 장애가 있어야 하고, 둘째 이를 해소하기 위한 학습자의 적극적인 의지가 있어야 된다고 하지만 의사소통 장애가 많이 일어날수록 제2언어 습득에 도움이 될 것이라는 주장은 논란의 여지가 많다. 예를 들어, 학습자의 제2언어 숙달도가 낮으면 수업에 많은 의사소통

장애가 일어나고 지나치게 빈번한 의사소통 장애는 상호작용 자체를 불가능하게 하며 학습자의 심리적 위축을 초래하여 의미 협상에 역효과를 초래할 수 있기 때문이다.

셋째, 의사소통 장애 유형에 따른 의미 협상의 구조의 부재이다. Anton(1998)에서 지적한 것처럼 Long은 의사소통장애가 없는 상황에서도 일어날 수 있는 의미 협상을 간과하고 있고, 의사소통장애로 인한 의미 협상과 의사소통장애 없이 자연스럽게 일어나는 의미 협상을 구분하는 것이 필요하다고 주장하였다. 즉 의미 협상에 도움이 되는 의사소통 장애의 유형 분석을 하여 그에 따른 의미 협상의 구조가 밝혀져야 할 것이다.

1.4.2 발전적 제언

이와 같이 의미 협상은 습득과정에서 아주 중요한 요소로서 언어습득을 도와주고 습득에 필요한 기회를 제공한다는 점에서 의의가 있지만 지나친 의사소통장애로 인한 수업의 효율성을 떨어뜨리거나 학습자의 심리적 위축을 초래하는 등의 한계점이 있다. 따라서 다음과 같은 제언을 해 볼 수 있다.

첫째, 앞으로 학습자의 한국어 발달을 증진시키기에 적절한 의미 협상의 틀을 밝혀야 할 것이다. 즉 교사와 학습자의 복합적인 IRF구조를 밝혀 의미 협상의 과정이 지나친 의사소통장애로 이어지지 않도록 하여야 할 것이다. 그리하여 교실에서의 상호작용에 효율성을 떨어뜨리지 않고 학습자의 심리가 심하게 위축되지 않도록 해야 할 것이다.

둘째, 교실에서 일어나는 의미 협상에서 구체적으로 교사와 학습자들의 역할을 모색하여 그 역할을 규정하고 밝혀내어 교실에서 적절한 의미 협상이 이루어질 수 있도록 해야 한다.

의미 협상은 교실에서 학습자의 언어 습득을 향상시키는 데 도움이 되고 학습자의 발화 기회를 제공하므로 진정한 의미로서의 의미 협상이 진행될 수 있는 그 구조와 연속체를 밝혀 나가야 할 것이다.

2. 의미 협상의 연구 동향

2.1 성격

　한국어교육에서 의미 협상을 중점적으로 다룬 연구는 다른 연구에 비해 양적으로 매우 부족한 상황이다. 한국어교육에서 의미 협상을 다룬 대부분의 논문들은 모국어 화자와 학습자 그리고 학습자간의 상호작용 전략 중의 하나로 다루고 있거나 의사소통전략의 하나로 의미 협상을 다루고 있다. 그리고 이런 의미 협상을 분석하여 그 양상을 분류해 놓은 것이 대부분의 연구들이다. 이것마저도 2000년대 이전에는 한국어교육에서 의미 협상에 관련된 연구를 찾아보기 힘들다.

　연구 주제들을 살펴보면 교사와 학습자 그리고 학습자간의 의미 협상을 분석한 것으로 나눌 수 있는데 그와 관련된 주제는 연구 수에 비해서는 다양화되고 있는 추세이다. 어휘, 수준별 짝구성, 의사소통전략 등으로 나눌 수 있다.

　연구 방법으로는 대부분이 녹취나 녹화를 통한 교실관찰과 과제를 수행하는 중에 녹음하여 분석해 내는 방법이 주를 이룬다.

　이에 본 연구에서는 의미 협상에 관한 연구를 발표 연도와 주제 그리고 방법에 따라 정리하고 분류하여 연구흐름을 파악해 보고자 한다. 그리하여 앞으로의 한국어교육에서 연구 방향을 제시해 보고자 한다.

2.2 연구 대상 자료

　한국어교육 관련 연구 중에서 의미 협상에 관한 연구들은 석사논문 5편과 박사논문 1편 그리고 학술지 1편으로 총 7편으로 조사되었다.[107] 대상 자

---

107) 이 논문의 수는 의미 협상에 관한 직접적 연구를 한 것을 중점적으로 조사되었으며 의

제10장 의미 협상   243

료는 다음과 같이 연도, 유형, 주제, 연구방법별로 분류하였다.

2.2.1 연도 및 유형별 분류

의미 협상의 전반적인 연구 동향을 살펴보기 위해 2016년 10월까지 발표된 학술지 논문과 학위 논문들을 분석하였다. 연구 유형별 연구 수를 살펴보면 다음과 같다.

〈표 1〉한국어 의미 협상의 시기별 연구 현황   (단위: 편)

연도	학위논문		학술지 논문
	박사	석사	
2000년 ~ 2004년	1	1	
2005년 ~ 2009년			
2010년 ~ 2014년		3	1
2015년 ~ 2017년(4월)		1	
계	1	5	1

〈표 2〉한국어 의미 협상의 유형별 연구 현황

유형		편 수
학위 논문	박사 학위 논문	1
	석사 학위 논문	5
국내 학술지 및 학술대회 발표집		1

의미 협상과 관련된 연구는 2004년 박사논문을 시작으로 현재까지 7편으로 조사되었다. 2004년에 석사와 박사 논문이 한 편씩 발표되고 그 이후에는 연구가 없었다가 2010년에 4편의 연구가 진행된 것으로 나타났다. 그 이후는 최근 2016년에 석사논문이 발표된 것으로 조사되었다.

사소통전략기법을 분석한 경우나 상호작용 양상을 분석한 것은 대상에서 제외하였다.

2.2.2 연구 방법별 분류

연구 방법별 유형은 의미 협상을 분석하기 위해 대체적으로 질적 분석을 실시한 것으로 보인다.[108] 질적 연구 중에서도 교실대화를 분석한 경우가 3편, 과제 활동을 통한 학습자들의 의미 협상을 녹음 녹화한 경우가 3편, 온라인문자채팅 발화문을 분석한 경우가 1편으로 조사되었다.

조사 대상이었던 연구의 모두가 전사한 자료를 분석한 질적 연구로 이루어져 있었다. 제 2언어 연구에서 질적 연구는 널리 사용되고 있는 방법론으로서 제2언어 연구 자료의 수집에 있어서 유용하다.[109]

특히 교실 현장을 연구한 자료는 교실 현장에서 녹음 또는 녹화하는 방법을 사용하여 그 내용을 전사하였고 과제활동을 주고 학습자들의 자연스러운 발화를 수집하기 위해서는 자연스러운 상황에서 녹음 녹화하는 방법을 사용하여 그 자료를 전사하여 분석하였다. 또 다른 방법으로는 온라인 채팅에서 사용된 발화문을 분석하여 연구한 자료로 구분할 수 있겠다.

〈표 3〉 의미 협상의 방법별 연구 현황

연구방법			편 수
이론적 연구			
실증적 연구	양적 연구	설문연구	
		실험연구	
	질적 연구	관찰 · 면담	7
	양적+질적 연구		

---

108) 조사된 논문 중에는 양적연구를 실시한 논문도 있으나 의미 협상 연구와 직접적으로 관련된 연구만으로 조사된 것임을 알려둔다.

109) 질적 연구방법론은 1920년-30년대에 걸쳐 수립된 사회학적 전통이 발전시킨 문화/사회인류학의 전통에 바탕을 두고 있다. 현장 연구를 통한 인간의 집단적 삶에 대해 탐구하는 방법으로서 발전해 왔으며 구체적으로 특정한 집단 내에 속한 개인들의 삶의 일상과 문제적 순간들 및 그 의미를 기술하는 일련의 경험과 자료들의 수집을 위해 사례 연구, 개인의 경험에 대한 기록, 인터뷰, 참여 관찰 등의 방법을 동원한다.

2.2.3 연구 주제별 분류

연구 주제는 교사와 학습자간의 의미 협상과 학습자간의 의미 협상으로 나뉜다. 교사와 학습자간의 의미 협상 분석은 3편, 학습자간의 의미 협상 분석이 4편으로 나뉘는 것으로 조사되었다.

먼저 구체적으로 주제를 살펴보면 교사와 학습자 사이의 의미 협상에서는 교실 내에서 교사와 학습자의 구두상호작용을 분석하여 의미 협상의 양상을 분석해 낸 것이 주를 이룬다. 그러한 분석을 바탕으로 교실 현장의 중요성을 역설하고 교실 현장의 기본적인 구성인 교실 – 학습자 – 교사 사이의 효율적인 의사소통 양상을 도출해 내는 양상을 보인다. 학습자간 의미 협상에서는 학습자간의 과제활동 시 나타나는 의미 협상의 양상을 분석하거나 온라인상에서 대화하는 발화문에서 나타나는 의미 협상의 양상을 분류하는 것이 주를 이루는 것으로 나타났다.

〈표 4〉 의미 협상의 주제별 연구 현황 (단위: 편)

	교사와 학습자	학습자간
2000년 ~ 2004년	1	1
2005년 ~ 2009년		
2010년 ~ 2014년	1	3
2015년 ~ 2017년	1	
계	3	4

2.3 연구 동향 분석

위 표에서 보듯이 한국어교육에서 의미 협상 관련 연구는 2000년대가 되어서야 시작되었다. 언어 연구는 1970년대까지 단순히 언어교수와 학습만을 다루는 경향을 보였다면 그 이후는 보다 넓은 범위의 주제들을 다루고 있다. 단순히 언어 교수와 학습 외에도 언어교육이 이루어지고 있는 교실상황에 대한 관심이 시작되었다. 특히 제2언어 교실의 교사와 학습자간의 상호작용에 대한 관심을 가지기 시작했다는 것은 한국어교육 연구의 발전에 있어서 고무적인 일이라고 볼 수 있다.[110]

이러한 제2언어 연구에 대한 추세에 발맞추어 한국어교육 분야에서도 2000년대에 들어서 언어 교육적 접근에 덧붙여 한국어와 관련된 다양한 분야에 대한 접근을 한 것으로 보인다. 그 때부터 한국어 교육 연구가 방향을 바꾸어 한국어 교실 현장에서 나온 자료를 분석하여 한국어교실의 현장에 대한 연구가 이루어져 가고 있다. 특히 진제희(2004)는 한국어교육의 현장인 교실에서의 구두 상호작용을 분석한 최초의 연구라고 볼 수 있다. 이 연구에서는 구체적으로 학습자와 모국어 화자인 교사 사이의 의미 협상을 교실 상황 관찰을 통해 담화적 분석으로 접근하고 문제 해결 과정으로서의 교사와 학습자 간 상호작용적 협상의 유형을 정리한 연구이다. 그 외에 2004년 연구로 이선우(2004)를 볼 수 있는데 이 연구는 모국어 화자와의 의미 협상이 아닌 학습자간의 의미 협상을 분석한 연구로서 학습자간의 의미 협상도 목표어 습득에 긍정적인 영향을 준다는 것을 밝혔다. 특히 학습자간에 모국어 배경이 다른 학습자들은 의사소통 과정에서 발생하는 비문법적 발화나 이해가 부족한 구문들을 적극적으로 해결하려고 의미 협상을 시도한다는 것을 보여주었다.

2010년대에 들어서 교실에서 교사와 학습자간의 의미 협상 또는 학습자간의 의미 협상 외에 다양한 주제에 대한 연구가 진행되고 있다. 정연화(2010)에서는 의미 협상이 문법이나 표현의 습득뿐만 아니라 어휘를 습득하는데도 긍정적 역할을 하는 것을 검증한 논문이다. 의미 협상을 통해 학습자들은 어휘의 형태와 의미를 분석하고 이를 자신의 지식으로 내재화한다는

---

110) 교실 내 교사-학습자 간의 상호작용에 관한 연구는 1972년 Selinker가 제2언어 학습자의 언어를 '중간언어'라는 언어로 지칭한 이래 활발해졌다. 그 후 연구의 초점이 학습자의 중간언어 발달에 영향을 미치는 환경 즉 교사의 발화 및 교사-학습자 간 대화적 상호작용에 맞춰지면서 제2언어 연구 분야에서 교실대화와 제2언어 학습 간의 관계에 대한 본격적인 연구가 시작되었다.

제10장 의미 협상   247

것을 보여주었다. 또한 조효정(2010)에서는 의미 협상에 관한 학습자들의 의식연구를 실시하여 실제 교실 관찰을 통해 동일 모어 학습자 간 교실 상호작용이 학습자의 목표어 능력 향상에 도움을 주는지를 검증하였다. 그리고 조윤경(2010)에서는 교사의 학습자 모어 사용에 따른 의미 협상을 연구하여 교사의 학습자 모어가 의미 협상에 어떻게 영향을 미치는지를 연구하였다. 장미정(2010)에서는 한국어 수업에서 효과적인 짝구성이 의미 협상에 영향을 미칠 수 있다는 논의를 하고 있다. 즉 짝 간의 학습 수준의 차이가 날 때 목표어 습득에 도움이 되는 의미 협상이 보다 많이 나타났으므로 한국어교실에서 짝 활동을 설계할 때 학습자간의 수준이 고려되어야 한다는 것이다.

최근의 연구인 손빛나라(2016)에서는 온라인 문자 채팅에서 교사와 학습자의 오류에 대한 의미 협상을 통해 학습자가 자신의 발화에 집중하고 오류를 주목하게 하며, 인지와 수정으로 나아가 목표 언어에 근접할 수 있음을 추론하였다. 또 문자 채팅에 대해 한국어 교육에서의 가능성을 확인했다는 데에 의의가 있다.

그동안 한국어연구 분야에서 주로 다루어 온 연구는 학습자에게 가르칠 내용과 그에 따른 적절한 교수법을 사용하여 가르치는 것과 관련된 것이었으나 앞에서 언급하였던 것처럼 2000년대 이후부터 교실 중심 연구로 이동하고 있다 . 2010년대에는 교실 내에서의 의미 협상에 대한 내용 또한 다양화 되고 있는데 의미 협상이 어휘에 미치는 영향 또는 짝구성에 따른 의미 협상의 양상 분류 등으로 주제가 다양화 되고 있는 것을 볼 수 있다.

2.4 향후 과제와 제언

지금까지 한국어교육에서 의미 협상에 관련된 연구들은 분석하고 그 동향을 살펴보았다. 앞서 밝힌 것과 같이 제2언어 학습자는 의미 협상을 통해 이해 가능한 입력을 받고 출력을 하며 또한 그러한 과정에서 이루어지는 언어적 변형이 제2언어 습득을 돕는다. 또한 의미 협상은 입력과 출력의 상호 작용을 통해 제2언어 습득에 필요한 기회를 제공한다는 점에서 의의가 있다. 그러나 그에 관련된 연구들은 미미한 실정이므로 다음과 같은 과제를 제안해 본다.

첫째, 앞으로의 한국어 교육에서도 교실 안의 연구 즉, 교실에서 교사와 학습자들의 발화와 상호작용에 대해 지속적인 연구가 필요하다. 학습자의 언어 학습을 돕기 위해서 먼저 고려되어야 할 것은 좋은 교수법으로 가르치는 것보다는 한국어를 가르치는 교실 자체에 대한 관찰과 이해가 필요하다. 또한 그 교실에서 교사와 학습자 그리고 학습자들 사이에 무슨 일이 일어나고 있는가에 대한 연구가 더 이루어져야 한다고 본다 .

둘째, 교실에서의 의미 협상의 역할과 영향력에 대한 구체적인 연구가 필요하다. 의미 협상이 한국어교육의 여러 영역에 어떻게 영향을 미치고 어떤 양상이 제2언어 습득을 용이하게 하는지 더욱 구체적으로 분석되고 제시되어야 할 것이다 .

더 나아가 교사와 학습자의 발화물이 교사 학습자 간의 의미 협상을 통해서 어떤 과정으로 습득되는지 분석해야 할 것이고 그러한 과정이 의사소통 진행에 어떠한 역할을 하는지를 분석해봄으로써 제2언어 습득의 효율적인 방법에 대해 진정한 고찰이 이루어져야 할 것이다 .

참고문헌

송향근 · 김상수(2012), 「한국어 교육 연구의 이해」, 부산외국어대학교출판부.
Anton, M. & DiCamilla, F.(1998), F Socio-cognitive functions of L1 collaborative interaction in the L2 classroom, *The Canadian Modern Language Review*, 54
Ellis, R.(1990), *Instructed second language acquisition.* Oxford: Blackwell.
Ellis, Rod(1993), The structual syllabus and second language acquisition, *TESOL Quarterly*, 27
Ellis, Rod(1994), *The study of Second Language Acquisition,* Oxford University Press.
Gass, S. & Varonis, E. M.(1985), 'Task variation and nonnative/nonnative negotiation of meaning', In S. M. Gass, & C. Madden (Eds.), Input in second language acquisition, Rowley, MA: Newbury House.
Hatch, E.(1992), *Discourse and language education. Cambridge,* UK: Cambridge University Press.
Jefferson, G.(1972), Error correction as interactional resource, *Language in Society* 3.
Krashen, S. D.(1981), *Second language acquisition and second language learning,* Oxford: Pergamon.
Krashen, S. D.(1982), *Principles and practice in second language a The input hypothesis* : Issues and implications, London, Longman.
Long, M. H.(1980), 'Input, interaction and second language acquisition', Unpublished Ph. D. thesis. University of California at Los Angeles.
Long, M. H.(1983), Linguistic and conversational adjustments to non-native speakers, *Studies in Second Language Acquisition,* 5(2)
Schachter, J.(1984), *A universal input condition,* In W. E. Rutherford. (Ed.), language acquisition Philadelphia, PA: John Benjamins B.V.
Sinclair, J.M, & Coultard, M.(1975), *Twards an analysis of discourse.* Oxford: Oxford University Press.
Swain, M.(1985), 'Communicative competence: Some roles of

comprehensible input and comprehensible output in its developments', In S. Gass and C. Madden(Eds.), Input in second language acquisition. Rowley, MA: Newbury House.

Swain, M. & Lapkin, S.(2000), Task-based second langague learning: The uses of the first language. *Language Teaching Research,* 4(3)

【부록】 의미 협상 연구 논문 목록

1. 학위논문
- 박사학위논문

진제희(2004), 한국어 교실 구두 상호작용에 나타난 문제 해결을 위한 의미 협상: 교사-학습자 대화를 중심으로, 연세대학교 대학원.

- 석사학위논문

조효정(2010), 한국어 비모어 학습자 간 교실 상호작용 연구: 동일 모어 학습자 간 구두 상호작용을 중심으로, 경희대학교 대학원.

장미정(2010), 수준별 짝구성에 따른 의미 협상 연구, 고려대학교 대학원.

정연화(2010), 의미 협상이 한국어어휘 습득에 미치는 영향, 이화여자대학교 대학원.

손빛나라(2016), 온라인 문자채팅에서의 교사-한국어 중고급 학습자간 오류수정을 위한 의미 협상 양상과 학습자 태도 연구, 이화여자대학교 대학원.

이선우(2004), 한국어 학습자간 의미 협상 양상 연구, 이화여자대학교 대학원.

2. 학술지

조윤경(2010), '교사의 학습자 모국어 사용에 따른 교실 상호작용 관찰 연구', 「언어학연구16」 12-1.

제10장 의미 협상

제11장
전략 학습

조위수

제11장 전략 학습

조위수

1. 기본 원리와 적용

1.1 정의

　전략(strategies)은 고대 희랍어 'strategia'에서 유래한 것으로, 여기서 'strategia'는 전쟁을 승리로 이끄는 기술, 장군의 용병술, 통솔력 등을 의미한다. 일상적 의미에서 전략은 전술보다 상위의 개념으로 군사 전쟁을 전반적으로 이끌어 가는 방법이나 책략을 뜻한다(「표준국어대사전」, 1999). 외국어 습득에서 전략은 발화 과정에서의 어려움을 해결하고 발화 상대와 효과적으로 담화를 이어가는 기술로, 입력과 관련되는 학습 전략과 출력 측면의 의사소통 전략으로 구분되어 왔다(Brown, 2004). 제2언어 교육에서 전략이라는 용어는 Selinker(1972)에서 중간언어(interlanguage) 인지 과정을 논의하는 가운데 처음으로 언급된다.[111] 이후 전략은 외국어 학습자가 목표어를 습득해 가는 과정에서 중요하게 다루어져 왔다.

---

111) 중간언어란 '습득하려는 목표언어의 입력과 출력 과정에서 산출되는 다양한 언어적 체계'(Selinker, 1972)를 의미한다. 따라서 중간언어는 외국어 습득에서 목표 언어에 단계적으로 접근해 가는 연결체로서, 모국어나 외국어와는 다른 독특한 체계와 규칙을 지닌다(우형식, 2006).

Rubin(1975)에서는 특정 교수법이 언어 학습의 보편적인 성공으로 이어지지 않음을 강조하며 우수한 학습자의 특성에 대해 분석하기 시작하였다. 성공적인 학습자에 관심을 가지게 되면서 대두된 학습 전략은 학습자가 스스로 본인의 학습을 통제하고 학습의 효율을 높이는 행동 양식으로 정의된다. 즉 학습 전략은 언어 입력 자료의 저장, 처리 등 메시지를 어떻게 흡수할 것인지와 관련되는 것이다.

　외국어 학습자가 문법과 어휘력이 뛰어나더라도 대화 상대에게 자신의 의사를 효과적으로 전달하기란 쉽지 않다. 이를 위해서는 대화의 상황과 상대에 맞게 담화를 전략적으로 구성할 수 있는 능력이 중요한데, 이를 의사소통 전략(communication strategies)이라고 한다. 초기 의사소통 전략에 관한 연구(Canale & Swain, 1980; Tarone, 1980; Coder, 1983; Stern, 1983; Faerch & Kasper, 1983)에서 의사소통 전략은 불완전한 언어 능력으로 인해 대화 도중 문제가 발생했을 때 이를 대처하는 능력으로 보았는데, 문제 해결의 초점을 화자의 심리적인 측면이나 대화자간의 상호적인 측면에 둠으로써 관점을 달리 하였다.

　그러나 의사소통 전략을 단순히 담화 상황에서 빚어진 문제를 해결하는 기능으로만 보는 것은 전략의 의미를 협소화하는 것이다. 그리하여 Tarone(1983), Swain(1984), Yule & Tarone(1990)에서는 의사소통 전략을 소통의 단절에 대처하는 기술뿐만 아니라 상대와 보다 효과적으로 대화하기 위한 능력임을 강조한다. 즉 의사소통 전략은 소통의 단절을 극복하고 상대에게 효과적으로 정보를 전달하며 사회적 유대감을 형성시켜 대화를 유지해 가는 기술로 정의할 수 있다.

1.2 이론적 배경과 역사

1.2.1 등장 배경

언어 교육에서 전략에 관한 연구는 1970년대 특정 교수법이나 지도 방안이 보편적인 언어 학습에의 성공을 이끌 수 있는지에 대한 회의적 관점에서 발현되기 시작하여, 인지주의와 사회적 구성주의의 영향을 받아 다채로운 연구가 가능해졌다. 인지주의 이론은 언어 학습에서 인간 내부에 일어나는 인지적 과정, 즉 정보를 인식하고 해석하며 기억하는 구조를 중시하고, 결과보다는 과정에 초점을 두어, 언어 학습자가 정보를 어떻게 구성하는지에 중점을 둔다. 이러한 인지주의의 발달은 학습자와 학습자가 사용하는 언어 학습 전략에 주의를 기울이게 하는 결과를 가져왔다.

우수 학습자에 관한 연구에서 시작된 언어 학습 전략은 1980년대에 이르러 설문조사, 면담, 일지, 관찰 등을 통해 언어 능력이 뛰어난 학습자의 특성을 분석하였다. 그리고 1990년대 초반 O'malley & Chamot(1990), Oxford(1990)에서 언어 학습에 직접적으로 영향을 주는 전략과 언어 학습을 지원하는 간접적인 전략을 구체화하고, 학습자가 언어 학습 과정에서 사용하는 전략과 목표어를 활용하는 과정에서 사용하는 전략의 유형을 분류하였다.

한편 20세기 후반 상호작용과 협동 학습을 중시하는 사회적 구성주의와 기능주의 언어학의 영향으로 언어 학습은 언어의 구조와 형태에 대한 이해보다는 의사소통 능력을 중시하게 된다. 따라서 이 시기에 개발된 언어 교수 접근법이 공통적으로 지향하는 바가 있다면, 의사소통 능력의 신장이었다. 언어학에서 의사소통 능력의 개념은 Hymes(1967)에서 Chomsky(1965)가 내세우는 언어 능력이 실제의 사용 능력을 반영하지 못함을 비판하며 처음으로 등장한다. 의사소통 능력에 관한 논의는 Canale & Swain(1980)에 의해 더욱 구체화되는데, 여기서는 의사소통 능력을 문법적, 담화적, 사회언어학적, 전략적 능력의 네 가지 요소로 세분화함으로써, 기존의 언어 체계에 관한 지식에 더하여 목표 언어 사회에 대한 지식과 전략적인 능력까지 그 범주에 포함시키고 있다.

의사소통 전략에 관한 체계적인 연구는 메시지 조정(message adjustment)을 중심으로 언어 학습자의 의사소통 전략을 논의한 Varadi(1973)으로 볼 수 있다. 이후 의사소통 전략은 대화자들이 의미 협상의 과정에서 사용하는 전략과 소통의 목표를 달성하기 위하여 직면한 문제를 해결하는 개인의 잠재적이며 의식적인 과정 측면에서 연구되었다.

1.2.2 주요 개념 및 원리[112]

언어 학습 전략은 학습자가 목표어를 이해하고 발전시키기 위해 학습 과정에서 사용하는 의식적, 무의식적인 행동으로, 선행연구를 바탕으로 전략의 개념을 분류하면 크게 인지 중심의 언어 학습 전략, 의사소통 중심의 언어 학습 전략, 통합적 언어 학습 전략으로 나눌 수 있다.

먼저 인지 중심 언어 학습 전략은 입력과 관련한 것으로 언어 입력 자료의 처리, 저장, 검색 등 다른 사람들로부터 오는 메시지를 어떻게 흡수하는가에 대한 전략을 의미한다. 인지중심 언어 학습 전략은 인지 전략(cognitive strategies)과 상위 인지 전략(metacognitive strategies)으로 세분화할 수 있다. 여기서 인지 전략은 학습자가 학습 내용을 인지하는 과정에서 학습을 촉진시키기 위해 본인이 활용하는 다양한 학습 방법을 뜻한다. 그리고 상위 인지 전략은 학습을 계획하고 학습의 과정을 감시하며 학습을 평가하는 자신의 인지 행위를 통제하는 기제이다.

---

112) 손성희(2011), 조위수(2012)를 참조하여 재정리하였음.

다음으로 의사소통 중심 언어 학습 전략은 언어 출력에 관련된 것으로서 1.1절에서 언급한 의사소통 전략과 상통한다. 의사소통 중심 언어 학습 전략은 구어 발화를 성공적으로 이끌기 위한 화자, 혹은 대화자 쌍방이 의미 협상을 통해 대화를 유지해 가는 능력으로, 언어 심리학적 측면에서 성취 전략과 축소 전략으로 구분된다. 성취 전략은 본인, 혹은 대화 상대의 도움을 받아서 문제를 해결하는 것이고, 축소 전략은 학습자가 목표어에 대한 적절한 용어나 규칙이 부족하여 발음, 형태, 문법을 축소하거나, 문제를 회피하기 위해 의사소통의 목표를 축소하는 것이다.

마지막으로 통합적 언어 학습 전략은 인지 중심의 언어 학습 전략과 의사소통 중심의 언어 학습 선략이 통합되어 있는 유형이다. 이 유형은 언어 학습은 언어 이해와 표현의 상호작용으로 이루어지므로 언어 학습 전략에 인지 중심 전략과 의사소통 전략을 모두 포함해야 한다는 입장이다. Oxford(1990)는 이러한 관점을 반영하여 언어 학습 전략을 크게 직접 전략과 간접 전략으로 분류하였다. 직접 전략은 목표어를 학습하는 것과 직접 관련된 언어 학습 전략으로 기억 전략, 인지 전략, 보상 전략으로 세분화하고, 간접 전략은 언어의 일반적인 처리 방법을 다루는 것으로 상위 인지 전략, 정의적 전략, 사회적 전략을 포함하였다.

언어 학습 전략은 학습자가 자신의 학습 과정을 촉진시키고 소통에 문제가 있을 때 이를 해결해 주며, 상대에게 보다 효과적으로 의사를 전달하게 하는 중요한 기법이다. Tarone, Yule & Tarone(1989), Dörnyei(1995) 등에서는 언어 학습자에게 전략을 적극적으로 교수할 것을 주장하며, 전략 훈련을 통해 학습자의 전략적 능력이 향상되었음을 밝히고 있다. 이에 따라 제2언어 학습자가 목표어 담화 상황에서 보다 능숙한 언어를 구사하기 위해서는 전략적 능력에 주목하고 전략 훈련에 주의를 기울일 필요가 있다. 전략적 능력 함양을 위한 전략 기반 교수의 원리는 다음과 같다.

첫째, 이해와 사용의 측면에서 명시적이고 통합적인 방법을 활용한다. 학습자에게 전략 교수의 필요성을 인지시켜, 전략을 명시적으로 지도해 주는 것은 학습자가 전략을 인지하는 데 유용하게 작용할 수 있다. 또한 과제의 특성에 맞게 학습 내용과 전략을 통합하여 교수함으로써 교육의 효율성을 높인다.

둘째, 교수 기간에 따라서 미시적이고 거시적인 차원에서 전략 교육을 실시한다. 단기 전략 훈련은 짧은 시간 내에 특정 전략을 배우고 익히는 훈련으로, 초급 학습자나 단기간에 특정 목표를 수행할 목적으로 언어를 배우는 학습자에게 유용하다. 반면 장기 전략 훈련은 거시적인 차원에서 전략 훈련이 언어 교육과정의 목표 가운데 설계되어 다양한 전략을 체계적으로 익힐 수 있도록 하는 것이다. 중·고급 이상의 학습자에게는 장기적이고 거시적인 관점에서 전략 훈련을 계획함으로써, 해당 단원의 목표 및 주제와 연관한 유의미한 활동 속에서 전략을 지도해야 할 것이다.

셋째, 전략 교수 시 학습자 모어, 성별, 연령, 다른 언어 학습 경험, 숙달도 등의 변인을 고려한다. 언어 학습자는 모어 및 개인 변인에 따라 언어 학습 전략 사용에 차이가 있으므로, 이 부분에 유념하여 학습자가 전략적 능력을 함양할 수 있도록 지도한다.

넷째, 과제 수행에 적합한 전략을 지도하며, 실제적인 과제를 제시해 준다. 언어 성취도가 높은 학습자는 전략 사용에 대한 인지가 명확하고, 목표어 지식을 활용하여 맥락 속에서 이해하는 전략 등의 심화된 전략을 효과적으로 활용하는 반면, 성취도가 낮은 학습자는 전략 사용이 단순하고 모어에 대한 의존성이 강하다. 이를 위해서는 주어진 과제에 적절하게 대처하여 과제를 수행하도록 하는 전략 지도가 필요하다. 또한 학습자가 목표어를 적극적으로 활용할 수 있도록 실제 상황에서의 다양한 과제를 제시해 주어야 할 것이다.

다섯째, 학습자가 학습 과정을 반성하고 인지적 처리를 계획, 조정, 통제,

평가하는 자기 주도 학습을 이끌 수 있도록 유도한다. 성취도가 높은 학습자의 경우 스스로 언어 학습의 문제점을 파악하고 해결하고 평가하는 상위 인지 전략을 적극적으로 활용하는 반면, 성취도가 낮은 학습자는 외부 요인에 의해 학습이 이루어지는 경향이 있으므로, 학습자가 상위 인지 전략을 통해 자기 주도 학습이 이루어지도록 지도한다.

여섯째, 전략 교수 시 한국의 사회·문화적인 측면을 고려한다. 각 언어권마다 언어와 문화의 차이가 존재하듯이 전략의 사용법 또한 그러하다. 영어권 화자들은 단어의 모음을 길게 발화함으로써 발화 내용을 강조하는 경향이 있으나 프랑스어 화자들은 동일한 표현을 반복함으로써 화자의 강한 의지를 드러낸다. 따라서 목표어 화자가 대화 상황과 상대에 따라 구사하는 담화 전략의 특성을 파악하는 것이 필요하며, 담화의 맥락을 추론할 수 있는 맥락 속 단서를 찾는 훈련이 이루어져야 할 것이다. 또한 목표어 사회의 구성원들이 체면을 유지하는 기술과 선호하는 대화 스타일에 대한 이해도 요구된다.

1.3 수업에의 적용

언어 학습 전략을 교실에 적용하려는 노력은 전략 기반 교수(strategies-based instruction; SBI)를 생성시키는 요인이 되었다. 전략 기반 교수에서 가장 많이 활용되는 것은 Oxford(1990)의 전략 분류 체계로, 직접 전략과 간접 전략으로 구분된다.

직접 전략은 목표어를 학습하는 것과 직접적으로 관련되는 것으로 학습자가 머릿속에서 언어를 처리하는 과정과 관계된다. 직접 전략에서 기억 전략은 새로운 정보를 저장하고 소통에 필요한 정보를 검색할 때 도움을 준다. 그리고 인지 전략은 목표어를 이해하고 산출하는 데 유용하며, 보상 전략은 부족한 언어 지식을 메우기 위해 활용한다.

제11장 전략 학습

그리고 간접 전략은 언어의 입·출력과 관련하여 간접적으로 활용하는 전략으로 상위 인지 전략, 정의적 전략, 사회적 전략이 해당된다. 여기서 상위 인지 전략은 학습에 집중하고, 학습을 준비·계획하며 평가하는 것으로, 학습자가 자신의 학습 과정을 스스로 조정할 수 있는 능력이다. 그리고 정의적 전략은 학습자의 언어 불안 요소를 제거하고 격려함으로써, 학습자가 자신의 감정과 태도 및 학습 동기를 통제할 수 있도록 도와준다. 마지막으로 사회적 전략은 다른 사람과의 상호작용을 통해 대화를 중재하고 이어가는 전략을 의미한다.

전략 교수와 관련한 많은 연구에서 학습 내용과 전략을 고립적으로 가르치는 것보다 통합하여 지도하는 것이 효과적이며, 공지된 전략 훈련이 내재된 훈련보다 더 성공적인 결과를 가져온다고 언급한다. O'Malley & Chamot(1990)에서는 전략 수업을 다음의 5단계로 제시하고 있다.

이 절에서는 O'Malley & Chamot(1990)의 전략 수업 5단계를 활용하여 중급 수준 한국어 수업의 예를 보이고자 한다. 목표 전략은 사회 정의적 전략 중 상대에게 발화 내용을 다시 말해 줄 것을 요청하거나 발화의 내용에 대해 부연 설명해 줄 것을 요청하는 '확인 질문'과 상대의 발화에 관심, 반감, 의문 등을 드러내는 '반응'이다.

〈준비 단계〉에서는 학습자들이 전략에 대해 인식하고, 목표 학습 내용에 대한 배경지식을 형성할 수 있도록 하는데, 이 단계에서 이루어질 수 있는 〈교사-학생 발화〉의 예를 보이면 다음과 같다.

〈예시 1〉

교사: 여러분은 상대방의 말을 이해할 수 없을 때 어떻게 해요?
학생: 다시 말해 주세요. / 친구의 말을 확인해요.
교사: 네. 상대방의 말을 이해할 수 없을 때에는 '확인 질문'을 하거나, 다시 말해 달라고 요청해요. 오늘은 이 부분에 대해 같이 공부할 거예요.

〈제시 단계〉에서 교사는 시범이나 시각 자료를 활용하여 학습자들에게 목표 전략을 명시적으로 설명해 준다. 다음은 〈제시 단계〉에서 학습자들에게 제시할 '확인 질문'과 '반응' 표현을 정리한 것이다.

〈예시 2〉

- 상대방의 말을 확인하고 싶을 때: 네?, 뭐라고요?
- 상대방의 말에 반응을 보이고 싶을 때: -다고/라고?
  상대방의 말에서 주요 어휘 반복
- 상대방의 말을 다시 듣고 싶을 때: 다시 한 번 말씀해 주시겠어요?

〈연습 단계〉는 학습자의 전략 사용 능력을 발전시키는 단계로 학습자들은 〈제시 단계〉에서 학습한 확인 질문과 반응 표현을 사용하여 유의미한 활동을 수행하게 된다. 예를 보이면 다음과 같다.

〈예시 3〉

※ 확인 질문과 반응 표현을 사용하여 다음의 내용으로 짝 활동을 해 보세요.

| 1A 친구들과 음식을 배달해 먹기로 했습니다. 식당에 전화를 걸어 음식을 주문하세요. |
| 1B 당신은 식당 점원입니다. 배달 전화가 왔는데 식당이 시끄러워서 소리를 잘 들을 수 없습니다. 손님에게 다시 말해 달라고 하세요. |

제11장 전략 학습

〈평가 단계〉에서는 과제 활동에 대한 교사의 평가와 더불어 학습자들이 스스로 전략에 대해 잘 인지하고 있는지 평가하게 된다. 이를 통해 학습자는 상위 인지 전략을 향상시킬 수 있다. 학습자용 자가 평가 문항의 예를 보이면 다음과 같다.

〈예시 4〉

※ 확인해 보세요.

1. 상대의 말을 확인하고 싶을 때 확인 질문을 할 수 있습니까?	□ 네 □ 아니요
2. 상대의 말에 반응 표현을 할 수 있습니까?	□ 네 □ 아니요
3. 상대의 말을 다시 듣고 싶을 때 요청 표현을 할 수 있습니까?	□ 네 □ 아니요

그리고 〈확장 단계〉에서는 실생활적인 과제를 제시해 주어, 학습자가 실제 생활에서도 유용하게 전략을 활용할 수 있도록 한다. 예를 보이면 다음과 같다.

〈예시 5〉

※ 학습한 전략(확인, 반응)을 활용하여, 한 명은 소방관이 되고 한 명은 신고자가 되어 이야기해 보세요.

위치	대처 방법	상황	원인
부산시 금정구 남산동 무궁화아파트	• 소화기가 있으면 불을 끈다. • 연기가 심하면 수건을 물에 적셔 코를 막고 빨리 피한다.	• 아파트 7층에서 시커먼 연기가 불길이 거세지고 있음. • 안에 사람은 없지만 이웃 주민이 불길을 피해 대피하고 있음.	가스 불을 잠그지 않아 발생

〈출처: 쉽게 배우는 한국어회화 중급2〉

1.4 적용상의 유의점

1.4.1 장·단점

전략의 교수 가능성에 대해서는 찬성과 반대의 두 견해가 대립을 이룬다. 첫 번째로는 학습자에게 전략을 교육하지 않더라도 언어 능력이 향상되면서 전략적 능력도 습득된다는 보는 것이다. 이 연구들은 언어 교수에 무게를 두며, 학습자에게 전략이 아닌 언어를 가르쳐야 함을 강조한다. 그러나 보다 많은 연구에서 학습자에게 전략을 적극적으로 지도할 것을 주장하며, 의사소통 전략 훈련을 받은 집단이 훈련을 받지 않은 집단에 비해 의사소통 능력이 향상됨을 명시적으로 보여 주는 결과를 도출해 내고 있다.

1.4.1절에서는 전략 훈련을 통해 학습자의 전략적 능력이 개발될 수 있다는 입장에서, 언어 학습 전략 지도의 장·단점에 대해 알아보고자 한다. 먼저 학습자들에게 전략을 지도하면 다음과 같은 점을 기대할 수 있다.

첫째, 자신에게 맞는 학습 전략을 발견함으로써 스스로 학습 과정을 계획하고 조정하는 능동적인 학습자가 될 수 있다.

둘째, 학습 연령이나 국적, 제2언어 학습 배경 등은 교육을 통해 변화하기 어렵지만 전략 학습은 교육을 통해 효과를 기대할 수 있다.

셋째, 의사소통 과정에서 일어나는 대화의 단절을 해결하고, 부족한 언어 능력을 보완하여 담화 상황을 이어가는 데 도움이 된다.

넷째, 문맥적 단서를 활용하여 담화를 이해하고, 다채로운 상황에 맞게 발화하는 데 유용하다.

한편 전략 학습은 이러한 장점에도 불구하고 다음의 한계점을 지닌다.

첫째, 한국어교육에서 주제별, 담화 상황별 전략 교수 목록 정리가 이루어지지 않아서 현장에 무엇을 교수할 것인지 불분명하다.

둘째, 언어 학습자들은 성별, 연령, 학습 동기, 문화적 배경, 학습 유형 등에 따라 사용 전략과 선호 전략이 다르므로, 이러한 변인에 관한 연구가 필요하다.

셋째, 전략적 능력에 대한 교사의 인식 부족으로 전략 학습을 한국어교육 현장에 적용하는 데 어려움이 있다.

1.4.2 발전적 제언

의사소통 중심 접근 방법은 교실 수업의 목표를 의사소통의 모든 구성 요소에 초점을 둔다. 이것은 언어 교수에서 언어의 구조적인 측면 및 사회·문화적인 면과 더불어 전략적인 측면도 중요하게 다루어야 한다는 것을 의미한다. 이러한 전략적 측면의 긍정적인 발전을 위해서는 다음과 같은 점을 고려할 필요가 있다.

첫째, 전략 학습을 통해 학습자가 자신에게 맞는 전략을 발견하게 된다면, 목표어 습득에 교육적 효과를 기대할 수 있을 것이다. 성공적인 언어 학습자는 학습 전략 사용이 다양하고, 자신이 사용하는 전략을 잘 인지하고 있다. 따라서 교육 현장에서는 언어 학습 전략 지도를 통해 학습자들이 자신에게 맞는 전략을 사용할 수 있도록 도움을 주어야 할 것이다.

둘째, 외국어 교실에서의 연구 결과를 한국어 교육 현장에 맞게 재설계하여 성공적인 학습자를 양성해 나가야 한다. 전략 학습에 대한 연구는 외국어 교실에서 각 영역에 걸쳐 연구되어 다양한 방법론이 제기되고 있다. 이러한 연구의 결과 및 방법을 한국어 수업에 적용하여 학습 내용과 전략을 통합적으로 교수해야 할 것이다.

셋째, 전략 교수에 관한 교사들의 인식을 제고하고 전략을 적극적으로 지도할 수 있도록 교사 재교육이 필요하다. 한국어 학습자를 우수 학습자로 양성하기 위해서는 교사의 역할이 중요한데, 실제 한국어 교사 중 전략 학습의 개념과 유형에 익숙한 교사는 많지 않다. 학습자들이 보다 능동적인 방법으로 목표어를 입력하고, 학습한 것을 산출해 내기 위해서는 교사의 전략적 능력에 대한 인식 전환이 선행되어야 할 것이다.

2. 전략 학습의 연구 동향

2.1 성격

전략은 언어 입력 및 출력 자료 때문에 직면하는 문제를 해결하기 위해 우리가 사용하는 순간순간의 기술이다(Brown, 2004). 전략적 능력은 의사소통 능력을 구성하는 하위 요소에 속하나, 한국어교육에서 이 부분에 대한 연구는 문법적, 담화적, 사회언어학적 능력에 비하여 활발한 논의가 이루어지지 못하였다. 외국어교육학에서의 전략 학습에 대한 연구는 1970년대 이후부터 지금까지 비교적 활발히 진행되어 왔다. 특히 영어 교육 분야에서는 다양한 문화권의 학습자를 대상으로 학습 전략의 사용과 기능별 언어 능력, 숙달도, 학습 동기 등의 상관관계를 관찰하고 분석한 연구물이 꾸준히 발표되고 있다(이정희, 2013).

한국어 학습자의 의사소통 함양을 위해서는 정보를 통제하고 조작하는 전략 학습에 관심을 기울여야 하며, 다양한 학습자 변인에 따른 전략 사용의 양상을 밝히는 것이 필요하다. 이를 위하여 지금까지 이루어진 전략 학습에 관한 연구를 통사적 측면에서 살피고, 향후 어떤 연구가 이루어져야 할 것인지 알아보고자 한다. 이것은 학습자 중심의 교육의 이루어지는 데 의미 있는 작업이 될 것으로 본다.

2.2 연구 대상 자료

전략 학습의 연구 동향을 살피기 위하여 한국교육학술정보원에서 제공하는 '학술연구정보서비스(www.riss.kr)'와 국회도서관에서 '한국어 학습 전략'을 검색한 후, 전략 학습과 직접적으로 연관되는 연구물을 한정하여 분석하였다. 이정희(2013)에서는 2013년 6월까지 학위논문과 학술지 논문에 발표된 한국어 학습 전략 관련 논문 122편을 연구 유형별, 시기별, 주제별, 방법별로 분석하여 그 결과에서 나타난 쟁점 및 과제를 모색하였다. 2.2절에서는 이에 더하여 최근에 이루어진 연구를 포함하여 연도 및 유형별, 연구 방법별, 주제별로 분류하여 전략 학습의 연구 동향을 살펴보았다.[113]

2.2.1 연도 및 유형별 분류

분석 대상으로 삼은 자료는 1996년부터 2017년 4월까지 발표된 박사학위논문과 석사학위논문, 그리고 학술지와 학술대회 발표 자료집에 실린 논문이다. 전략 학습에 관한 시기별 연구 현황을 5년 단위로 살피면 다음과 같다.

〈표 1〉 한국어 학습 전략의 시기별 연구 현황   (단위: 편)

구분	2000년 이전	2000년 ~2004년	2005년 ~2009년	2010년 ~2014년	2015년 ~2017년 4월	계
학위논문	1	7	41	66	55	170
학술지	4	3	9	66	31	113
합계	5	10	50	132	86	283

---

113) 2013년 6월 이전의 연구 자료 분석 내용은 이정희(2013)을 참조하였다.

한국어 학습 전략에 대한 연구는 2017년 4월까지 총 283편이 발표되었는데, 2000년도 이전에는 학위논문 1편과 학술지 논문 4편으로 총 5편의 연구만 이루어졌다. 또한 2004년까지 연구의 수에서 나타나듯이 이렇다 할 성과가 없었다. 그러나 2005년~2009년 시기는 학습 전략에 관한 연구가 본격적으로 이루어지기 시작하는데, 2005년을 기점으로 학습 전략에 관한 연구가 활발히 이루어지고 있음을 학위논문의 수에서 확인할 수 있다. 그리고 2010년 이후부터 2017년 4월까지 양적인 측면에서 연구가 대폭 증가했으며, 2013년 '한국어 학습 전략'을 주제로 개최된 국제한국어교육학회를 기점으로 주제 면에서도 다각적인 연구가 이루어지고 있다. 이상의 한국어 학습 전략을 연구 유형별로 정리하면 다음과 같다.[114]

<표 2> 한국어 학습 전략의 유형별 연구 현황

유형		편 수
학위 논문	박사 학위 논문	12
	석사 학위 논문	158
국내 학술지 및 학술대회 발표집		113

2.2.2 연구 방법별 분류

1996년부터 2017년 4월까지 이루어진 한국어 학습 전략을 연구 방법별로 분류하면 다음과 같다.

---

114) 학술대회 발표 후 논문이 게재된 경우, 학술대회 논문과 학술지 논문을 개별 연구로 처리하여 집계하였다.

제11장 전략 학습   269

〈표 3〉 한국어 학습 전략의 방법별 연구 현황

연구방법			편 수
이론적 연구			37
실증적 연구	양적 연구	설문연구	87
		실험연구	98
	질적 연구	관찰·면담	40
	양적+질적 연구		21

    2013년 6월까지 이루어진 연구물은 모두 122편이고, 2013년 6월 이후부터 2017년 4월까지 발표된 연구물은 161편으로, 근래에 들어 전략 학습에 관한 연구가 급증하고 있음을 확인할 수 있다. 이론적 연구는 2013년 6월을 기준으로 3배 이상 증가하였는데, 대부분 선행 연구나 교재 분석을 통해 연구 결과를 도출하려 하였고, 한국어 학습 전략의 연구 동향에 대한 분석이 이루어졌다.

    설문, 실험, 관찰 등을 통한 실증적 연구는 전략 학습 전체 연구의 87%를 차지할 정도로 활발히 이루어지고 있다. 2013년 6월 이전에는 실험연구의 비중이 57%로 과반수를 차지하였으나, 최근에 이루어진 연구를 살피면 설문을 통한 표본 조사 방법이 급증한 것을 알 수 있다. 설문 연구 중 다수는 Oxford(1990)에서 소개한 SILL(strategy inventory for language learning)을 기반으로 하여 분류 체계를 구성하고 있으며, 연구물의 주제와 특성에 따라 다양한 척도를 활용하고 있다.[115] 근래에 와서는 화행에 대한 연구가 활발한데, 전략적 측면에서 이를 분석하려는 시도가 이어지고 있다. 화행 전략 연구에서 가장 활발하게 사용하고 있는 것은 담화 완성형 테스트(discourse completion test; DCT)이다.[116]

---

[115] 외국어 읽기 불안 척도, 외국어 읽기전략 척도, 구두의사소통 전략 목록, MSLQ 검사도구, 영어 학습동기 척도, 어휘 학습 전략 목록 등이 이에 해당한다.

[116] 담화 완성형 테스트는 질문지를 통해 다양한 변인을 포함하여 상황을 제시해 주면, 거기에 맞추어 피험자들이 답안을 작성하는 것으로 작문형과 구두형의 형태를 띤다.

한편 질적 연구도 실험 연구와 마찬가지로 2013년 6월을 기준으로 연구물이 급증한 것을 확인할 수 있다. 이는 학습자의 전략 사용 양상을 살피기 위해 학습자를 관찰하거나 심층 면담이 이루어진 경우가 많고, 전략 수업 모형을 찾기 위해 수업을 관찰하는 사례가 확대되었기 때문이다. 또한 의사소통 전략에 대한 연구가 활발해지면서 담화 분석 연구가 증가한 데에서 원인을 찾을 수 있다.

또한 이 시기에 양적, 질적 연구를 병행하는 사례가 많아졌는데, 이는 목표 학습자 층의 학습 전략을 면밀히 밝히고, 학습자 변인별 특성을 구체적으로 알아보려는 시도로 보인다.

2.2.3 연구 주제별 분류

이병민(2003)과 이정희(2013)의 분류를 참조하여 한국어 학습 전략을 주제별로 분류하면 다음과 같다.[117]

〈표 4〉 한국어 학습 전략의 주제별 연구 현황 (단위: 편)

	전략 분류 기준	전략 사용 양상	전략 훈련의 효과	학업 성취도에 미치는 영향	학습자 변인의 상관관계	교육제재 개발 및 교수방안 연구	전략 사용의 인지적 과정	전략연구 검토 및 향후과제
2000년 이전	1	1		2	1	1	1	
2000년~2004년	1	4	3			2	1	
2005년~2009년		11	11	6	2	14	3	
2010년~2014년	3	46	5	19	15	38	2	4
2015년~2017년		48	2	4	8	22		2
계	5	110	21	31	26	77	7	6

---

117) 이정희(2013)에서는 화행 전략과 의사소통 전략에 대한 연구는 분석 대상에서 제외하거나 간략하게 다루고 있어, 이 시기의 화행 전략과 의사소통 전략에 관한 연구는 누락된 것이 있음을 밝혀 둔다.

제11장 전략 학습   271

　언어 학습 전략의 개념 기술 및 분류 기준 설정에 관한 논의는 총 5편으로 각 연구에서는 언어 학습 전략이 무엇인지 정의하고, 전략을 유형별로 나누어 분석해 준다. 그리고 전략 사용 양상에 관한 연구는 전체 연구물의 약 40%를 차지할 만큼 많은 논의가 이루어지고 있는데, 말하기, 듣기, 읽기, 쓰기의 기능별 학습 전략과 언어권별 학습자의 화행 전략 및 의사소통 전략 연구를 포함한다. 전략 훈련의 효과에 관한 것은 듣기와 쓰기 영역에서 활발히 이루어지고 있으며, 근래에 와서는 말하기, 쓰기, 어휘, 화법 등에서도 검증이 되고 있다.

　전략이 언어 능력 및 학업 성취도에 미치는 영향에 대한 연구와 언어 학습 전략과 학습자 변인의 상관관계에 대한 연구는 2010년을 기점으로 확대되고 있다. 그리고 전략을 활용한 교육 제재 개발 및 교수(수업) 방안 연구는 2005년, 언어 학습 전략의 교수 방안 연구는 2010년 이후 기능별, 장르별로 다양하게 이루어지고 있다.

　한편 언어 학습 전략 사용에서의 인지적 과정(정보 처리 과정) 연구는 한국어 학습 전략 연구 초기부터 중기까지 간헐적으로 이루어지고 있으나, 근래에는 이 부분에 대한 논의가 활발하지 않다. 마지막으로 2010년 이후 화행 전략과 의사소통 전략에 관한 논의가 폭넓게 진행되고 있으며, 학습 전략에 대한 연구물이 쌓이면서 학습 전략 연구 검토 및 향후 과제에 대한 논의가 발표되고 있다.

2.3 연구 동향 분석

　외국어교육은 전략을 언어 학습에 도입한 이후, 학습자의 전략 사용 양상과 전략 교육의 효과 검증이 주축이 되어 연구가 이루어져 왔다. 그리하여 성공적인 언어 학습자가 가지는 언어 학습 전략의 특성을 밝히고, 학습자 변인에 따른 전략들에 주목하였다. 또한 명시적인 전략 교육을 통해 언어 능력을 함양할 수 있음을 실험과 사례를 통해 보여 주었다.

한국어 학습 전략은 1990년대 중·후반에 이르러 학습 전략의 개념을 정립하고, 한국어 학습자의 사용 전략을 분류한 연구를 시작으로, 학습 전략이 언어 능력과 학업 성취도에 미치는 영향, 한국어에 대한 학습자의 인지적 전략에 대한 논의가 이어졌다. 2000년에 들어서는 전략 사용과 학습자 변인에 대한 상관관계, 언어 기능별 학습 전략 사용 양상, 전략 훈련의 효과, 학습 전략을 활용한 교수 방안 등 연구의 폭이 넓어지기 시작하였다.

학습 전략에 관한 본격적인 논의는 2005년 이후부터로 볼 수 있다. 이 시기에 언어 기능별 학습 전략 훈련의 효과 검증에 관한 연구, 한국어 학습 전략을 활용한 교육 제재 개발 및 수업 방안에 대한 연구가 활발해졌나. 2013년 국제한국어교육학회에서 '학습 전략'을 주제로 학술대회를 개최한 이후부터는 연구의 주제가 보다 다각화되고 연구물의 수가 현격히 증가하였다.

학습 전략 양상에 관한 연구는 2010년 이후부터 말하기, 듣기, 읽기, 쓰기, 어휘, 문법 등 기능별 학습 전략과 중국어, 베트남어, 아랍어, 러시아어, 일본어 등 언어권별 학습 전략의 특성을 넘어, 여성결혼이민자, 학문 목적, 다문화가정 자녀, 선교사 등 학습 목적별로 다채로운 연구가 이루어지고 있다. 또한 학습 전략이 언어 능력과 학업 성취도에 어떤 영향을 미치는지에 대한 연구도 활발하게 진행 중이다.

여기서 주목할 것은 외국어교육에서 언어 학습 전략 훈련의 효과에 대한 검증은 학습 전략 연구의 큰 축을 형성할 정도로 많은 논의가 있으나, 2010년 이후 한국어교육에서는 이 부분에 대한 연구는 감소하고, 언어 학습 전략과 학습자 변인의 상관관계를 다룬 연구가 급증한다는 점이다. 학습자 변인에 따른 연구를 통해서는 성별, 연령, 제1언어, 다른 언어 학습 경험, 학습 동기 및 태도, 학습자 불안 등이 학습 전략의 사용에 유의한 영향을 미치고 있음을 보여 준다(이정희, 2013).

2010년 중·후반기에 들어서는 출력의 관점에서 담화 완성형 테스트 및

제11장 전략 학습

담화 분석을 통한 화행 전략과 의사소통 전략에 대한 논의가 활발한 편이다. 이러한 연구는 한국 사회와 학습자 모국의 언어문화적 차이를 인식하고, 학습자들이 전략적으로 한국어를 발화할 수 있도록 하는 데 유용한 자료가 된다. 한국어를 배우는 학습자 층이 다국적, 다목적화되고 있는 현재, 성공적인 학습자의 전략 양상을 살펴, 교육 현장에 적용하려는 노력이 지속되어야 할 것이다.

2.4 향후 과제와 제언

지금까지 전략 학습의 연구 동향에 대해 살펴보았다. 선행 연구의 제언을 바탕으로 한국어 학습 전략의 향후 과제를 정리하면 다음과 같다.

첫째, 한국형 학습 전략 목록에 대한 연구와 도출된 목록의 효과를 검증하는 연구가 지속적으로 이루어져야 할 것이다. 대부분의 학습 전략 연구는 Oxford(1990)에 제시된 학습 전략의 유형과 목록을 그대로 사용하거나, 일부 변형하여 사용하고 있다. 앞으로는 학습 전략에 관한 양적, 질적 연구를 통해 검증된 한국어 학습 전략 목록을 추출하고, 도출된 전략이 효과적인지에 대한 후속 연구가 이루어져야 할 것이다.

둘째, 성공적인 학습자의 특성에 대한 연구가 다각적으로 이루어질 필요가 있다. 이는 연구의 양적 측면에서도 가장 연구가 덜 된 주제이기도 하다. 학습자 변인은 바꾸기 힘들지만, 학습 전략은 노력을 통해서 개선이 가능하므로, 이 부분에 대한 연구가 중요하다. 성공적인 학습자들이 상위 인지 전략을 어떻게 사용하는지, 학습 내용을 기억하기 위해 어떤 방법을 활용하는지 등을 살피는 것은 다양한 한국어 학습자들이 성공적인 언어 학습으로 가는 데 유용한 지름길이 될 수 있다.

셋째, 중도입국자녀, 다문화가정 자녀, 다문화 장애 아동 등의 학습 전략 사용 양상 및 이들의 변인별 특성에 대한 연구가 필요하다. 한국은 다문화사회로 급변하고 있으나, 다문화가정과 한국의 제도권 교육은 다문화가족 구성원을 받아들이기에는 아직 미성숙한 상태이다. 현재까지 학습 전략에 관한 연구는 성인 학습자를 대상으로 이루어진 경우가 많았다. 따라서 이들 자녀에 대한 변인별 특성과 학습 전략을 살펴, 이들이 한국사회에 빠르게 적응해 갈 수 있도록 해야 할 것이다.

참고문헌

손성희(2011), '한국어 학습자의 언어 학습 전략 분석 연구', 연세대학교 대학원 박사학위논문.
심영택 외 옮김(1995), 「언어 교수의 기본 개념」, 하우.(Stern, H. *Fundamental Concepts of Language Teaching*, Oxford University Press, 1983.)
우형식(2006), 「외국어로서의 한국어 교육론」, 부산외국어대학교 출판부.
이병민(2003), '외국어 교육에서 학습자 변인으로서의 언어 학습 전략-연구 동향 및 방향', 「한국어교육」 14-3, 국제한국어교육학회.
이양혜 외(2009), 「쉽게 배우는 한국어 회화 중급 2」, 랭기지플러스.
이영식 외 옮김(2006), 「외국어 평가」, Pearson Education Korea.(Brown, H. Douglas., *Language Assessment: Principles and Classroom Practices*, Prentice-Hall, 2004.)
이정희(2013), '한국어 학습 전략 연구의 과제', 「한국어교육」 24-4, 국제한국어교육학회.
조위수(2012), '한국어 학습자의 의사소통 전략 사용 양상과 교수 방안 연구-반복을 중심으로', 부산외국어대학교 대학원 박사학위논문.
황주하(2009), '한국어 고급 학습자의 인지 과정 분석 연구', 경희대학교 교육대학원 석사학위논문.

Canale, N. & Swain, M.(1980), Theoretical Bases of Communicative Approaches to Second Language Teaching and Testing, *Applied Linguistics* 1.
Chomsky, N.(1965), *Aspects of the Theory of Syntax*, MIT Press.
Corder, S.(1983), Strategies of Communication in C. Faerch & G. Kaser (Eds.), *Strategies in Interlanguage Communication*, Longman.
Dörnyei, Z.(1995), On the Teachability of Communicative Strategies, *TESOL Quarterly* 29.
Faerch, C. & Kasper, G.(1983), *Introduction. Strategies in Interlanguage Communication*, Longman.
Hymes, D.(1967), *On Communicative Competence*, Unpublished manuscript, University of Pennsylvania.
O'Malley, J. & Chamot, A.(1990), *Learning Strategies in Second*

Language Acquisition, Cambridge University Press.
Oxford, R. L.(1990), *Language Learning Strategies: What Every Teacher Should Know*, Heinle & Heinle.
Rubin, J.(1975), What the "good language learner" can teach us, *Tesol Quarterly* 9(1).
Selinker, L.(1972), Interlanguage, *IRAL* 10.
Swain, M.(1984), *Large-Scale Communicative Language Testing*, In Savignon & Berns.
Tarone, E.(1980), Communication Strategies. Foreign Talk and Repair in the Foreign Language Classroom, *Studies Language Learning* 4.
Tarone, E.(1983), Teaching Strategies Competence in the Foreign Language Classroom, *Studies Language Learning* 4.
Varadi, T.(1973), 'Strategies of Target Language Learner Communication: Message adjustment', Paper presented at the Sixth Conference of the Romanian-English Linguistics Project, Reprinted 1980 in the *International Review of Applied Linguistic* 18.
Yule, G. & Tarone, E.(1990), *Eliciting the Performance of Strategic Competence*, In Scarcella, Andersen, & Krashen (Eds.), *Developing Communicative Competence in a Second Language*, Newbury House.

【부록】 전략 학습 연구 논문 목록

1. 학위논문
- 박사학위논문

강금염(2016), '중국인 결혼이민자를 위한 중국어 강사로서의 직업문식성 관련 기본 어휘 선정과 학습 전략 연구', 인하대학교 대학원.
강승혜(1996), '제2언어로서의 한국어 학습자의 언어학습 전략 유형 및 학습 결과 분석 연구', 연세대학교 대학원.
기준성(2009), '중국어권 한국어 학습자의 읽기 전략 연구', 상명대학교 대학원.
량성애(2016), '중국인 학습자의 한국어 학습 전략 연구', 영남대학교 대학원.
손성희(2011), '한국어 학습자의 언어 학습 전략 분석 연구', 연세대학교 대학원.
이경애(2015), '여성결혼이민자의 학습양식과 한국어 학습 전략 분석 연구-

제11장 전략 학습							277

　　　중국어권과 베트남어권 학습자를 대상으로', 동국대학교 대학원.
이유림(2016), '한국어 학습자의 어휘 학습 전략이 표현 어휘력 향상에 미치는 효과 연구', 경희대학교 대학원.
이윤자(2016), '학문 목적 한국어 읽기 교육의 읽기 전략 수업 연구', 숙명여자대학교 대학원.
이은경(2013), '학문 목적 한국어 학습자의 요약문 쓰기과정에 대한 연구-사고발화법을 통한 전략 사용 양상을 중심으로', 연세대학교 대학원.
이정민(2010), '한국어 어휘 학습 전략 연구', 경희대학교 대학원.
이혜원(2016), '한국어 학습자를 위한 공감적 청자 반응 전략 연구', 부산외국어대학교 대학원.
정윤나(2015), '한국어 학습자의 정의적 요인과 읽기 전략의 상관성 및 인과성 연구', 충북대학교 대학원.

-석사학위논문

강경아(2016), '한국어 중 · 고급 학습자의 쓰기 전략 연구', 경희대학교 대학원.
강시내(2016), 'TOPIK 듣기 문제 유형별 전략 활용과 학습 · 교육방안 연구', 전주대학교 대학원.
강혜민(2016), '한국어 중급 듣기 교재 개발-전략학습을 중심으로', 이화여자대학교 외국어교육특수대학원.
강효정(2015), '중국인 학습자의 거절 화행 전략 사용 연구-학습 환경과 학습 기간을 중심으로', 경희대학교 대학원.
곽주(2015), '중국인 고급 한국어 학습자의 한자어 추측 전략 사용 양상-언어 교수 · 학습 환경을 중심으로', 연세대학교 대학원.
김경미(2012), '학문 목적 한국어 학습자를 위한 요약하기 전략 연구-설명적 텍스트를 중심으로', 한성대학교 대학원.
김경민(2013), '한국어 통합교재에서의 어휘 학습 전략 적용 방안 연구', 경희대학교 교육대학원.
김경민(2013), '한국어 통합교재에서의 어휘 학습 전략 적용 방안 연구', 경희대학교 교육대학원.
김계현(2009), '학문 목적 학습자를 위한 읽기 전략 사용 연구-그래픽 조직자를 활용한 읽기 전략을 중심으로', 경희대학교 교육대학원.
김나연(2012), '한국인 일본어 학습자의 학습 전략 연구-격조사 오용을 중심으로', 단국대학교 교육대학원.
김남주(2015), '자기 질문 전략을 활용한 한국어 읽기 수업 구성 및 효과 연구', 경희사이버대학교 문화창조대학원.

김다혜(2007), '학문 목적 한국어 학습자의 읽기 능력 향상을 위한 마인드맵 활용 연구', 이화여자대학교 교육대학원.

김미연(2016), '한국어 학습자의 발음 학습 전략 연구-자기 조절 언어 학습 모델을 중심으로', 한국외국어대학교 교육대학원.

김미희(2012), '한국어 독해력 향상을 위한 한·중 대학생 읽기 전략 비교 연구', 한양대학교 교육대학원.

김보경(2014), '마인드맵 활용 전략이 한국어 중급 학습자의 읽기 능력에 미치는 영향', 이화여자대학교 교육대학원.

김보경(2017), '다문화가정 유아와 한국어 교사의 상호작용 지원 전략 연구', 계명대학교 대학원.

김상환(2016), '초급 한국어 학습자를 위한 말하기 수업 시 의사소통전략 활용 방안', 한양대학교 교육대학원.

김새미(2014), '듣고 메모하기 전략 훈련이 한국어 듣기 능력과 정의적 측면에 미치는 영향 연구', 이화여자대학교 교육대학원.

김선주(2008), '성공적인 한국어 학습자의 학습 전략 사용에 관한 연구', 경희대학교 교육대학원.

김성경(2009), '숙달도에 따른 한국어 학습자의 문어텍스트 응결장치 사용 양상 연구', 중국인 한국어 학습자의 논설텍스트를 중심으로, 이화여자대학교 대학원.

김영은(2015), '베트남인 외국인 근로자들의 의사소통 전략 사용 양상 연구', 연세대학교 교육대학원.

김은령(2014), '중국인 학습자의 한국어 관용표현 이해 전략 분석과 교수 방안 연구', 부산외국어대학교 대학원.

김은정(2002), '한국어 학습자의 듣기 전략 훈련 효과에 관한 연구', 이화여자대학교 교육대학원.

김자영(2017), '외국인 유학생 대상 어휘 학습 전략 기반 생명과학 전문어 교재 개발', 이화여자대학교 외국어교육특수대학원.

김정애(2000), '과정 중심의 한국어 쓰기 교육 방안-피드백을 이용한 다시 쓰기 전략을 중심으로', 이화여자대학교 교육대학원.

김치리(2012), '담화 표지어 활용 전략이 한국어 읽기 이해에 미치는 영향', 이화여자대학교 교육대학원.

김혜경(2012), '그래픽 조직자를 활용한 한국어 읽기-쓰기활동이 학습자의 요약 능력 향상에 미치는 영향 연구-설명적 텍스트 구조를 중심으로', 선문대학교 교육대학원.

김혜윤(2017), '초급 한국어 학습자의 학습 동기 유발을 위한 교사의 발화 전략', 부산교육대학교 교육대학원.
김혜진(2013), '한국어 어휘 교육을 위한 핵심어 기법 연구', 가톨릭대학교 대학원.
김효주(2017), '베트남인 한국어 학습자의 학습 전략 연구', 상명대학교 교육대학원.
김희진(2012), '학문 목적 학습자를 위한 쓰기 전략 교수 방안 연구', 계명대학교 대학원.
나세연(2015), '중급 한국어 학습자의 의사소통전략 사용 양상 연구-영어권과 일본어권 한국어 학습자의 비교를 중심으로', 연세대학교 교육대학원.
나원주(2008), '자기 점검식 피드백이 한국어 학습자의 쓰기능력 향상에 미치는 영향', 이화여자대학교교육대학원.
남상은(2011), '어휘 학습 전략이 어휘 기억에 미치는 영향', 경희대학교 대학원.
남유진(2013), '문맥 추론을 활용한 한국어 어휘 학습 과제 개발 연구', 경희대학교 교육대학원.
남정희(2013), '학문 목적 한국어 학습자를 위한 중심 내용 파악하기 지도 방안 연구', 경희대학교 교육대학원.
노미경(2011), '생각말하기 활동을 통한 한국어 학습자의 읽기 전략 지도방안 연구', 배재대학교 대학원.
노선미(2007), '학문 목적 한국어 학습자의 강의 듣기 전략 교육 연구', 배재대학교 대학원.
류계영(2010), '그림자처럼 따라 읽기가 한국어 학습자의 듣기 능력 향상 및 학습 태도에 미치는 영향- 학문 목적 학습자를 대상으로', 이화여자대학교 교육대학원.
맹연혜(2015), '중국인 한국어 학습자의 읽기 전략 사용 양상 연구-사고구술법을 통하여', 경희대학교 대학원.
맹흔(2014), '한 · 중 동형이의 한자어 대조 분석을 통한 학습 전략', 상명대학교 대학원.
모뢰(2012), '학문 목적 중국인 학습자를 위한 읽기 전략 연구', 경희대학교 대학원.
문진희(2013), '오류일지 작성이 한국어 쓰기의 문법 오류 감소에 미치는 영향-중급 학습자의 조사 · 어미 오류를 중심으로', 이화여자대학교 교육대학원.

민경아(2017), '다문화 배경 학습자를 위한 학습 도구어 선정 및 자기 주도적 어휘 학습 방안 연구-중학교 1학년 주요 교과를 중심으로', 고려대학교 교육대학원.
박성은(2008), '중급 단계 중국인 한국어 학습자의 한자 어휘 학습 전략 연구-의미 발견 전략을 중심으로', 이화여자대학교 대학원.
박세영(2016), '상위 인지 전략을 활용한 한국어 쓰기 교육 사례 연구-자기 점검하기 전략을 중심으로', 이화여자대학교 교육대학원.
박수경(2003), '한국어 학습자의 자기조절학습 요인에 대한 연구-일본인 학습자를 중심으로', 이화여자대학교 대학원.
박수영(2015), '거주기간과 학습기간이 한국어 학습자의 어휘 학습 전략에 미치는 영향', 이화여자대학교 국제대학원.
박수정(2008), '한국어 학습자를 위한 과제 중심 읽기 전략 교수 방안 연구', 한국외국어대학교 교육대학원.
박수지(2002), '한국어 교육에서의 설명적 텍스트 교수 방안-형식 스키마 활성화 전략을 중심으로', 이화여자대학교 교육대학원.
박수현(2008), '학습 전략을 활용한 한국어 어휘 교재의 단원 구성 방안 연구', 한국외국어대학교 교육대학원.
박신영(2007), '고급 한국어 학습자의 어휘 처리와 추론 전략에 대한 연구', 연세대학교 교육대학원.
박효은(2008), '자기수정을 통한 차이 주목하기가 한국어 말하기 정확성에 미치는 영향-원인 연결어미와 연결표현을 중심으로', 이화여자대학교 국제대학원.
부 티 응옥 안(2011), '베트남 학습자를 위한 한국어 한자어 학습 전략', 부산대학교 대학원.
서효원(2010), '질문 생성 전략을 활용한 장르 중심 한국어 쓰기 교육 방안 연구', 한국외국어대학교 교육대학원.
서희연(2009), '어휘 학습 전략 활동을 활용한 한국어 수업 방안 연구-의미 풀어 표현하기 전략 활동을 중심으로', 경희대학교 교육대학원.
손경숙(2000), '한국어 학습자의 읽기 전략 훈련과 학습 결과 분석 연구', 연세대학교 교육대학원.
손옥화(2014), '중국 거주 학습자의 한국어 말하기 능력 향상을 위한 학습 전략 연구-중·고급 학습자를 중심으로', 숙명여자대학교 대학원.
손정란(2009), '노트 필기 전략 훈련이 학문 목적 한국어 학습자의 강의 듣기에 미치는 효과', 이화여자대학교 국제대학원.
신보미(2012), '상위 인지 전략을 활용한 한국어 쓰기 교육 방안 연구-중급 학습자를 대상으로', 고려대학교 교육대학원.
신선경(2013), 'KSL 학습자와 한국어 모어 화자의 듣기 전략 사용 비교 연구', 경희대학교 교육대학원.
신유진(2009), '한국어 학습자를 위한 쓰기 학습 전략 연구', 숙명여자대학교 대학원.
신은경(2009), '한국어 읽기 텍스트 유형에 따른 효율적인 읽기 전략 배양 연구', 배재대학교 일반대학원.
신은주(2015), '한국어 학습자의 학습 부진과 메타인지 학습 전략과의 상관관계', 경희대학교 교육대학원.
신희랑(2009), '요약하기 활동이 한국어 학습자의 독해 능력과 읽기 처리 능력에 미치는 영향-학문 목적 중국인 학습자를 대상으로', 이화여자대학교 교육대학원.
심수현(2016), '중남미 지역 학문목적 한국어 학습자를 위한 전략 기반 중심 한국어 읽기 교재 개발', 이화여자대학교 외국어교육특수대학원.
심지연(2017), '학문 목적 한국어 학습자를 위한 담화통합 쓰기 전략 개발 방안 연구', 고려대학교 대학원.
양서연(2014), '한국어 교육에서 읽기 전략을 통한 시 교육 방법 연구', 호남대학교 대학원.
양은영(2016), '자기조절적 쓰기 훈련을 통한 한국어 쓰기 과제 수행의 향상도 연구-학문목적 학습자들을 대상으로', 고려대학교 대학원.
여순민(2002), '고급 한국어 학습자의 글쓰기 전략 연구-'문제-해결' 글쓰기 중심으로', 연세대학교 교육대학원.
오선경(2006), '대학 수학 목적의 한국어 듣기 교육 방안 연구-강의 담화의 특질과 듣기 전략 적용을 중심으로', 고려대학교 교육대학원.
오은희(2009), '한국어 학습자의 어휘추측전략 분석 연구-한자권·비한자권 중·고급 학습자를 대상으로', 연세대학교 교육대학원.
왕사혜(2016), '거절화행에서의 공손성 인식 및 전략 실현 양상-한국어 모어 화자와 고급 중국인 한국어 학습자의 비교를 중심으로', 연세대학교 대학원.
왕양(2015), '중국인 학습자를 위한 한국어 읽기 전략 교육 방안', 경희대학교 대학원.
왕억문(2014), '학문 목적 중국인 고급 학습자의 한국어 읽기 능력과 전략 사용 연구', 연세대학교 대학원.
우진아(2013), '중국어권 한국어 학습자의 학습 양식과 읽기 전략 사용 분석 연구', 연세대학교 교육대학원.

원원(2010), '중국인 한국어학습자의 하이퍼텍스트 읽기 전략에 관한 연구', 영남대학교 대학원.

원종미(2014), '한국어 학습자의 듣기 전략 연구-한국어능력시험 텍스트 유형 중심으로', 인하대학교 교육대학원.

유사사(2015), '중국인 한국어 학습자의 설득 화행 실현 양상 연구-설득 전략을 중심으로', 계명대학교 대학원.

유서천(2011), '중국인 학습자를 위한 한국 한자어 어휘 학습 전략의 연구-한·중 한자어 의미 대조를 중심으로', 서울시립대학교 대학원.

유아경(2017), '한국어 학습자의 거절 화행 전략 연구-중국인과 일본인 학습자와의 비교를 중심으로', 동국대학교 대학원.

윤경미(2009), '어휘 교수·학습 전략이 어휘 능력 향상에 미치는 영향 연구-어휘 의미지도 그리기를 중심으로', 연세대학교 교육대학원.

윤세윤(2007), '한국어 학습자의 학습 불안과 학습 전략의 상관관계 연구', 경희대학교 교육대학원.

윤유선(2007), '어휘 학습 전략 훈련을 통한 한국어 학습자의 한자어 학습 효과', 이화여자대학교 대학원.

윤지현(2017), '쓰기 모니터 전략 사용 양상이 쓰기 유창성에 미치는 영향 연구-한국어 고급 학습자를 대상으로', 경희대학교 대학원.

이강순(2007), '일본인 고급 한국어 학습자의 요청 화행 연구-전략과 표현을 중심으로', 이화여자대학교 대학원.

이명우(2010), '학습자 질문생성 전략이 한국어 읽기 능력에 미치는 효과 연구', 연세대학교 교육대학원.

이미림(2016), '페이스북을 활용한 한국어 어휘 학습 전략 연구', 경희사이버대학교 문화창조대학원.

이미영(2001), '외국어로서 한국어 학습자의 학습 전략 연구-발화오류자료의 전산코딩을 이용하여', 고려대학교 교육대학원.

이미지(2007), '외국어 쓰기 활동에서 오류 일지의 효과', 부경대학교 교육대학원.

이선미(2010), '말레이시아인 한국어 고급 학습자의 토론 담화표지 사용 연구', 이화여자대학교 교육대학원.

이수강(2017), 'K-pop을 활용한 한국어 듣기 전략 교육 방안 연구-학습자의 듣기 전략 사용과 인식 변화를 중심으로', 경희사이버대학교 문화창조대학원.

이순영(2009), '듣기 노출 전략이 한국어 듣기 능력에 미치는 영향 연구-중국인 초급 한국어 학습자를 대상으로', 경희대학교 교육대학원.

제11장 전략 학습

이슬비(2016), '다문화 학생의 토론 전략 및 토론 표현 향상을 위한 한국어 토론 교재 개발', 이화여자대학교 외국어교육특수대학원.
이암(2008), 'KGP 수업에서 토론 전략 훈련이 말하기 능력에 미치는 영향-중국인 한국어 중급 학습자를 대상으로', 이화여자대학교 국제대학원.
이영(2016), '韓國語 母語話者와 在韓 中國人 韓國語 高級學習者의 稱讚 反應 戰略 比較研究-韓國語 話行敎育을 中心으로', 중앙대학교 대학원.
이은영(2016), '상위 인지 전략 훈련이 한국어 학습자의 쓰기 능력에 미치는 영향 연구', 이화여자대학교 교육대학원.
이정민(2006), '한국어 학습 전략 활동 프로그램 개발 연구-과제별 언어 학습 전략을 기반으로', 연세대학교 교육대학원.
이지아(2011), '어휘 학습 전략을 활용한 학문 목적 한국어 교육 방안 연구', 한국외국어대학교 교육대학원.
이지은(2012), '여성결혼이민자의 언어 학습 전략 분석 연구', 경남대학교 대학원.
이지현(2013), '몽골인 고급 한국어 학습자의 토론 담화에 나타난 말 끼어들기 양상 연구', 연세대학교 교육대학원.
이향숙(2009), '사고구술을 통한 한국어 학습자의 읽기과정 연구', 고려대학교 교육대학원.
이혜영(2009), '발음전략을 이용한 한국어 발음교육의 효용성 연구', 계명대학교 대학원.
이효신(2009), '중국인 학습자의 한국어 어휘 학습 전략 연구', 영남대학교 대학원.
임우열(2015), '한국어 학습자의 학습 환경, 언어 적성과 발음 숙달도, 발음 학습 전략 간의 상관성 연구', 경희대학교 대학원.
장미숙(2005), '의사소통전략 훈련이 한국어 학습자의 말하기 수행에 미치는 효과', 이화여자대학교 교육대학원.
장지영(2009), '문맥을 통한 어휘추론 전략의 교수가 우연적 한국어 어휘학습과 읽기 이해에 미치는 영향', 이화여자대학교 교육대학원.
장혜(2014), '중국인 한국어 학습자의 읽기 불안과 읽기 전략 연구', 경희대학교 대학원.
전영분(2011), '중국인 한국어 학습자의 읽기 초인지 전략과 읽기 효능감과의 관계 연구', 연세대학교교육대학원.
전진숙(2016), '학문 목적 한국어 학습자의 읽기 전략 지도 및 사용에 관한 연구', 이화여자대학교 교육대학원.
전홍(2010), '중국인 한국어 학습자를 위한 읽기 교육 연구-읽기 전략 사용을 중심으로', 서울대학교 대학원.
정봉학(2016), '토크쇼에서 진행자와 출연자의 말 끼어들기 분석-<비정상회담>을 중심으로', 연세대학교 대학원.
정서영(2008), '고급 단계 중국인 한국어 학습자의 한자어 어휘 교수-학습 전략 연구', 상명대학교 교육대학원.
정선영(2010), '단어 분석 전략과 문맥 단서 활용을 통한 한자어 접미사 교육이 비한자권 학습자의 어휘력 향상에 미치는 영향', 이화여자대학교 국제대학원.
정성헌(2010), '한국어 학습자의 학습 동기 및 태도에 따른 학습 전략 연구-한국과 중국에서의 한국어 학습자를 중심으로', 계명대학교 대학원.
정소휘(2016), '중국인 한국어 학습자의 담화에 나타난 코드 스위칭 양상 연구', 경희대학교 교육대학원.
정수아(2011), '담화 표지어를 활용한 읽기 전략이 한국어 읽기 능력에 미치는 영향', 영남대학교 대학원.
정일함(2016), '학습 환경이 요청화행 전략 및 표현에 미치는 영향-중국인 학습자를 중심으로', 연세대학교 대학원.
정종수(2013), '한국어 고급 학습자들의 목적별 읽기 전략 사용 양상 연구-학습 읽기와 즐거움을 위한 읽기를 중심으로', 고려대학교 교육대학원.
정희연(2009), '학문 목적 한국어 강의 듣기 교재 개발 연구-노트 필기 전략 교육을 중심으로', 배재대학교 일반대학원.
조광호(2014), '일본인 학습자를 위한 한국어 한자 어휘 교육 전략-한자음 활용을 중심으로', 한국외국어대학교 교육대학원.
조윤지(2012), '학습자 유형에 따른 말하기 학습 전략 연구-문법 학습 전략과의 상관성을 중심으로', 경희대학교 교육대학원.
조인순(2005), '문제 해결 쓰기 교육이 한국어 학습자의 쓰기 능력에 미치는 영향 연구', 이화여자대학교 교육대학원.
조현아(2014), '비명시적 문맥 단서를 활용한 읽기가 문맥 추론 전략 향상과 우연적 어휘 학습에 미치는 영향', 부산외국어대학교 교육대학원.
조희경(2015), '학문 목적 한국어 학습자의 발표 전략 교육 방안', 부산대학교 대학원.
진연주(2013), '듣기 텍스트 유형에 따른 듣기 전략 연구-한국어능력시험 듣기 문항 대상으로', 고려대학교 교육대학원.
찌앙레이(2014), '인지 전략을 활용한 한국어 읽기 교육 방안 연구', 호남대학교 대학원.
차유나(2016), 'KAP 학습자를 위한 전략 중심의 한국어 읽기 쓰기 통합 교

제11장 전략 학습

재 개발 연구', 이화여자대학교 외국어교육특수대학원.
천혜영(2010), ' '듣기 전 활동'이 한국어 학습자의 듣기에 미치는 영향 연구-예측전략(Predicting)을 중심으로', 영남대학교 대학원.
최보미(2011), '자기 조정 전략이 한국어 고급 학습자의 자기 주도적 쓰기에 미치는 효과 연구-과정-장르 통합 교육을 중심으로', 고려대학교 대학원.
최섭(2016), '중국인 중급 학습자를 위한 한국어 어휘 학습 전략 교수 방안 연구', 고려대학교 교육대학원.
최수정(2012), '상위 인지전략 훈련이 한국어 듣기 학습에 미치는 영향 연구', 고려대학교 교육대학원.
최수진(2014), '한국어 학습자의 언어 학습 스타일과 학습 전략 분석 연구', 이화여자대학교 국제대학원.
최연숙(2013), '구두 DCT와 회고적 보고 방법을 활용한 불평 화행의 전략 사용 연구-베트남 결혼이민자 한국어 학습자를 중심으로', 이화여자대학교 교육대학원.
최윤정(2011), '한국어 학습자의 노트 필기 전략과 언어 학습 신념 및 전략에 따른 학업 성취도 연구- 학문 목적 중국인 학습자를 대상으로', 한국외국어대학교 대학원.
최윤희(2015), '여성결혼이민자의 언어 학습 전략 사용에 대한 연구', 경희사이버대학교 문화창조대학원.
최은지(2005), '광초점 듣기 전략 교수-학습과 협초점 듣기 전략 교수-학습의 효과 비교-중급 한국어 학습자를 중심으로', 고려대학교 대학원.
최정희(2014), '한국인 일본어 학습자와 일본인 한국어 학습자의 학습 전략 선택과 그 기저 요인에 관한 연구', 전남대학교 대학원.
최주리(2008), '인지 구성주의 쓰기 전략 교수가 한국어 쓰기에 미치는 영향 연구-중급 학습자의 쓰기 능력 및 전략 사용 양상을 중심으로', 연세대학교 교육대학원.
최진영(2009), '예측하기 전략 교수-학습을 통한 듣기 능력 향상 방안-중급 한국어 학습자를 대상으로', 고려대학교 교육대학원.
표수진(2015), '한국어 학습자의 발표 담화에 나타나는 말하기 전략 양상 연구', 부산외국어대학교 대학원.
한민지(2012), '구두 반복 학습 전략과 음운 단기 기억 능력이 한국어 어휘 학습에 미치는 영향', 이화여자대학교 국제대학원.
한수민(2012), '한국어 학습자의 듣기전략 사용 연구-중국인 중급 학습자를 중심으로', 계명대학교 대학원.

함은주(2015), '한국어 어휘 교수 · 학습 전략 연구 동향 분석-학위 논문을 중심으로', 이화여자대학교 교육대학원.

허문하(2016), '중국인 중 · 고급 한국어 학습자의 말하기에 나타난 의사소통전략 분석-한국어 모어화자와의 대화를 중심으로', 세종대학교 일반대학원.

홍은선(2008), '한국어 읽기 능력 향상을 위한 자기 질문 전략 활용-중급 한국어 학습자를 대상으로', 고려대학교 교육대학원.

황소영(2016), '유럽어권 한국어 중 · 고급 학습자의 학습 전략 사용 연구-스웨덴 · 독일 · 프랑스 학습자 중심으로', 경희대학교 교육대학원.

황정인(2011), '스키마 활성화 전략이 한국어 읽기에 미치는 영향-중급 한국어 학습자를 대상으로', 고려대학교 대학원.

황주하(2009), '한국어 고급 학습자의 인지 과정 분석 연구-학습 전략을 중심으로', 경희대학교 교육대학원.

황진주(2015), '영어권 한국어 학습자의 요청 화행에 나타난 언어적 전략과 비언어적 전략 연구', 이화여자대학교 국제대학원.

Jin, Huiying(2013), '중국인 한국어 학습자의 관용 표현 이해도 및 이해 전략 연구', 이화여자대학교 국제대학원.

Khundaga, Narantuya(2016), '한국어 학습자의 의사소통전략 사용 양상 연구-한국어 모어 화자와 비모어 화자 대화 상대자 비교를 통하여', 연세대학교 대학원.

Phengsomboon, Chanamas(2015), '태국인 한국어 학습자의 사과 화행 전략에 대한 연구', 이화여자대학교 국제대학원.

SIRIRAT, SIRINAT(2009), '태국인 한국어 학습자의 성취도와 과제에 따른 의사소통 전략 사용 양상 비교 연구', 이화여자대학교 국제대학원.

Xue, Yi(2013), '학문 목적 중국인 학습자의 한국어 읽기 전략 연구-고급 단계 학습자들을 중심으로', 연세대학교 대학원.

Xue, Yi(2013), '학문 목적 중국인 학습자의 한국어 읽기 전략 연구-고급 단계 학습자들을 중심으로', 연세대학교 대학원.

ZHOU, WENXIAN(2011), '초급 중국인 학습자의 한중 동형이의 한자어 학습 전략 사용 연구', 이화여자대학교 국제대학원.

2. 학술지

강경아 · 김영주(2016), '한국어 중 · 고급 학습자의 쓰기 전략 사용 양상-사고구술 분석을 중심으로', 「새국어교육」 107, 한국국어교육학회.

강승혜(1996), '제2언어로서의 한국어 학습자의 언어학습 전략에 관한 연

제11장 전략 학습

구', 「연세교육연구」 9-1, 연세대학교 교육연구소.
강승혜(1999), '한국어 학습자의 언어학습 전략 사용과 학습결과 분석연구-일본 학습자를 중심으로', 「국제한국어교육학회 새 천년 맞이 제10차 국제학술회의 자료집」, 국제한국어교육학회.
강현주(2013), '상호작용 활성화를 위한 의사소통 전략 연구-구어 발화를 중심으로', 「어문논집」 69, 민족어문학회.
강효정 · 염수 · 김영주(2014), '학습 환경에 따른 거절 화행 전략 사용 연구', 「한국어의미학」 46, 한국어의미학회.
강효정 · 염수 · 김영주(2014), '학습 환경에 따른 거절 화행 전략 사용 연구-중국인 한국어 학습자를 중심으로', 「한국어의미학」 46, 한국어의미학회.
고예진(2014), '20세기 초 서양인의 한국어 글쓰기 연구-한국어 교수 · 학습 자료 생성 전략으로서 글쓰기 양상을 중심으로', 「작문연구」 20, 한국작문학회
고예진(2014), '선교사들의 한국어 학습 전략 연구', 「학습자중심교과교육연구」 14-5, 학습자중심교과교육학회.
고예진(2014), '한국어 학습 전략 교수에 관한 질적 연구', 「학습자중심교과교육연구」 14-9, 학습자중심교과교육학회.
기시 카나코 · 이인혜(2013), '거절 상황에서 일본인 한국어 학습자의 부가 전략 사용에 따른 한국인의 반응 연구-호칭과 되묻기 사용을 중심으로', 「언어와문화」 9-2, 한국언어문화교육학회.
기준성(2010), '중국어권 한국어 학습자의 숙달도별 읽기 전략 연구', 「한국어교육」 21-2, 국제한국어교육학회.
김경령(2008), '외국인의 한국어 습득 전략 연구', 「이중언어학」 36, 이중언어학회.
김도영(2013), '인도 학습자들의 한국어 쓰기교육을 위한 영어 및 힌디어 사용과 전략적 학습 모형 탐색-델리대학교의 사례를 중심으로', 「2013년 국제한국어교육학회 학술대회 자료집」, 국제한국어교육학회.
김상수 · 임진숙(2013), '학습자 변인과 쓰기 교육-모방하기 쓰기 전략에 나타난 한국어 쓰기 양상', 「2013년 국제한국어교육학회 학술대회 자료집」, 국제한국어교육학회.
김상희(2000), '한국어 학습자의 학습 전략-미국에서의 한국어 학습자를 대상으로', 「국어교육학연구」 11-1, 국어교육학회.
김성은 · 강해사마 와디(2016), '화용전략에 따른 태국인 한국어 학습자의 한국어 피동 표현 이해 연구', 「이중언어학」 63, 이중언어학회.

김양순(2016), '학습일지 사용이 한국어 학습자의 학습 전략에 미치는 영향', 「한국어문화교육」 9-2, 한국어문화교육학회.

김영주(2013), '학습 전략에 관한 연구 성과 및 과제', 「2013년 국제한국어교육학회 학술대회 자료집」, 국제한국어교육학회.

김영주(2014), '미국인 대학생 한국어 학습자의 읽기 불안과 읽기 전략 사용 연구', 「외국어로서의한국어교육」 41, 연세대학교 언어연구교육원 한국어학당.

김윤희(2011), '한국어 학습자의 듣기 학습 전략 사용에 관한 연구-상위 학습자와 하위 학습자를 중심으로', 「語文研究」 69, 어문연구학회.

김윤희(2016), '중국인 한국어 학습자의 말하기 학습 전략 사용 양상', 「새국어교육」 107, 한국국어교육학회.

김윤희 · 전형길(2016), '중국인 학부생의 읽기 동기가 읽기 전략 사용에 미치는 영향', 「Journal of Korean Culture」 35, 한국어문학국제학술포럼.

김은령(2013), '대조 유형별 한국어 관용표현에 대한 이해도 및 이해 전략 연구-중국인 학습자를 중심으로', 「한국어문화교육」 7-2, 한국어문화교육학회.

김정훈(2001), '사이버 공간에서의 한국어 학습 전략 연구', 「한국어교육」 12-2, 국제한국어교육학회.

김충실 · 백련화(2013), '언어환경에 따른 학습 전략 연구-모국어 지배환경에서 말하기 학습 전략을 중심으로', 「2013년 국제한국어교육학회 학술대회 자료집」, 국제한국어교육학회.

김형복(2013), '전략 중심의 한국어 읽기 교재 개발 연구', 「한국어문화교육」 7-2, 한국어문화교육학회.

김희경 · 박정진(2013), '문학 작품 활용 시 학습 부담의 요인과 교수-학습 전략-한국어 교재에 수록된 단편소설을 중심으로', 「2013년 한국언어문화교육학회 학술대회 자료집」, 한국언어문화교육학회.

남상은 · 김영주(2011), '한국어 어휘 학습에서 기억 강화 전략이 어휘 기억에 미치는 영향', 「국어국문학」 157, 국어국문학회.

남신혜(2015), '읽기 과제와 텍스트 유형에 따른 L2 한국어 학습자의 읽기 전략', 「언어학연구」 20-3, 한국언어연구학회.

노금숙(2013), '한국어 교육에서의 문학 읽기 전략', 「한국(조선)어교육연구」 8, 중국한국(조선)어교육연구학회.

노복동(2013), '동기조절전략과 자율학습능력 간의 상관관계-중국인 한국어학습자를 대상으로', 「한국어문화교육」 7-1, 한국어문화교육학회.

제11장 전략 학습

류자미・오성록(2016), '통 문장 암기와 짝 활동을 통한 한국어말하기 향상 융합전략', 「한국융합학회논문지」 7-2, 한국융합학회.

리셔첸(2010), '한국어 학습자의 읽기 불안이 읽기 전략 사용에 미치는 영향', 「언어와문화」 6-3, 한국언어문화교육학회.

마금선(2010), '중국인 학생들을 대상으로 한 한자어 교육연구-학습 전략을 중심으로', 「국어교육연구」 26, 서울대학교 국어교육연구소.

마룽연(2013), '중국인 한국어 학습자의 어휘 학습 전략과 어휘 능력과의 관계', 「2013년 국제한국어교육학회 학술대회 자료집」, 국제한국어교육학회.

모졸따지아나(2013), '러시아어 화자의 한국어 문법 학습 전략 사용 양상 연구', 「國語敎育學硏究」 46, 국어교육학회.

박수현(2008), '한국어 어휘 교재에서의 학습 전략 적용 방안 연구', 「언어와문화」 4-2, 한국언어문화교육학회.

배윤경(2013), '듣기 후 자기점검표를 이용한 한국어 학습자들의 듣기 전략 사용 양상 분석 및 듣기 학습 지도 방안 고찰', 「2013년 국제한국어교육학회 학술대회 자료집」, 국제한국어교육학회.

배정선(2015), '학습자 숙달도에 따른 텍스트 상세화 교수 전략의 효과 검증-인지부하이론을 바탕으로', 「2015년 국제한국어교육학회 학술대회 자료집」, 국제한국어교육학회.

사와다 히로유키(2006), '일본어 모어 한국어 학습자의 읽기 전략 사용에 관한 연구', 「국어교과교육연구」 11, 국어교과교육학회.

성지연(2014), '말하기 능력 향상을 위한 전략 교수 연구-중국인 학습자를 대상으로', 「언어와문화」 10-1, 한국언어문화교육학회.

손성희(2012), '중국어권 한국어 학습자의 언어 학습 전략 사용에 관한 연구', 「외국어로서의한국어교육」 37, 연세대학교 언어연구교육원 한국어학당.

손정란(2009), '노트 필기 전략 훈련이 학문 목적 한국어 학습자의 강의 듣기에 미치는 효과', 「응용언어학」 25-1, 한국응용언어학회.

신성철(2013), 'Remedial Teaching on L2 Korean Errors-A Procedural Strategy and Students` Perceptions', 「한국어교육」 24-4, 국제한국어교육학회.

신영지(2015), '학문목적 한국어 쓰기 교육의 학습 전략에 대하여-외국인 유학생 대상 한국어 집중과정을 중심으로', 「2015년 국제한국어교육학회 학술대회 자료집」, 국제한국어교육학회.

신영지(2016), '학문 목적 한국어 쓰기 교육의 학습 전략 연구-메타인지 전략의 적용 모색', 「泮矯語文硏究」 43, 반교어문학회.
신윤경 · 방혜숙 · 성지연(2015), '학습 환경에 따른 한국어 학습자와 한국인 대학생의 쓰기 상위 인지 전략사용 연구', 「한국언어문화학」 12-3, 국제한국언어문화학회.
신윤경 · 안미영(2013), '한국어 학습자들의 문학 읽기를 위한 어휘 전략', 「2013년 한국언어문화교육학회 학술대회 자료집」, 한국언어문화교육학회.
신혜진 · 김영주(2014), '어휘 학습 전략이 북한이탈주민의 외래어 습득에 미치는 효과', 「한국어의미학」 43, 한국어의미학회.
沈尙玟(2007), '日本人韓國語學習者와 中國人韓國語學習者의 읽기 전략 비교 연구', 「語文硏究」 35-1, 한국어문교육연구회.
심혜진 · 김영주(2014), '어휘 학습 전략이 북한이탈주민의 외래어 습득에 미치는 효과', 「한국어의미학」 43, 한국어의미학회.
양희진(2015), '토론 담화에 나타난 한국어 학습자의 토론 전략 양상', 「2015년 한중인문학회 국제학술대회 자료집」, 한중인문학회.
엄진숙(2015), '고급 한국어 학습자의 질문 전략을 통한 공손성 실현 양상 분석', 「이중언어학」 59, 이중언어학회.
오지혜(2009), '한국어 학습자의 시 읽기 전략 양상 연'구, 「국어교육연구」 24, 서울대학교 국어교육연구소.
왕방 · 한종진(2014), '중국인 학습자를 위한 한국한자어 교수,학습 전략 연구-『중국인을 위한 한국한자어 학습사전』 개발의 이론적 토대 마련을 위하여', 「한국어교육」 26-1, 국제한국어교육학회.
왕청동(2014), '대만인 한국어 학습자들의 어휘 학습 태도 및 어휘 학습 전략 양상', 「언어와정보사회」 23, 서강대학교 언어정보연구소.
원미진(2010), '한국어 학습자 요인분석을 통한 학습 전략 사용의 비교 분석 연구', 「국제어문」 48, 국제어문학회.
원미진(2010), '한국어 학습자의 어휘 학습 전략에 관한 연구', 「한국사전학」 15, 한국사전학회.
원해영(2014), '과제 기반 한국어 수업전략 구축에 관한 연구', 「우리말연구」 39, 우리말학회.
유민애(2014), '어휘 의미 추측 전략을 활용한 자기 주도적 어휘 학습 방안-선다형 어휘 주석을 중심으로', 「국어교육연구」 33, 서울대학교 국어교육연구소.
유양 · 양명희(2014), '한국 내 중국인 직장인의 불평 화행에 대한 연구-하위 전략을 중심으로', 「한국어의미학」 46, 한국어의미학회.

윤유선 · 최호중(2013), '한국어 학습자의 복문 생성 능력 향상을 위한 연결어미 사용 전략 훈련 효과', 「2013년 국제한국어교육학회 학술대회 자료집」, 국제한국어교육학회.
윤정기(2013), '언어 지식과 듣기 전략이 한국어 듣기 능력에 미치는 영향', 「語文研究」 78, 어문연구학회.
이경(2015), '한국어 중·고급 학습자의 어휘 사용에서 나타나는 전략적 능력 연구-한국어 어휘 유창성의 하위 범주 설정과 관련하여', 「어문논집」 73, 민족어문학회.
이경(2016), '한국어 유창성 신장을 위한 어휘 사용 전략 연구-한국어 고급 학습자 대상 심층 인터뷰를 중심으로', 「한국어교육」 27-3, 국제한국어교육학회.
이경애(2013), '결혼이민자의 학습양식이 한국어 학습 전략 사용에 미치는 영향', 「한국언어문화학」 10-2, 국제한국언어문화학회.
이경애(2014), '결혼이민자의 학습양식과 한국어 학습 전략 분석 연구-중국어권과 베트남어권 학습자를 대상으로', 「2015년 한국언어문화교육학회 학술대회 자료집」, 한국언어문화교육학회.
이경애(2014), '여성 결혼이민자의 한국어 학습 전략 분석 연구', 「한국어교육」 25-3, 국제한국어교육학회.
이경애(2015), '여성결혼이민자의 학습양식과 한국어 학습 전략 분석 연구-중국어권과 베트남어권 학습자를 대상으로', 「2015년 한국언어문화교육학회 학술대회 자료집」, 한국언어문화교육학회.
이경희·정명숙(1999), '한국어 자음에 대한 일본인 학습자의 인지 전략', 「국제한국어교육학회 제9차 국제학술회의 자료집」, 국제한국어교육학회.
이덕봉(2013), '한국어(한어)교육 진흥을 위한 매체 활용 전략', 「2013년 국제한국언어문화학회 학술대회 자료집」, 국제한국언어문화학회.
이미혜(2013), '학습 전략 교수에 대한 한국어교사의 인식과 교육 현황', 「한국어교육」 24-4, 국제한국어교육학회.
이복자(2014), '초급 일본인 한국어 학습자의 거절 화행 연구-시간차에 따른 전략 사용 양상을 중심으로', 「한국어교육」 25-1, 국제한국어교육학회.
이복자(2015), '한국어 학습자의 거절 화행 발달 연구-전략 사용에 관한 종적 사례 연구를 중심으로', 「한국어교육」 26-3, 국제한국어교육학회.
이연경(2014), '명시적 교수와 암시적 교수가 요청 화행 전략 표현 학습에 미치는 효과 비교 연구-중국인 한국어 학습자를 대상으로', 「한국어교육」 25-1, 국제한국어교육학회.
이유림 · 김영주(2016), '어휘 학습 전략 교육이 L2 한국어 작문의 어휘 다양성에 미치는 영향', 「한국어의미학」 53, 한국어의미학회.
이유림 · 김영주(2016), '어휘 학습 전략 교육이 L2 한국어 작문의 어휘 다양성에 미치는 영향', 「한국어의미학」 53, 한국어의미학회.
이윤자(2016), '대학 교양 한국어 학습자의 작문 구성을 위한 '읽기 후' 전략 방안 연구', 「리터러시연구」 16, 한국리터러시학회.
이은희(2015), '한국어 금지화행 전략의 교수 학습 방안 연구', 「한국어의미학」 49, 한국어의미학회.
이은희(2015), '한국어 금지화행 전략의 교수 학습 방안 연구-한국어 화자와 중국인 학습자의 전략 비교를 중심으로', 「한국어의미학」 49, 한국어의미학회.
이인혜(2015), '미국 대학 KFL 학습자의 변인에 따른 한국어 학습 전략 분석', 「새국어교육」 108, 한국국어교육학회.
이인혜(2015), '미국 대학 KFL 학습자의 한국어 학습 전략 연구', 「이중언어학」 60, 이중언어학회.
이인혜(2016), '학문 목적 한국어 학습자의 독자 고려 전략 연구', 「한국언어문화학」 13-3, 국제한국언어문화학회.
이재욱 · 남기춘(2001), '한국어 학습자의 어휘 학습 전략 연구', 「우리어문연구」 17, 우리어문학회.
이정민(2006), '한국어 학습 전략 활동 프로그램 개발 연구', 「2006년 국제한국어교육학회 자료집」, 국제한국어교육학회.
이정민 · 강경화(2008), '한국어 독학용 어휘학습 교재 개발 방안-좁은 독서를 통한 점증적 어휘학습 전략 활용', 「한국어교육」 19-1, 국제한국어교육학회.
李定喜(2007), '韓國語母語話者와 外國人留學生의 읽기 超認知戰略사용에 대한 연구', 「語文硏究」 35-4, 한국어문교육연구회.
이정희(2013), '한국어 학습 전략 연구의 과제', 「한국어교육」 24-4, 국제한국어교육학회.
이주미 · 노정은(2013), '한국어 학습자의 읽기 전략 사용에 대한 연구-중국 소재 대학의 학부생을 중심으로', 「2013년 국제한국어교육학회 학술대회 자료집」, 국제한국어교육학회.
이주미 · 노정은(2015), '한국어 학습자의 읽기 전략 연구-한 · 중 대학의 학부생 비교를 중심으로', 「국제어문」 64, 국제어문학회.
이준호(2010), '자기주도적 쓰기 기술 및 전략 연구', 「한국어학」 48, 한국어학회.

이해욱(2014), '독일 한국어학습자의 구어텍스트 산출전략에 관한 연구', 「외국어로서의독일어」 34, 한국독일어교육학회.

임우열 · 김영주(2014), '한국어 고급 학습자의 발음 숙달도와 발음 학습 전략 사용 간의 관계 연구', 「한국어교육」 25-4, 국제한국어교육학회.

장선우 · 김동석(2013), '한중 한자어휘의 비교를 통해 본 한국어 어휘 학습 전략', 「2013년 한국한자한문교육학회 학술대회 자료집」, 한국한자한문교육학회.

전유나 · 김영주(2012), '사고구술 전략이 한국어 학습자의 읽기 능력에 미치는 영향', 「한국언어문학」 83, ,한국언어문학회.

전형길 · 국지수(2016), '한국어 학습자의 듣기 전략 사용 양상 연구-중국인 학습자와 베트남인 학습자의 비교를 중심으로', 「새국어교육」 110, 한국국어교육학회.

조위수(2015), '한국어 학습자의 논쟁 담화 전략 연구-중국어권 학습자와 한국어 모어 화자의 다기능 논쟁 담화 전략을 중심으로', 「이중언어학」 61, 이중언어학회.

조위수 · 윤남주(2013), '아랍어권 한국어 학습자의 학습 전략 특성 연구-사우디아라비아 학습자를 대상으로', 「2013년 국제한국어교육학회 학술대회 자료집」, 국제한국어교육학회.

조위수 · 윤남주(2015), '아랍어권 한국어 학습자의 학습 전략 특성 연구', 「언어학연구」 36, 한국중원언어학회.

조인정(2014), '의사소통 전략 교수를 위한 트위터와 무들 활용 사례 연구', 「한국어교육」 25-1, 국제한국어교육학회.

허철(2013), '한국어 교육에서 학습자의 특성에 따른 한자계 어휘 학습 전략 설계를 위한 통합 어휘 비교 연구의 필요성과 방향에 대한 일견', 「漢字 漢文敎育」 32, 한국한자한문교육학회.

홍은실(2015), '외국인 학부생 읽기 교재에 나타난 초인지 전략과 보조 전략 분석', 「새국어교육」 102, 한국국어교육학회.

홍종명(2012), '결혼이민자 한국어 학습 전략 분석 연구', 「우리어문연구」 44, 우리어문학회.

홍종명(2012), '요인분석을 통한 한국어 학습 전략 범주화 연구-결혼이민자 한국어 학습자를 중심으로', 「새국어교육」 92, 한국국어교육학회.

홍종명(2013), '중국인 결혼이민자 대상 "언어 학습 전략 목록(SILL)" 문항 분석 연구', 「우리어문연구」 46, 우리어문연구.

홍종명(2014), '베트남 결혼이민자 한국어 학습 전략에 관한 탐색적 연구',

「東南亞研究」 24-2, 한국외국어대학교 동남아연구소.

Andrew Sangpil Byon(2013), '국외 언어 학습 전략 연구에 대한 검토와 현황-미국 대학 내 KFL program/research를 예로', 「2013년 국제한국어교육학회 학술대회 자료집」, 국제한국어교육학회.

Andrew Sangpil Byon(2014), 'Future directions for KFL Learning strategy research-In American college classroom settings', 「한국어교육」 25-2, 국제한국어교육학회.

Neerja Samajdar(2013), '한국어 말하기 학습 전략 연구-인도학습자 중심으로', 「2013년 국제한국어교육학회 학술대회 자료집」, 국제한국어교육학회.

Nguyen Thi Binh Son(2017), '베트남인 한국어 학습자의 한국어 읽기 전략 사용 양상 및 효과', 「2017년 한국일본학회 학술대회 자료집」 한국일본학회.

Sheng Ai Liang(2013), 'KSL환경과 KFL환경에서의 중국인 한국어 학습자의 문법 학습 전략에 대한 연구-중급 학습자를 중심으로', 「2013년 국제한국어교육학회 학술대회 자료집」, 국제한국어교육학회.

제11장 전략 학습

제12장
과제 기반 언어 교수

송정화

제12장 과제 기반 언어 교수

송정화

1. 기본 원리와 적용

1.1 정의

과제 기반 언어 교수(task-based language teaching; TBLT)는 학습자가 수업에서 주어진 과제(task)를 수행하는 과정을 통해 목표어로 활발한 의사소통을 할 수 있는 기회를 부여하고 자연스럽게 목표 언어로 의사소통하는 법을 배우게 하는 교수 방법이다. 학습자에게 주어지는 과제는 실생활과 관련이 있으며, 학습자가 목표어를 사용하는 환경에서 자주 접할 수 있는 활동들인데 예를 들어 처음 만난 사람들 앞에서 자기소개하기, 식당에서 메뉴판 읽고 주문하기, 인터넷으로 숙소 예약하기 같은 과제들이다.

이 과제 기반 언어 교수는 교사가 주도적으로 수업을 이끄는 결과 중심의 교수법들과 달리, 학습자들이 적극적으로 과제를 수행해 나가는 과정 자체가 학습 과정이 된다. 과제를 수행하는 동안 학습자들은 문제를 해결하기 위해 서로 협력하는 가운데 자유롭고 활발한 의사소통을 하게 된다. 또한 과제 기반 언어 교수는 언어의 구조와 형태보다 목표어로 학습자 상호간의 의미 협상을 통해 실제적인 과제를 수행하는 데 목표가 있으므로 실제적인 의사소통 능력을 향상시킬 수 있다고 본다.

과제 기반 언어 교수는 의사소통 수단으로서 언어와 의미 중심의 상호작용을 강조하는 의사소통 중심 접근법과 목표어 학습에 필요한 인지적 사고 과정과 사회문화적 영향을 강조하는 모국어 습득 원리를 반영한 교수법이다. 이러한 과제 기반 언어 교수에서는 의사소통 중심의 접근법과 모국어 습득원리를 반영한 학습 활동으로서 과제가 교수와 학습의 핵심이 된다.

1.2 이론적 배경과 역사

1.2.1 등장 배경

언어의 구성 요소 및 언어 형식을 익히기 위한 연습 활동을 강조하는 기존의 교수법들이 실제적인 의사소통 상황에서는 별로 도움이 되지 않는다는 비판이 나오면서 1980년대 의미 중심의 언어 사용과 의사소통 활동을 강조한 의사소통 중심 교수법이 대두되었다. 이 같은 흐름 속에서 의사소통 중심 교수법의 원리에 근거해서 학습자의 언어 사용을 촉진시킬 수 있는 다양한 활동들을 개발하고 실제로 적용하는 연구들이 활발하게 이루어졌다. 이 과정에서 자연스럽게 연구의 관심은 어떤 기능을 가르칠 것인가라는 학습 내용에서, 어떤 유형의 활동들이 의사소통 능력 향상에 도움이 되는가로 초점이 옮겨가게 되었다. 그런 일련의 연구들이 과제를 교수학습의 핵심으로 여기는 과제 기반 언어 교수로 발전하게 된 것이다.

특히 프래부가 인도의 한 대학에서 이 과제 기반 언어 교수를 언어 수업에 실제로 적용함으로써 널리 알려졌다. 그는 생활에 필요한 과제를 해결하는 과정에서 필요한 언어를 쉽게 습득한다는 사실을 발견하고 유의미한 과제들을 수업에 이용했다. 이때 고안한 과제는 언어 학습에 목적을 둔 교육적 활동보다는 학습자들이 주어진 정보를 활용하여 문제를 해결하게 하는 인지 향상에 초점을 둔 구체적이고 실제적인 활동이었다. 예를 들어 인터뷰하기, 가게에서 원하는 물건 사기 등의 활동이었는데 평가도 단순히 언어 형태의 정확성을 측정하기보다는 과제를 잘 달성하느냐의 여부로 판단했다. 과제 기반 언어 교수에서 언어 습득은 입력을 통한 반복 학습이 아니라 유의미한 의사소통 과정에 참여해서 의미를 교환하는 과정에서 자연스럽게 이루어지는 것이라고 보았기 때문이다.

이처럼 과제 기반 언어 교수는 1980년대 의사소통 중심 교수법의 중요 원리를 바탕으로 교수 현장을 위한 교수요목을 연구하는 과정에서 도출된 교수법이기 때문에 의사소통 중심 교수법과 기본적인 원리를 공유하고 있다. 의사소통과 관련된 실제적 활동들이 언어 학습에 반영되어야 한다는 점과 유의미한 과제를 수행하는 것이 학습을 촉진시키고 유창성을 향상시킨다고 보는 것이 그것이다. 그러나 과제 기반 언어 교수는 교수와 학습의 핵심 단위로 과제를 조직하고 수행한다는 점에서 과제 중심 언어 학습 혹은 과제 중심 지도로 불리며 의사소통 중심 접근법과 구별된다.

1.2.2 주요 개념 및 원리

· 과제의 개념

과제 기반 언어 교수에서는 교수와 학습의 가장 중요한 단위가 바로 과제인데, 기존의 문형 연습에 해당하는 연습 활동(exercise)이나 이른바 P-P-P의 마지막 생산 단계에서 이루어지는 의사소통 활동(communicative activity)과는 구별된 개념으로 쓰인다.

연습 활동은 목표어의 구조 및 언어 형태를 익히는 것을 목표로 한다. 또한 의사소통 활동은 의미 중심의 상호작용을 강조하기는 하지만 목표로 하

제12장 과제 기반 언어 교수

는 특정한 의사소통 기능과 이를 달성하기 위한 표현을 학습하는 활동[118]으로 이루어진다.

반면에 과제는 비언어적 의사소통의 결과를 강조하고 학습자들이 알고 있는 모든 언어지식과 능력을 사용하도록 유도한다는 점에서 연습 활동이나 의사소통 활동과는 차이가 있다. 다음의 예처럼 실제적인 의사소통 목적을 달성하기 위해 학습자들이 가진 언어 능력을 최대한 활용하여 목표 언어로 자연스럽게 상호 작용하면서 학습할 수 있는 활동인 것이다.

〈예시〉 집안일 목록을 뽑아 보세요. 하고 싶은 집안일 3가지와 하기 싫은 집안일 3가지를 정하고 짝과 함께 의논해 집안일을 분담해 보세요.

이렇듯 과제란 실제적인 의사소통 목적을 달성하기 위해 학습자들이 가진 언어 능력을 최대한 활용하여 목표 언어로 자연스럽게 상호 작용하면서 학습할 수 있는 활동이다. 단순한 문법 규칙을 습득하기 위해 활동하는 것이 아니라 학습자 스스로 문제해결을 위해 의사소통을 해야 한다는 점에서 흥미와 동기 부여의 장점을 가질 수 있다.

그러나 과제에 대한 정의는 학자마다 조금씩 다르다. 넓게는 과제를 일상생활에서 사람들이 원하는 것들을 달성하기 위해 필요로 하는 활동이라고 보지만 언어 교육적인 측면에서 좁게 정의하면 과제는 어떤 결과를 얻기 위해 의사소통 목적으로 언어를 사용하는 활동이다. 특히 언어 발달을 위한 교육적인 관점에서 Nunan(1989)은 기존의 문형 연습 활동과는 구별하여 '의사소통 과제'라는 용어를 사용했다. 의사소통 과제란 '학습자들이 언어의 형

---

[118] 예를 들면 '경험의 유무를 표현하기'라는 학습 목표를 위해 '-은 적이 있다/없다'라는 문형을 사용하도록 해서 학습자끼리 인터뷰를 하는 활동이다.

질문	대답
1. 혼자 여행해 본 적이 있어요?	
2. 태권도를 배워 본 적이 있어요?	

태보다는 의미 교환에 초점을 두도록 설계한 활동으로, 학습자들이 목표어를 이해하고 조작하고 산출하고 상호 작용하는 것을 포함하는 교실 활동'을 말한다. 이 과제는 완결성을 가져야 하며 그 자체로 의사소통적 행위가 되어야 한다는 조건을 달았다.

과제에 대한 여러 정의들에서 공통적인 특징을 정리하면 다음과 같다. 첫째, 언어의 형식보다는 의미의 중점을 두고 있다. 둘째, 단순한 언어의 연습이 아닌 그 이상의 활동에 목적을 두고 있다. 셋째, 과제를 수행하는 과정이 학습 과정이 된다. 넷째, 결과를 성취하기 위해 문제 해결을 학습자 스스로 한다.

· 과제의 유형

과제 기반 언어 교수는 유의미한 과제 수행을 통해 학습자의 의사소통 능력을 향상시키는 것이므로 어떤 과제를 선택하고 수행하느냐가 중요하다. Nunan은 먼저 의사소통적 기능에 따라 크게 실제적 과제(real-world task)와 교육적 과제(pedagigical task)로 나누었다.

실제적 과제(real-world/target task)는 교실 밖에서 이루어지거나 실제 있을 것 같은 상황을 학습자에게 주고 직접 해결해 보게 하는 것인데 비행기표 예매하기, 고객센터에 전화해서 교환 요청하기 등이 이에 해당한다. 실제 수업에서 학습자들의 요구를 반영해 다양하고 더 구체적인 과제를 구상해 실행할 수 있다. 반면 교육적 과제(pedagogical tasks)는 현실의 교실 안에서 교육 목표를 달성할 수 있게 실제적 과제와 유사하게 만들거니 언어습득을 돕기 위해 고안된 과제이다. 이 교육적 과제는 다시 예행연습 과제와 활성화 과제로 나눌 수 있다. 예행연습 과제(rehearsal task)는 실생활과 직접 관련된 의사소통 목적을 반영하여 구성한다. 이에 비해 활성화 과제(activation task)는 실생활과 관련된 의사소통 목적과는 거리가 있지만 목표어 학습에 필요

제12장 과제 기반 언어 교수

한 인식, 이해, 구조화, 재구조화, 자동화의 인지적 사고 과정을 촉진시키기 위한 활동이다. 단순화와 가공을 해서 연습과 교육적 측면에서 의미가 있게 만든 정보차 활동 등을 예로 들 수 있다.

예행연습 과제(rehearsal task)의 예	활성화 과제(activation task)의 예
※ 두 사람이 의사와 환자 역할을 나누어서 이야기해 봅시다. 1. 아플 때 어떤 증상이 있는지 상황 카드를 보고 이야기해 보세요. 2. 환자와 의사 역할을 나누어 하세요. 3. 환자는 의사를 만나서 증상을 이야기하고 의사는 처방 카드를 이용해서 말해 보세요.	※ 여행 가방 안에 20kg의 물건만 담아 갈 수 있다. 아래의 물건 중에서 무엇을 넣고 무엇을 두고 갈지 서로 의논해 결정해 보세요.

윌리스는(Willis)는 학습 활동 유형에 따라 과제를 6가지로 나누기도 한다.
① 열거하기 : 학습자가 자신의 지식이나 경험을 바탕으로 짝이나 그룹 활동을 통해 브레인스토밍하기, 다른 사람에게 묻거나 책을 참고로 하여 사실 찾아내기 등과 같은 목록을 완성하는 활동이 포함된다. 예를 들어 나라별로 인기 있는 직업 말하기 등이 있다.
② 순서 정하기와 분류하기 : 논리적, 시대적으로 어떤 행동이나 사건의 차례 정하기, 개인적인 가치나 특정 기준에 따라 순위 정하기, 주어진 주제별로 분류하기, 각기 다른 방법으로 범주를 정하고 분류하는 것도 포함한다.
③ 비교하기 : 비교하여 유사점과 차이점을 발견하는 과제이다. 나라별 식사 예절의 공통점과 차이 같은 것을 찾아 발표하게 하는 것이다.
④ 문제 해결하기 : 지적 추론 능력을 이용하여 논리적인 문제에 대해 해결책을 의논하거나 실생활과 관련된 문제의 해결책을 찾는 활동

이다. 환경보호를 위해 쓰레기를 줄이는 방법 의논하기 등이 그 좋은 예다.
⑤ 개인적 경험 나누기 : 학습자들이 자신의 경험, 추억, 의견, 취향, 입장에 대해 자유롭게 이야기하도록 하는 활동이다. 가령 좋아하는 이상형에 대해 이야기하기 등이다.
⑥ 창의적인 과제 : 일명 프로젝트(project)라고 부른다. 학습자들이 자유로운 분위기에서 실생활에서 일어나는 일을 모의로 경험하게 하는 활동이다. 이러한 과제를 수행하기 위해 종종 교실 밖에서 활동이 이루어지기도 한다. 우체국에 가서 편지를 부치거나 시장에서 물건을 사기도 하고 여행사에 문의하여 여행계획을 세우기도 한다.

· **과제의 난이도와 배열**

과제 기반 언어 교수에서 교육적 과제는 쉬운 것부터 어려운 과제 순으로 배열되며 점점 실제 과제에 근접해져 가는 순서를 따라 복잡성과 난이도를 높여 간다. 이때 과제의 높은 난이도와 복잡성은 등급화된 언어적 자질을 지칭하는 것이 아니라 과제를 수행하는 동안 상위 과제로 갈수록 학습자의 인지적 부담감, 과제 수행에 포함된 요소의 수, 과제에 반영된 추상성의 정도가 증가하고 복잡해지는 것을 말한다.

그러나 과제를 등급화하기 위한 인지적 난이도에 대한 객관적인 기준이 없기 때문에 과제를 등급화하고 배열하는 것은 쉽지 않다. 과제의 난이도를 설정할 때 다음과 같은 사항을 고려한다. 보통 일방향 과제에서 양방향 과제, 한 번에 해결할 수 있는 단순한 과제에서 여러 단계를 거쳐야 하는 복잡한 과제로 난이도를 높여 간다. 또한 정적이고 구체적인 과제일수록 난이도가 낮은 과제인 반면 동적이고 추상적인 과제일수록 난이도가 높은 과제이다. 풍부한 문맥 정보의 여부, 문법적 정확성의 요구 여부, 학습자에게 친숙하고 일상적인 내용인가 하는 문제 등도 과제의 난이도를 영향을 끼친다.

1.3 수업에의 적용

Willis(1996)에 따르면 행동주의 원리를 고려하여 널리 사용되는 PPP 교수학습 절차와 과제중심 교수 학습 절차는 다음과 같은 점에서 차이를 보인다. PPP 교수학습 방법은 특정한 언어 표현이나 문법을 익히기 위해 학습 단계에 따라 입력의 내용이 달라진다. 다시 말해 처음에는 통제된 연습 활동에 중점을 두고 점차 의사소통 상황에 적용할 수 있는 생산의 활동으로 확장하는 것이다. PPP는 초급 학습자들에게 학습 부담감을 덜어 주고 언어 학습에 성취감을 주지만, 언어의 정확성이 강조되어서 학습자의 흥미와 요구를 반영하기 어려운 측면이 있다.

반면 과제 기반 교수 학습은 학습자들이 가지고 있는 선행 지식을 충분히 활용하게 해서 실제적인 의사소통 상황에서 자신의 언어 능력을 발휘해서 문제를 해결하게 하는 기회를 제공하므로 유창성 획득에 유리하다. 이해 가능한 입력, 이해 가능한 출력, 상호작용적 피드백, 수정된 출력 등 언어 학습 과정이 학습자의 적극적인 참여로 이루어진다.

Skehan(1996)과 Willis(1996)의 두 대표적인 교수 모형을 살펴보면 과제 기반 언어 교수의 구체적인 수업 절차를 대략적으로 알 수 있다.

1) Skehan의 과제 중심 교수 모형

먼저 교수 모형을 과제 전 단계, 과제 수행 단계, 과제 후 단계로 구분한 Skehan의 교수 모형은 다음과 같다.

단계	단계별 목표	예
과제 전 (pre-task)	• 재구조화 : 인지적인 측면에서는 과제 수행에 대한 부담을 덜어주고 언어적인 측면에서 새로운 언어 요소(표현이나 문법)을 소개함.	• 새로운 과제 소개 • 인지 향상 활동하기 (노출, 토론, 안내) • 새로운 언어 요소에 대한 명시적 혹은 암시적 교수 • 과제 수행 방법 계획하기
과제 수행 (during-task)	• 압박감 조절 : 균형 있게 과제를 수행할 수 있게 격려와 촉진	• 속도, 마감 시간 • 학습자의 참여도와 이해 관계 조절
	• 조정 : 과제를 성공적으로 수행할 수 있도록 함. 유창성과 정확성의 조절. 수행 과정 모니터.	• 시각적인 자료 제공 • 새로운 언어 요소 소개
과제 후 (post-task)	• 회상하기 : 언어 형식의 중요성을 다시 상기시킴.	• 여러 사람 앞에서 발표하기, 분석, 평가 • 과제 수행 전략 수정 • 과제 다시 수행하기

과제 전 단계(pre-task)에서는 인지적인 면과 언어적인 면에 중점을 두고 과제가 학습자들에게 언어적으로도 인지적으로 부담이 되지 않도록 돕는다. 교사는 학습자에게 새로운 과제를 소개하고 과제 수행에 필요한 어휘나 표현을 상기할 수 있도록 한다. 또한 과제 수행에 필요한 문법 구조나 표현 등의 단서 제공을 명시적이거나 암시적으로 할 수 있다. 그리고 과제 수행을 어떻게 할 것인지 학습자들이 서로 의논하여 계획하도록 한다.

과제 수행 단계(during-task)에서 학습자들은 과제를 수행하면서 학습자들끼리 정보를 전달하고 상대방과 의미 협상의 과정이 활발히 일어나는 단계이다. 교사는 학습자가 과제를 하는 동안 과제 해결의 진행 속도와 학습자의 참여도, 수행 과정에서 발생하는 문제 등에 대해 모니터하고 과제 수행이 원활하게 진행되도록 적절한 안내와 통제를 한다. 필요한 경우 학습자들에게 시각적인 자료나 새로운 언어 표현들을 제공한다.

과제 후 단계(post-task)에서는 학습자들이 수행한 과제의 결과를 발표하고 그에 대해 분석하고 평가하는 활동을 한다. 이 단계에서는 과제를 수행하는 하는 동안 학습자들이 구사한 언어 형식을 다시 상기시키고 적절한 피드백을 한다. 앞서 수행한 과제를 다시 반복하거나 그와 유사한 과제를 수행할 수도 있다.

2) Willis의 과제 중심 교수 모형

Skehan에 비해 언어 형태에 초점을 둔 Willis의 과제 중심 교수 모형은 과제 전 단계, 과제 순환 단계, 언어중심 단계로 나뉜다.

과제 전 단계 (pre-task) : 주제 및 과제의 소개
과제 순환 단계 (task cycle) : 과제 수행 후 보고활동 계획하기 　　　　　　　　　　　　과제 수행 결과 보고하기
언어 중심 단계 (language focus) : 분석과 연습 　　　　　　　　　　　　복습과 과제의 반복

과제 전 단계에서 교사는 과제들을 소개하고 과제 수행에 필요한 어휘들을 활성화시킨다. 이때 교사는 그림이나 학생들의 개인적인 경험을 이용하여 주제나 과제를 소개할 수 있으며, 브레인스토밍, 분류하기, 마인드맵 등의 활동을 이용하여 과제 수행과 관련된 어휘를 연상케 한다. 학습자들이 과제 수행 방법을 알 수 있도록 시범을 보여주거나 과제를 수행하는 모습이 담긴 시청각 자료를 보여 주기도 한다.

과제 순환 단계는 과제 수행하기, 과제 수행의 결과를 보고하기 위한 계획 단계, 과제 수행 결과를 발표하기의 3단계로 구성된다. 교사는 과제 수행 단계에서 학습자들이 과제를 수행하는 동안 모니터 역할을 하며 시간을 관리하거나 활동을 격려한다. 결과 보고 계획 단계에서 학습자들이 수행한 과제의 결과에 대해서 발표할 계획을 세울 때 교사는 언어 보조자로서 학습자들이 좀 더 정확하게 표현하도록 도움을 준다.

　마지막 언어 중심 단계에서 학습자들은 과제를 수행하면서 사용했거나 알지 못했던 언어의 형태에 관심을 기울인다. 이 단계에서 학습자들은 과제의 주제, 의미와 기능을 종합적으로 분석하고 어휘나 문형을 연습한다. 반복이나 듣고 완성하기, 빈칸 채우기, 완전한 문장으로 다시 쓰기, 녹음하기 등의 활동을 통해 학습자들이 언어적 형태를 정확하게 익히고 구사할 수 있도록 돕는다. 과제의 특성에 따라 언어에 대한 연습의 양과 초점은 달라질 수 있다.

　Skehan의 과제 중심 교수 모형을 적용해 한국어 능력 4급 학습자를 대상으로 '설문조사하고 발표하기'의 과제를 구성하면 다음과 같다.

| 과제 전 | → | 과제 수행 | → | 과제 후 |

　과제 전 단계에서 교사는 학습자들에게 새로운 과제를 소개한다. 학습자들이 수행할 과제와 유사한 시청각자료 등을 준비해 학습자들이 흥미를 가질 수 있게 한다.

제12장 과제 기반 언어 교수

〈예시 1〉

- 교사 : 여러분은 요즘 한국 대학생들의 생활과 생각이 궁금할 때 어떻게 하세요? 예를 들어 한국 대학생들의 결혼관은 어떨까요?

- 학습자에게 설문 조사 결과의 핵심 질문 몇 가지를 미리 해 그 결과를 추측하고 그룹별로 자유롭게 이야기하게 한다.
  ① 결혼은 꼭 해야 하는가?
  ② 결혼을 꼭 해야 하는 이유는 무엇인가?
  ③ 결혼을 하지 않는 이유는 무엇인가?
  ④ 결혼 전 동거에 대해 어떻게 생각하는가?

- 실제 설문조사의 결과를 도표를 통해 확인하면서 조사결과를 통해 알게 된 사실을 함께 나눈다.

- 교사 : 여러분도 앞으로 한국 대학생들을 대상으로 여러분이 궁금한 주제를 정해 설문조사를 준비하고 그 결과를 발표해 볼 겁니다.

- 과제 수행 방법과 절차를 안내한다.
  조사 주제 정하기 → 설문지 만들기 → 인터뷰하기 → 조사 결과 정리하기 및 발표문 쓰기 → 조사 결과 발표하기

과제 전 단계에서 교사들은 과제 수행에 필요한 어휘나 표현들을 명시적으로 또는 암시적으로 미리 노출시켜 학습자들의 과제 수행 부담을 덜어 주도록 한다.

〈예시 2〉

- 실제 설문조사의 결과의 도표를 다시 보면서 설문조사에 사용된 새로운 어휘나 유용한 표현이나 형식 등을 함께 정리한다.

- 교사 : 조사 결과를 말할 때는 누가 누구에게 조사를 했는지가 중요합니다. 또 조사 주제에 대해 먼저 말해야 합니다. 신문 기사에서는 어떤 표현을 쓰고 있는지 한번 찾아 밑줄 그어 보세요.

- 학습자들과 함께 유용한 표현들을 다음과 같이 정리해 판서한다.

〈설문조사 결과를 설명하기 위한 표현들〉
① **에서 -을 대상으로 -에 대해 조사를 했습니다. 그 결과는 다음과 같습니다.
② 조사 결과 -라는 응답이 -%로 나타났습니다.
　-라는 대답이 1위를 차지했습니다. (1위로 나타났습니다 / 가장 많았습니다)
③ 그 다음으로는 -가 -%, -가 -% 등의 순으로 나타났습니다.
④ 그밖에 (그 외에) -는 의견도 있었습니다.
⑤ 조사 결과를 통해 -는 사실을 알게 되었습니다.

과제 수행 단계에서는 학습자들이 그룹별로 모여서 과제 수행 절차대로 진행하는지 그 과정을 모니터한다. 과제 수행에 어려움을 겪는 그룹에게 적절한 피드백과 안내를 해 준다.

〈예시 3〉

- 학습자들은 다음의 조사 계획서를 의논해서 메모한 후 조사의 주제를 정한다.

조사 주제	
조사의 목적	
조사 대상 및 인원	
조사 장소 및 조사 방법	

- 교사 : 설문지는 빠른 시간 안에 쉽고 정확한 응답을 받기 위해서 만드는 겁니다. 그러니까 질문이 잘못되면 조사 목적에 맞는 결과를 얻을 수도 없고 그 결과도 잘못될 수 있습니다. 어떻게 하면 좋은 설문지를 만들 수 있을까요?

- 학습자들과 함께 이야기한 후 다음의 사항을 칠판에 정리해 보여준다.
① 설문지의 질문들은 주제에 맞습니까?
② 질문은 간결하고 분명합니까?
③ 이상하거나 잘못된 표현은 없습니까?
④ 선택지는 잘 구성되어 있습니까? 등

- 학습자들은 조사 목적에 맞는 설문지를 작성하고 검토한다.

 학습자들끼리 과제 수행을 하는 동안 의미 협상 과정이 원활하고 활발한지, 과제 수행의 목표와 방향을 제대로 인지하고 수행하는지 점검한다. 과제 수행 속도는 적절한지 등도 수시로 확인하면서 필요한 경우 자료를 제공하거나 어휘나 표현 등을 알려 준다.

〈예시 4〉
- 인터뷰 결과를 통합하여 기록하고 정리한다.
- 설문 조사의 문항별 결과 분석 및 조사 결과의 의미에 대해 이야기하고 발표의 방향을 의논한다.
- 조사 결과를 바탕으로 설문 조사 발표문을 작성한다.
- 작성한 발표문을 돌려 읽으면서 오류를 수정하거나 보충한다.

과제 후 단계에서는 수행 결과를 다른 학습자들과 공유하고 수행 과정을 다시 되짚어가며 분석하고 평가한다. 이를 통해 교사와 동료 간의 피드백을 받으며 수행 전략을 수정해서 과제를 다시 완수한다.

〈예시 5〉
- 그룹별로 조사 결과를 발표하고 다른 학생들과 조사 결과에 대해 질의응답 시간을 가진다.
- 수행 과정에 대한 점검과 자기 평가 및 효율적인 수행 방법에 대해 의견을 교환한다.
- 보완하거나 수정할 부분을 반영해서 과제를 다시 완성해 제출하거나 발표한다.

1.4 적용상의 유의점

1.4.1 장단점

먼저 과제 기반 언어 교수의 장점을 구체적으로 나열하면 다음과 같다.

첫째, 직접 해결해야 할 과제라는 확실하고 분명한 학습 동기가 있기 때문에 학습자들은 적극적이고 능동적인 태도로 수업에 참여하게 된다. 흥미로

제12장 과제 기반 언어 교수

운 과제 자체가 동기 부여 역할을 하므로 학습자의 능동적이고도 활발한 참여를 이끌어낼 수 있다는 장점이 있다.

둘째, 무엇보다 실제적인 언어사용능력을 향상시키는 데 목표를 둔다. 과제는 의사소통에서 어떻게 언어가 사용되는지에 대해 알 수 있는 기회를 제공하는 역할을 한다. 과제의 최종적인 목표는 교실 밖 실제 상황에서도 의사소통이 가능하도록 하는 데 있다. 이에 따라 과제의 형태도 실제적인 상황과 유사한 상황으로 제시함으로써 실제적 의사소통 상황에서 유용하게 사용될 언어 지식과 언어 표현들을 다양하게 습득할 수 있다.

셋째, 학습자들이 자기 주도적 학습이 가능하다. 과제 기반 언어 교수는 학습자 스스로 문제를 해결해야 하는 것이므로 학습자 자신이 자신의 학습과정에 대해 책임감을 갖게 하며 사기 스스로 학습하는 능력을 배우게 된다. 교사의 역할은 학습자의 수준에 맞는 과제를 제시하고 도움이 필요한 경우 조언을 해 주는 역할을 한다. 교사는 학습을 위한 주요 조건을 유지하는 촉진자이며 과제 후에는 언어 형식을 정리하는 언어 안내자일 뿐이다.

넷째, 협력 학습을 통해 활발한 의사소통이 이루어진다. 과제는 짝이나 그룹으로 수행해야 함으로 구성원들끼리 서로 협력해야 한다. 교사와 학습자 간의 1:1 질문과 답변이 아니라 과제 해결을 위해서는 서로 대화하고 자신의 의사를 표현하여 원하는 것을 얻어내야 하는 의미 교섭 과정을 거치게 된다. 따라서 학습자들 간의 상호작용의 기회를 높이고 연습의 기회도 많아진다.

다섯째, 언어습득에 있어 정확성보다는 유창성 획득에 효과적이다. 의미에 초점을 둔 과제이므로 정확한 언어 구사보다 학습자들이 알고 있고 배운 모든 언어들을 사용해서라도 과제를 해결해야 하기 때문이다. 학습자들의 자연스러운 언어 사용 기회를 늘리고 오류에 대한 부담을 덜어 주는 효과가 있다.

과제 기반 언어 교수는 학습자들이 과제를 해결해 가는 과정자체가 수업이므로 과제와 학습자의 역할이 중요할 수밖에 없다. 이로 인해 생길 수 있는 단점은 다음과 같다.

첫째, 과제 기반 언어 교수는 기초 단계의 초급 학습자를 위한 수업에서는 적합하지 않다는 비판을 받아 왔다. 기본적인 의사소통을 위한 언어 능력도 없는 초급 학습자들은 기본적인 어휘나 문법이 학습되지 않은 상태에서 과제를 해결하는 것은 학습자를 낙담하게 하거나 학습 의욕을 떨어뜨릴 수 있다.

둘째, 과제 기반 언어 교수는 교실에서 수행할 적절한 과제가 수업에 결정적인 역할을 하는데 이런 교육적 과제 개발에 상당한 노력과 시간이 든다. 전통 교재, 인터넷, 신문, TV 등 다양한 교육적 자료들을 활용하여 학습자와 교실 상황에 맞게 과제를 구현해 내는 것이 쉽지 않다.

셋째, 실제 환경에서의 의사소통 측면을 강조하기 때문에 유창성을 획득하는 대신 정확성에 대한 관심이 덜 할 수밖에 없다. 학습자가 과제의 메시지에 집중할 뿐만 아니라 그러한 메시지를 담아낼 언어적 형태에 대해서도 인지할 수 있는 기회를 만들어야 한다. 특히 과제가 너무 어렵게 느껴지면 학습자들은 문법적 정확성 같은 언어 형식에 주의를 기울이기 어렵다.

넷째, 과제를 수행할 때 학습자가 수업에 능동적으로 참여하지 않으면 과제 수행뿐만 아니라 수업의 질도 떨어진다. 과제의 난이도 조절에 실패하거나 과제 수행 절차가 명확하지 않으면 학습자들은 의욕을 잃게 된다.

1.4.2 발전적 제언

과제 기반 언어 교수에서는 과제 수행이 수업의 성패를 좌우하므로 학습자들이 과제에 몰입할 수 있도록 하는 것이 중요하다. 그러기 위해서는 학습

제12장 과제 기반 언어 교수

자의 흥미와 요구를 고려하면서도 의사소통적으로 유의미한 결과를 통해 학습자들이 성취감을 맛볼 수 있는 매력적인 과제를 제공해야 한다.

또한 성공적인 과제 수행을 위해서는 과제의 선택과 함께 과제의 난이도에 대해 충분히 고려해야 할 것이다. 과제가 너무 쉬우면 학습자들의 학습 의욕과 흥미가 떨어질 수 있으며, 과제가 너무 어려우면 학습자들이 과제 자체를 파악하는 데 어려움을 겪고 그 과제의 수행을 포기할 수도 있다. 이와 같이 과제의 난이도가 적절하게 설정되지 않으면 과제의 효과가 떨어진다.

한편 과제 기반 언어 교수는 문법의 정확한 사용과 다양한 어휘 습득에 중점을 둔 전통적인 언어 교수법과 달리 유창성을 목표로 한 활동 중심으로 수업이 진행되다 보니 과제 수행 과정에서 나타나는 학습자들의 발화들은 정확성이 낮거나 수준이 낮은 의사소통이 이루어질 수 있다. 그러므로 교사가 수행 과정을 꼼꼼하게 모니터하면서 의미 협상 과정을 통해 드러나는 학습자의 언어 출력을 적절한 범위에서 수정해 줘야 한다. 적당한 수준의 문법적 정확성을 획득할 수 있게 피드백의 기회를 제공하는 것이 필요하다.

과제 기반 언어 교수에서는 학습자의 자기 주도적인 역할이 중요한데 짝 또는 그룹으로 진행되는 과제 수행 과정에서 소외되거나 의기소침한 학습자가 없도록 격려하고 배려하는 학습 분위기를 조성해야 한다. 학습자들 상호간에 활발한 의사소통이 이루어질 수 있도록 과제 수행 시 필요한 전략들을 적극적으로 활용하도록 돕는다. 문맥이나 상황으로부터 추측하기, 확인 질문하기, 다른 학습자와 협의하기, 설명 요청 등이 그것이다.

2. 과제 기반 언어 교수 연구 동향

2.1 성격

한국어교육에서 과제 기반 언어 교수에 대한 연구들은 영어나 다른 언어 교육 분야에서보다 비교적 늦게 시작되었다. 90년대 중반에 들어와서야 관심을 갖기 시작했으며, 본격적인 연구물들은 2000년 이후부터 나왔고 그 이후로도 꾸준히 증가하고 있다.

초기 한국어 교육에서는 교재들이 대부분 문법이나 문형을 주요 교수요목으로 삼고 청화구두식 교수법을 따랐다. 이후 의사소통 기능에 초점을 둔 교재들이 나왔으나 문형에 맞춘 짧은 대화나 목표 문법을 익히기 위한 학습 활동에 그쳤다. 그러나 2000년대 이후 한국어 교육의 환경이 급격히 달라졌다. 한국어 학습자 수도 증가하고 학습자 층도 다양해짐에 따라 학습 목적도 다양해졌다. 교사 주도의 수동적이고 입력 중심의 교수법으로는 학습자들의 다양한 요구를 충족시키기 어려워진 것이다. 이에 학습자 중심의 능동적이고 성취 지향적이며 과제 수행 중심의 과제 기반 언어 교수에 대한 요구와 관심이 높아지고 있다. 과제 기반 언어 교수의 구체적인 내용과 효과에 대한 연구는 앞으로도 계속 탐구가 이루어져야 할 분야이다.

2.2 연구 대상 자료

이 연구에서는 2016년 7월까지의 한국어 교육 연구 중에서 과제 기반 언어 교수와 관련된 자료들을 분류하고 분석하였다. 자료 검색 및 수집은 학술연구정보서비스(www.riss.kr)를 활용하였다. '과제 중심' '과제 기반' 등의 검색어를 사용하여 '한국어 과제 기반 언어 교수' 주제의 논문을 선별한 뒤 목록을 작성하여 연도별, 유형별(학위논문/학술지논문)로 분류하고 연구 주제별로 다시 범주화하여 재분류하였다.[119] 한국어교육 분야에서의 과제 기반 언어 교수 관련 연구는 총 51편으로 학위논문 34편, 학술지 17편이다.

2.2.1 연도 및 유형별 분류

연구의 전체적인 흐름을 살펴보기 위해서 우선 연도별로 분류하였다. 또한 국내 석사 학위 논문과 박사 학위 논문, 학술논문으로 분류하였다. 한국어교육에서 과제 기반 언어 교수와 관련한 연구는 1990년 후반 들어서부터 시작되었다. 곽상흔(1994)의 'TASK 개념을 기초로 한 듣기 말하기 수업 연계 방안'을 시작으로 최정순(1996), 김정숙(1998)의 연구들이 학술지에 발표되면서 과제(task) 개념을 교육과정과 교재에 적용하려는 이론적인 연구들이 시작되었다. 1997년에 처음으로 석사학위논문이 발표되었고 2000년 들어서면서 학위 논문이 꾸준히 나오고 있다. 시기별 연구 편수를 정리하면 다음과 같다.

〈표 1〉 한국어 과제 기반 언어 교수의 시기별 연구 현황   (단위: 편)

구분	2000년 이전	2000년 ~2004년	2005년 ~2009년	2010년 ~2016월	계
학위논문	2	7	10	16	35
학술지	4	4	5	4	17
합계	6	11	15	20	52

1994년을 시작으로 90년대 후반까지는 학술지 논문을 중심으로 발표되고 그 편수도 6편에 불과하였으나 2000년대부터 약 30편으로 증가하였고 다양한 주제의 석사학위논문도 20편이 넘었고 박사학위도 발표된다. 2016년 상반기까지 학술지와 학위 논문이 꾸준히 연구되어 발표되고 있다. 또한

---

119) '과제'라는 용어가 수업 활동이나 연습을 대체하는 의미로 쓰인 경우가 있어서 과제 관련 논문으로 검색된 상당수의 논문에서 과제 기반 언어 교수의 핵심 교수 요소인 과제의 개념에 부합하지 않는 논문은 제외시키고 과제 기반 언어 교수에 근거한 의사소통 과제 관련 연구를 대상으로 삼았다.

연구 영역이 더 세분화되고 다양화되고 있어 체계적이고 계속적인 발전이 기대된다.

〈표 2〉 한국어 과제 기반 언어 교수의 유형별 연구 현황

유형		편 수
학위 논문	박사 학위 논문	2
	석사 학위 논문	33
국내 학술지 및 학술대회 발표집		17

2.2.2 연구 주제별 분류

연구 주제별 분류는 연구들의 주제를 먼저 귀납적인 방식으로 비슷한 주제의 논문들을 세부적인 주제별로 묶은 후에 다시 상위 개념으로 나누어 분류하였다. 그 결과 교육과정 및 교재 개발과 분석, 기능별 수업 방안, 요구분석, 교수 효과의 4가지 범주로 구분하였다.

먼저 과제 기반 언어 교수를 적용한 교육과정과 교수요목 그리고 교재의 과제 구성 및 활용에 관한 연구들은 교육과정 및 교재 개발과 분석으로 분류했다. 과제를 활용한 실제적인 교수 방안에 관한 연구들은 기능별 수업 방안의 영역에 포함시켰다. 기능별 수업 방안은 다시 듣기, 말하기, 읽기, 쓰기, 문법의 기능 영역에 따라 세부적으로 구분하였다. 과제 중심 활동의 실제적인 교수 효과에 관한 연구들은 교수 효과의 영역으로 따로 묶었다. 요구분석의 주제 영역은 과제를 개발하기 위해 학습자의 요구를 분석한 연구들로 한정하였다. 교육과정이나 교수설계에 포함될 수 있는 주제이나 과제 중심 교수의 특성상 과제에 대한 학습자의 요구 분석과 그 결과 자체가 연구의 핵심을 차지하고 있어 따로 그 영역을 구분하였다. 요구분석의 연구 주제는 과제 중심 연구의 특수성을 보여주는 동시에 전망이 기대되는 연구 영역이기 때문이다.

한국어 교육에서의 과제 기반 언어 교수의 연구 주제의 변화와 흐름을 살

제12장 과제 기반 언어 교수

펴보기 위해 시대별로 관련 논문들을 분류하였다. 1990년대는 교육과정 및 교재 개발과 관련한 과제 이론과 그 이론적 적용에 관한 연구들이 주를 이루었다면 2000년대는 연구 양의 증가와 함께 연구 주제가 수업 방안과 요구분석 등 다양화되었다. 2005년 후부터는 기능별 수업 방안에 대한 연구도 더 다양한 영역별로 시도되는 추세이다. 연구 주제를 연도별로 분류하면 다음과 같다.

〈표 3〉 과제 기반 언어 교수의 주제별 연구 현황　　　　(단위: 편)

	교육과정 및 교재개발	기능별 수업 방안						요구 분석	교수법 효과
		말하기	듣기	읽기	쓰기	문법	기능 연계		
2000년 이전	4		1				1		
2000년 ~2004년	6	2	1					1	1
2005년 ~2009년	1	4		2		1	2	4	
2010년 ~2016년	6	4	2	1	1			4	1
계	17	10	4	3	1	1	3	9	2

　과제 기반 언어 교수의 연구 주제의 분포를 살펴보면 기능별 수업 방안에 관한 연구물이 47%(22편)로 가장 많았으며 거의 절반을 차지하였다. 교육과정 및 교재개발과 분석에 관한 연구가 31%(17편)로 그 뒤를 이었다. 그 다음으로는 학습자의 요구 분석과 관련한 연구가 18%(9편)였으나 교수법의 효과에 관한 연구는 4%(2편)에 불과해 가장 적었다.

　연구 주제별 분류에서 가장 많은 편수의 연구물이 나온 기능별 수업 방안 관련 논문들 중에서도 말하기 수업 방안이 47%로 거의 절반을 차지하였고 듣기 수업이 24%로 두 번째로 많았다. 그 외 읽기, 쓰기, 문법, 기능별 연계 연구는 상대적으로 훨씬 미미하였다. 이러한 결과는 과제 중심 교수의 특성상 활발한 의사소통을 목표로 하기 때문에 말하기 수업 방안에 대한 연구들이 집중되었다고 볼 수 있다.

2.3 연구 동향 분석

연구 주제별 흐름을 개괄적으로 살펴본 결과, 초기 연구 시기인 1994년부터 1999년까지는 교육과정 및 교재 개발과 관련한 연구 4편, 수업 방안에 관한 연구 2편 등으로 연구 주제가 과제와 관련한 이론과 이론적 적용에 관련한 연구에 편중되었다. 그러나 2000년부터 2005년 사이에 수업 방안뿐만 아니라 요구 분석과 교수효과에 관한 구체적인 연구들이 등장하기 시작한다. 2005년부터 2016년(7월) 현재까지는 교육과정 및 교재 개발과 관련한 논문이 줄어든 대신, 기능별 수업 방안에 관한 연구들이 증가하고 학습자의 요구를 분석한 과제 관련 연구들이 늘고 있는 경향을 보인다.

교육과정 및 교재 개발에 관한 연구는 1994년부터 지금까지 비슷한 수준으로 꾸준하게 이어오고 있다. 초기 연구 시기의 김정숙(1998)을 비롯한 연구들은 과제 수행을 한국어 교육의 기본 원리로 제안하고 과제의 개념과 한국어 교육에 적용할 수 있는 과제 수행 중심의 교육 과정을 제시하는 데 의의를 두고 있었다. 홍정은(2006), 상야지미(2011), 나은선(2002)과 같이 한국어 교재의 과제를 의사소통 기능적 관점에서 분석하는 데 초점을 두거나 정선화(1998), 현윤호(2004) 등의 연구처럼 과제 중심의 한국어 교재 구성이나 교수요목 설계 방안을 목적으로 하고 있다.

과제 중심 수업 방안에 관한 연구는 2005년 이후로 크게 증가하고 있으며, 수업 방안에 대한 연구도 말하기 중심에서 듣기, 읽기, 문법, 쓰기 등으로 그 영역을 넓혀 가고 있는 추세다. 현윤호(2001), 임화정(2009), 진옥희(2003)와 같이 과제 중심의 구체적인 말하기 수업 구성 방안을 제시하거나 협상 과제 중심의 말하기 수업을 연구한 이희순(2011)과 학문적 맥락에서의 한국어 발표하기 과제의 구성 방안을 제안하는 장아남(2014)의 연구에서처럼 특정 과제 수행을 목표로 하는 등 연구 초점이 더 세분화되어 가고 있다. 또한 수업 방안에 대한 연구들도 최근에는 듣기나 말하기 기능에만 치우진 연구에서 벗어나 한국어 읽기 과제의 수업 방안(구수연, 2013)이나 과정 중

제12장 과제 기반 언어 교수   321

심 교수법을 활용한 쓰기 수업에 대한 방안(유영, 2015)에 대한 연구도 이루어지고 있다.

무엇보다 과제에 대한 요구분석 관련 연구물들이 2005년 이후부터 증가하고 있으며 학문 목적을 비롯한 외국인 근로자 등 요구 분석에 대한 연구가 더 다양화되고 세분화되는 추세이다. 이는 학습자 중심인 과제 기반 언어 교수의 특성이 반영된 것으로 학습자의 요구를 반영한 과제 개발의 필요성이 높아지고 있기 때문인 것으로 보인다. 김진숙(2003), 송지현(2005), 황현주(2006)은 학습자의 학습 목적에 따른 과제에 대한 학습자의 요구를 설문 조사하고 분석해서 학습 목적에 맞는 과제를 선정하고 과제 개발에 대한 제언을 하고 있다. 그 예로 김지은(2008)은 외국인 근로자를 위한 한국어 교육은 직장 생활과 관련된 문제 해결이라는 차원에서 접근해야 한다는 관점에서 외국인 근로자의 학습 요구를 분석하여 그 결과를 토대로 교육적 과제를 개발하고자 했다. 앞으로도 학습자 대상별, 학습 목적별로 더 세밀한 요구 분석이 이루어지고 그에 맞는 과제 개발이 이어질 것으로 보인다.

과제 중심 교수의 효과에 대한 연구도 2000년대 들어서면서부터 서서히 등장하는데 2편에 그칠 정도로 미미하다. 김미옥(2000)에서는 한국어 학습에서 과제의 종류 및 유형에 따라 학습자간 상호작용에 어떠한 영향을 미치는지를 실험하고 실제 수업에서 과제 수행이 교수 학습에 어떤 효과가 있는지를 보여주고자 하였다. 또한 권세희(2010)은 과제 중심 말하기 활동이 초급 한국어 학습자의 학습 불안과 흥미에 미치는 영향에 대해 실험 집단을 통해 밝히고 학습자들이 학습자 참여 위주의 과제 중심 말하기 활동을 할 경우 언어 학습 불안이 감소하고 긍정적인 학습 태도를 갖게 되는 등 정의적인 측면에 효과가 있음을 증명하고자 했다.

2.4 향후 과제 및 제언

현재까지의 연구 논문을 분석한 결과를 토대로 한국어 교육에서 과제 기반 언어 교수의 연구 동향을 분석하고 앞으로의 과제를 제안하면 다음과 같다.

첫째, 과제 기반 언어 교수의 과제에 대한 개념이 명확하지 않고 연구물에 따라 달리 정의되고 활용되고 있다. 과제 기반 언어 교수의 이론을 바탕으로 연구된 논문들에서도 과제를 수업에서 이루어지는 모든 연습과 활동 정도로 간주하고 수업을 설계하는 등 이론과 실제 적용이 맞지 않는 경우도 상당히 있다. 과제에 대한 개념 정립이 분명하고 명확해야 그에 따른 교육 과정 및 교육 방안이 여타 교수법과 차별화되고 그 고유의 특성을 보여줄 수 있을 것이다.

둘째, 과제 기반 언어 교수를 실제 수업에 적용한 기능별 수업 방안에 대한 연구가 꾸준히 늘고 있으나 읽기, 문법, 쓰기 영역에서의 연구 성과는 아직 적은 편이다. 기능 연계 수업 방안에서도 듣기·말하기를 제외하고는 읽기와 쓰기, 말하기와 쓰기, 듣기와 쓰기 등 기능 간의 연계를 위한 구체적인 연구가 없다. 과제 기반 언어 교수는 무엇보다 종합적인 접근을 통한 언어 학습을 그 원리로 한다는 점에서 과제의 성격과 목적에 따라 기능을 통합한 수업 방안에 대한 연구도 필요하다.

셋째, 과제 기반 언어 교수의 실증적인 효과에 대한 연구도 필요한데 이와 관련한 연구가 아주 적다. 실제 수업 현장에서 과제 기반 언어 교수로 가르쳤을 때 학습의 효과에 대한 양적 또는 질적인 분석도 요구된다. 학습자 상호간의 일어나는 의미 협상 과정은 어떠한지, 의사소통 능력을 담보할 수 있는 진정성 있는 과제는 어떤 과제인가, 과제 기반 언어 교수를 실제로 적용할 때 생길 수 있는 어려움과 그 보완점은 무엇인지에 대한 실증적인 연구 결과들도 필요할 것이다.

　마지막으로 다양한 학습자의 요구를 반영한 실제적이고도 교육적인 과제 개발에 대한 지속적인 연구가 필요하다. 과제 중심 현장 학습에 바로 적용할 수 있고 학습 목적과 학습자에게 맞는 다양한 과제들이 선행되어야 성공적인 과제 중심의 수업이 이루어질 수 있기 때문이다.

참고문헌

김지영(2012), '과제 중심 접근법에 기반한 한국어 교육과정 방안 연구', 고려대학교 대학원 박사학위논문.
남성우 외(2006), 「언어교수이론과 한국어 교육」, 한국문화사.
민덕기 외(2015), 「과제기반 초등영어교수법의 원리와 실제」, 한빛문화사.
욱건화(2014), '과업 기반 학문 목적 한국어 말하기 교육의 설계 연구', 인천대학교 대학원 석사학위논문.
이희원(2009), '초급 한국어 말하기 수업 내 학습자 간 상호작용 활성화를 위한 과제 활용연구', 배재대학교 대학원 석사학위논문.
임병빈 외 역(2003), 「제2언어 교수 학습」, 한국문화사.(Nunan, N., *Second Language Teaching & Learning*, Cengage Learning, 1999.)
전병만 외 역(2017), 「언어 교육의 접근 방법과 교수법」, 케임브리지.(Richards, J. & Rodgers, T., *Approaches and Methods in Language Teaching*, Cambridge University Press, 2001.)
지승필(2011), '한국어 중급 교재의 과제 제시 방안 연구', 배재대학교 대학원 석사학위논문.
한재영 외(2005), 「한국어 교수법」, 태학사.
Nunan, D.(1989), *Designing tasks for the communicative classroom*, Cambridge University Press.
Prabhu N.S.(1987), *Second language pedagogy*, Oxford University Press.
Willis, J.(1996), *A framework for task-based learning*, Longman.

【부록】 과제 기반 언어 교수 연구 논문 목록

1. 학위논문
- 박사학위논문

김지영(2012), '과제 중심 접근법에 기반한 한국어 교육 과정 개발 방안 연구', 고려대학교 대학원.
현윤호(2004), '독일어권 한국어 학습자를 위한 과제 중심의 교재 구성 연구', 이화여자대학교 대학원.

- 석사학위논문

구수연(2013), '한국어 읽기 과제 활용 방안 연구', 고려대학교 대학원.

공득희(2014), '영어권 초급 한국어 학습자를 위한 과제 활용 방안 연구', 경희사이버대학교 대학원
김미옥(2000), '외국어로서의 한국어 학습에 있어서 과제 종류 및 유형에 따른 상호작용 연구', 연세대학교 대학원.
김선옥(2015), '의사소통 능력 향상을 위한 한국어 말하기 과제 개발 연구', 전남대학교 대학원.
김선호(2008), '태국인을 위한 과제중심 한국어 말하기 교육 연구', 선문대학교 대학원.
김유나(2013), '일반 목적 한국어 학습자를 위한 과제 중심 교수형 한국어 문화활동 교재개발, 이화여자대학교 대학원.
김지은(2008), '외국인 근로자 대상의 한국어 과제기반 교수를 위한 교육적 과제 개발 연구', 한국외대학교 대학원.
김진숙(2003), '특정 목적 한국어 교육과정 개발을 위한 과제 단위 학습자 요구 분석', 연세대학교 대학원.
권세희(2010), '과제 중심 말하기 활동이 초급 한국어 학습자의 학습 불안과 흥미에 미치는 영향'. 한남대학교 대학원 .
나은선(2002), '한국어 교재의 과제 분석과 활용방안', 이화여자대학교 대학원.
민혜정(2004), '한국어 교재의 과제 중심 교수요목 설계 방안', 고려대학교 대학원.
박수정(2008), '한국어 학습자를 위한 과제 중심 읽기 전략 교수 방안 연구', 부산외국어대학교 대학원.
상야지미(2011), '한국어 초급 교재의 과제 복잡성과 의사소통 기능 분석', 연세대학교 대학원.
손현수(2010), '한국어 학습자의 듣기 능력 향상을 위한 과제(Task) 중심 듣기 교육 방안', 경희대학교 대학원.
송지현(2005), '학문 목적 한국어 교육을 위한 과제 중심 요구 분석', 이화여자대학교 대학원.
양현민(2006), '한국어교육에서의 과제중심의 말하기 수업 구성 방안', 한국외국어대학교 대학원.
욱건화(2014), '과업 기반 학문목적 한국어 말하기 교육의 설계 연구', 인천대학교 대학원.
유연희(2000), '과제(TASK)중심의 한국어 듣기 교육 연구', 부산외국어대학교 대학원.
유영(2015), '과정 중심 교수법을 활용한 한국어 쓰기 교육 연구', 전남대학

교 대학원.
유하나(2015), '기능 통합 듣기 과제 개발 방안 연구', 고려대학교 대학원.
이동훤(2009), '초급과정 한국어 학습자의 과제중심 현장학습 방안 연구', 부산외국어대학교 대학원.
이샛별(2016), '외국인 유학생을 위한 직업 목적 한국어교육 과제 선정 연구', 한국외국어대학교 대학원.
이진주(1997), '과제해결 중심의 듣기 수업 구성 방안', 이화여자대학교 대학원.
이희순(2011), '협상 과제 중심의 말하기 교육 연구', 가톨릭대학교 대학원.
이희원(2009), '초급 한국어 말하기 수업 내 학습자 간 상호작용 활성화를 위한 과제 활용연구', 배재대학교 대학원.
장석봉(2015), '기능 통합적 한국어 쓰기 교육 방안 연구', 인천대학교 대학원.
장아남(2014), '학문적 맥락에서의 한국어 발표하기 과제 구성 방안 연구', 고려대학교 대학원.
정선화(1998), '과제 중심의 한국어 교재 구성에 관한 연구', 서울대학교 대학원.
지승필(2011), '한국어 중급 교재의 과제 제시 방안 연구', 배재대학교 대학원.
진옥희(2003), '과제 중심의 한국어 말하기 교육 지도 방안 연구', 고려대학교 대학원.
홍정은(2006), '과제 중심 한국어 교재의 과제 분석', 고려대학교 대학원.
황현주(2006), '학문 목적 한국어 교육과정 개발을 위한 과제 단위 요구 분석', 연세대학교 대학원.

2. 학술지 논문

김정숙(1998), '과제 수행을 중심으로 한 한국어 교육 방법론', 「한국어교육」 9-1, 국제한국어교육학회.
김정숙(2003), '통합 교육을 위한 한국어 교수요목 설계 방안 연구', 「한국어 교육」 14-3, 국제한국어교육학회.
김정숙(2004), '한국어 읽기, 쓰기 교재 개발 방안 연구 -교수요목의 유형과 과제 구성을 중심으로-', 「한국어 교육」 15-3, 국제한국어교육학회.
김지영(2014), '과제 수행 중심의 한국어 말하기 수업에서 담화 분석 활동의 활용 방안', 「한국어 교육」 25-1, 국제한국어교육학회.
김지영(2014), 'TTT모형을 적용한 한국어 말하기 교재의 모듈 조직 방안',

「어문논집」 72, 민족어문학회.
김지혜(2013), '학문 목적 한국어 학습자를 위한 상호텍스트성 기반의 듣기 과제 연구 -듣기 과제의 단계 설정 및 텍스트 조직을 중심으로-', 「국제한국어교육학회 추계학술발표논문집」, 국제한국어교육학회.
박수정(2008), '과제 중심의 한국어 읽기 교육 연구', 「한국언어문화교육학회 학술대회」, 한국언어문화교육학회.
원해영(2014), '과제 기반 한국어 수업전략 구축에 관한 연구 -과제와 과정을 결합한 쓰기 수업을 중심으로-', 「우리말연구」 39, 우리말학회.
유석훈(2005), '고급 수준 학문-직업 연계 한국어교육 -과제기반 KFOP-KU의 예-', 「한국어 교육」 16-3, 국제한국어교육학회.
윤신애 외(2010), '학문 목적 한국어 듣기, 말하기 과제 중심 요구 분석', 「한국어 교육」 21-3, 국제한국어교육학회.
이민우(2014), '한국어 고급 학습자를 위한 프로젝트 수업용 교재 개발 연구', 「語文論集」 57, 민족어문학회.
임화정(2009), '과제 중심의 한국어 말하기 지도 방안', 「교육문화연구」 15-1, 인하대학교 교육연구소.
조위수(2008), '과제 중심의 한국어 말하기, 듣기 연계 교육 방안', 「외국어로서의 한국어교육」 33, 연세대학교 언어연구교육원.
지현숙(2007), '한국어 구어 문법 교육을 위한 과제 기반 교수법', 「국어교육연구」 20, 국어교육학회.
현윤호(2001), '과제 수행 중심의 말하기 지도 방안', 「한국어 교육」 12-2, 국제한국어교육학회.
Lee Young Geun(2000), Task-Based Approach to Syllabus Design for Korean as a Foreign Language, 「한국어 교육」 11-1, 국제한국어교육학회.

제13장
내용 기반 교수

전영미

제13장 내용 기반 교수

전영미

1. 기본 원리와 적용

1.1 정의

 내용 기반 교수(content-based instruction : CBI)는 다양한 교과목의 내용이나 주제를 자연스럽게 이해하면서 동시에 언어 수행 능력을 배양해 나가는 교수 방법이다. 곧 학습자가 관심을 가지고 있는 영역에 대한 내용을 목표로 가르치는, 내용과 언어를 통합한 방법이다.[120]

 내용 기반 교수에서 언어는 내용 전달을 위한 도구로서의 의미만을 가진다. 여기에서 '내용'은 언어 교수를 위해 학습자의 요구나 흥미를 고려하여 선정된 주제나 교과 과정의 내용을 의미한다. 따라서 언어 자체의 학습보다

---

[120] 내용 기반 교수는 일반적으로 언어 교수와 내용 교수의 통합을 의미하지만 학자들에 따라 조금씩 그 정의가 다르다. Krahnke(1987)에서는 언어 자체에 대한 직접적인 설명보다 목표 언어로 내용과 지식을 가르치는 교수 방법이라고 하였고, Met(1998)에서는 전체적 또는 부분적 몰입프로그램에서 교과 과정의 전체나 일부를 외국어를 통하여 지도하는 방법이라고 하였다. 즉 언어를 매개로 의사소통 능력 향상을 위해 내용 학습에 중점을 둔 언어 학습법임을 강조하였다. 또 Richards와 Rodgers(2001)에서는 내용 중심 교수를 언어 자체에 대한 학습보다는 학습자들이 알아야 할 내용이나 지식을 활용하는 제2언어 학습법이라고 하였다.

는 특정 과목의 내용을 통한 언어 학습을 목표로 한다. 학습자들이 배워야 하는 수학, 과학, 역사 등의 교과를 외국어로 수업함으로써 학습자들의 교과 학습에 대한 내적 동기를 유지시키는 동시에 그 과정에서 외국어 능력의 향상을 도모하는 교수 방법이다. 결론적으로 내용 기반 교수는 언어 자체에 대한 학습을 최소화하고 언어를 매개로 특정 내용에 초점을 맞춤으로서 지식과 언어 습득이라는 두 가지 학습 효과를 동시에 거두는 것을 목표로 한다.

1.2 이론적 배경과 역사

1.2.1 등장 배경

내용 기반 언어 교수는 종래의 언어 교육이 언어의 구조에만 관심을 두면서 학습 동기를 저하시킨 것에 대한 반성으로, 특정 교과목의 학습 내용과 외국어 학습을 통합하려는 시도에서 시작되었다. 내용 기반 교수가 처음 나왔을 때는 주로 공학이나 의학 등과 같은 특수 목적 언어(language for specific purpose) 과정과 캐나다의 초등학교 몰입 프로그램(immersion program)에서 사용되었다. 이후 외국어 학습과 학문 목적 교육 과정에서 그 필요성이 대두되면서 1980년대 후반부터 본격적으로 내용 기반 언어 교수(content-based language teaching : CBLT)가 도입되었고 제2언어로서의 영어 과정(ESL)이나 학문 목적 영어 과정(english as an academic purpose : EAP) 등에서 적용되어 발전되었다. 최근에는 외국어로서의 영어(EFL) 교육 환경에서도 그 중요성이 점차 인식되고 있다.

이러한 내용 기반 교수는 Krashen(1982)의 입력 가설과 Swain(1985)의 출력 가설에 이론적 근거를 두고 있다. 이 두 가설은 제2언어 습득 과정과 관련되어 있으며 내용 기반 교수에서 이루어질 수 있는 언어 습득 과정과 관련된다. 먼저 Krashen(1982)에서는 학습자들이 이해할 수 있는 목표 언어에 대한

'입력'이 성공적인 언어 습득의 필수 조건이라고 주장했다. 즉 학습자들이 형태보다 의미에 초점을 두면서, 학습자들에게 '이해 가능한 입력'이 제공될 때 제2언어가 가장 성공적으로 습득된다고 하였다. 여기에서 내용은 '이해 가능한 입력'이 되고, 이는 곧 내용 기반 교수에서의 '내용'이 된다고 할 수 있다.

한편 Swain(1985)에서는 캐나다 몰입 프로그램 연구를 바탕으로 학습자들에게 이해 가능한 입력뿐만 아니라 '이해 가능한 출력'을 통해 언어를 산출할 수 있도록 해야 한다고 주장했다. 언어 습득 과정에서 학습자들에게 출력할 수 있는 충분한 기회를 제공해야 바람직한 언어 습득이 이루어 질 수 있다는 것이다. 내용 기반 교수는 의사소통능력 향상을 목표로 하는 교수 방법 중 하나로 학습자의 언어 사용 기회를 확보하여 출력할 수 있는 기회를 충분히 제공하기 위해 노력한다.

내용 기반 교수에서는 내용, 곧 학습자들이 배워야 하는 교과 과정의 지식이나 주제가 목표 언어로 제공되며 수업도 목표 언어로 이루어진다. 이때 교사는 학습자들에게 입력 자료와 학문적 과제를 제공하며 학습자들은 주어진 학습 자료를 이해하고 과제를 수행하기 위해 목표 언어를 사용하게 되면서 자연스럽게 목표 언어를 학습하고 습득하게 된다. 이렇듯 내용 기반 교수는 내용 학습과 학습자의 언어 산출을 강조한다는 점에서 이 두 이론을 모두 충족시킨다고 할 수 있다.

1.2.2 주요 개념 및 원리

Snow(2001)에 의하면 언어 교수·학습에서 내용(content)은 교수법의 변천과 함께 그 개념도 달라져 왔다. 먼저 전통적으로 문법번역식 교수법에서의 내용은 목표어의 문법적 구조를 의미했고, 청화식 교수법에서는 문법 구조와 어휘, 혹은 대화에서 나타나는 형태의 소리를 가리켰다. 최근의 의사소통식 접근법에서는 의사소통 목적 그 자체를 지칭하고 있다.

반면 내용 기반 교수에서의 내용은 학습자들이 목표 언어로 배워야 하는 교과목이나 학습자가 필요로 하거나 관심을 가지고 있는 주제 또는 학문 목적의 학습자가 수업 중 직면하게 되는 학문적 과제를 의미한다. 여기에서 내용은 언어 교수를 위해 학습자의 요구나 흥미를 고려하여 선정된 주제나 교과 과정의 내용을 의미한다. 따라서 내용 기반 교수에서의 언어 학습은 정규 교육과정이나 교과 영역으로부터 추출된 주요 주제를 통한 언어 학습법이라 할 수 있다.

내용 기반 교수는 다음의 원리에 근거하여 언어와 내용을 통합하여 교수한다.[121]

첫째, 내용 기반 교수에서의 언어는 언어 학습의 도구일 뿐이다. 내용 기반 교수에서 언어는 내용을 전달하는 매개, 곧 내용 학습을 위한 도구로서의 의미만을 가진다고 할 수 있다. 언어 자체에 대한 학습을 최소화하고 언어를 매개로 특정 내용에 초점을 맞춤으로서 지식과 언어 습득이라는 두 가지 학습 효과를 동시에 거두는 것을 목표로 한다. 즉, 학습자는 내용 학습의 부산물로 언어를 습득하게 됨을 기본 원리로 한다.

둘째, 내용 기반 교수에서 학습자의 학습 동기(motivation)는 중요한 요소이다. 학습자의 언어 욕구와 흥미가 항상 일치하는 것은 아니지만 내용 기반 교수에서는 학습자들이 실제로 학습하는 교과 내용과 관련된 내용을 다루게 되므로 학습자들의 동기가 고취되고 따라서 교육 효과도 촉진된다는 것이다. 그렇기에 제공되는 지식도 유의미한 것이어야 한다. 학습자에게 제공되는 내용이 실제 학습자가 필요로 하는 것과 관련이 없는 무의미한 것이라면 학습자의 내적 동기를 유발하기 어렵고 결국 지식 습득 및 언어 습득에

---

121) 여기에서 제시한 내용 기반 교수의 원리는 Brinton 외(2003)을 참조하여 정리한 것이다.

실패하게 된다는 것이다.

셋째, 내용 기반 교수에서는 모든 교수가 학습자의 선행 지식을 토대로 이루어져야 한다는 것을 교육적 원칙으로 삼는다. 때문에 학습자의 제2언어 지식뿐만 아니라 교과 과목, 학문적 배경 등 학습자의 사전 지식을 중요하게 인식한다. 학습자들은 이미 알고 있는 지식을 바탕으로 새로운 지식을 이해하고 받아들이게 된다. 따라서 선행 지식에 새로운 지식이 더해진 이해 가능한 입력이 제공될 때 가장 성공적인 학습이 이루어질 것이다.

넷째, 내용 기반 교수에서는 단편적 문장 단위의 올바른 '용법(usage)' 보다는 맥락 내에서의 '사용(use)'을 통한 언어 교육에 중점을 둔다. 따라서 학습자들은 문법적으로 정확한 형태뿐만 아니라 효과적인 언어 사용에 필수적인 담화의 특징과 사회적 상호작용 패턴까지 인식하게 된다. 언어 학습은 언어의 형태적 특징이나 구조를 학습하는 것이 아니라 언어를 유목적적으로 사용할 때 가장 효과적으로 일어난다는 것이다.

이상의 원리들은 내용 기반 언어 교수를 구성하는 데 가장 기본적이고 중요한 원칙이라 할 수 있으며, 내용 기반 언어 교수의 세 가지 교수 유형인 주제 중심 교수(theme-based instruction), 내용 보호 교수(sheltered content instruction), 병존 교수(adjunct instruction)에 그대로 적용된다. 내용 기반 언어 수업에서 일반적으로 사용되는 교수 유형은 주제 중심 교수와 내용 보호 교수, 병존 교수의 세 가지로 나눌 수 있다(Briton 외, 2003). 이 세 유형은 공통적으로 내용에 주안점을 둔 유의미하고 맥락화된 형태의 자료를 학습자에게 제공하여 성공적인 언어 학습을 도모한다.

이러한 세 유형은 하나의 연속체로 볼 수 있는데 이를 제시하면 다음과 같다.

주제 중심 교수	병존 교수	내용 보호 교수
언어 중심 ←		→ 내용 중심

주제 중심 교수는 주제(theme) 또는 화제(topic)를 중심으로 언어를 함께 통합하여 가르친다. 여기에서 주제는 학습자들의 교과목과 관련된 의사소통의 대상이 되는 흥미 있는 것으로 선정된다. 학습자의 흥미가 기준이 되어 선택된 주제이기 때문에 심도있는 내용보다는 전반적이고 일반적인 내용에 쉬운 단어가 많이 사용된다. 선택된 주제는 언어의 네 가지 기능과 통합된 활동과 연계되며, 이러한 활동을 통해 학습자들은 목표 언어와 관련된 내용을 이해하고 산출하게 되면서 언어 능력이 향상된다. 주제 중심 교수는 유치원부터 대학과정의 어떠한 교수 상황에서든지 적용될 수 있다는 점에서 가장 폭넓게 사용된다.

두 번째 유형인 내용 보호 교수는 전통적으로 초등, 중등 몰입 교육 환경의 제2언어 학습자에게 널리 사용되고 있는 방법으로, 이들을 원어민 학습자들로부터 분리하거나 '보호'하기 위한 것에서 비롯되었다. 내용 보호 교수에서는 언어에 초점을 두는 주제 중심 교수와 달리 내용 학습에 초점을 두고 이루어지며, 원어민 교사가 학습 내용을 외국인 학습자들이 이해할 수 있도록 전문 학술 자료를 변형하여 가르친다. 또한 모든 수업 과정은 말하기, 쓰기와 같은 산출 기능보다는 듣기와 읽기 같은 이해 기능을 더 강조한다.

세 번째 병존 교수는 학습자들이 언어 수업과 내용 수업을 각각 신청하여 연계된 두 수업을 병행하는 것이다. 이 수업의 목표는 외국인 학습자들이 특정 전공 수업을 이해하고 전문 지식을 학습하는 데 도움을 주기 위한 것이다. 외국인 학습자는 언어 전문가가 진행하는 언어 수업을 먼저 듣고 내용 전문가가 지도하는 내용 수업에서 원어민 화자와 같이 강좌를 듣게 된다. 따라서 각 전문가가 수행하는 연계 수업이 효과적으로 이루어 질 수 있도록 수업 계획 단계에서부터 두 전문가간의 협동작업이 요구된다. 이 수업은 특정 전공과목에 대한 지식과 언어를 병행해서 배워야 하는 학문 목적 학습자를 위한 교육에 적합하다고 할 수 있다.

세 유형은 내용과 언어의 통합 정도에 따라 연속체 상에서 서로 다른 곳에 위치하게 된다. 언어 중심과 내용 기반의 중간 위치에 있는 것이 병존 교수라고 한다면, 언어에 보다 더 중점을 두는 것이 주제 중심 교수, 내용에 중점을 두는 것이 내용 보호 교수이다. 이 세 유형은 교수·학습 환경에 따라 여러 변형이 가능하며 두 교수 방법을 결합하여 적용할 수도 있다.

1.3 수업에의 적용

내용 기반 교수의 세 유형에서 주제 중심 교수를 제2언어 학습에 적용할 때 사용할 수 있는 구체적인 교수 단계에는 Brinton 외(1994)에서 제안한 'into-through-beyond' 단계가 있다. 이 수업 단계는 내용 기반 교수에서 제2언어 대상의 주제 중심 교수를 실제 교실 수업에 적용하여 학습자의 학습 내용을 극대화하기 위하여 고안해 낸 것이다. 이를 한국어 수업 모형에 적용하면 '준비-내용 학습-응용·확장' 단계로 구성할 수 있다.

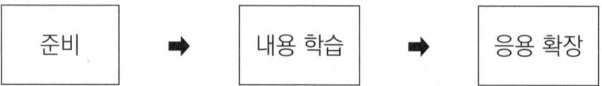

먼저 〈준비 단계〉에서는 학습자가 배우게 될 주제나 화제에 대해 생각해 보고, 이 내용에 대하여 학습자가 이미 알고 있는 지식을 인식하여 새로운 내용을 배울 수 있도록 준비하는 단계이다. 먼저 학습 주제에 대한 여러 가지 이야기나 유도 질문을 통해 학습자들의 관심을 학습 주제로 이끈다. 주제에 대해 토론이 가능한 그림을 제시하거나 학습자의 경험을 이끌어 낼 수 있는 짧은 글 읽기나 글쓰기, 어휘 수집 활동 등을 진행한다. 〈준비 단계〉에서 이루어질 수 있는 수업의 일부를 보이면 다음과 같다.[122]

---

[122] 여기서 제시한 수업의 예는 고급 수준의 학문목적 학습자를 대상으로 하였으며, '가족 제도의 변화 - 1인 가구의 증가'를 주제로 내용 기반 읽기 수업을 구성한 것이다.

〈예시 1〉

※ 다음 그래프를 보고 한국의 1인 가구 현황에 대해 이야기해 봅시다.

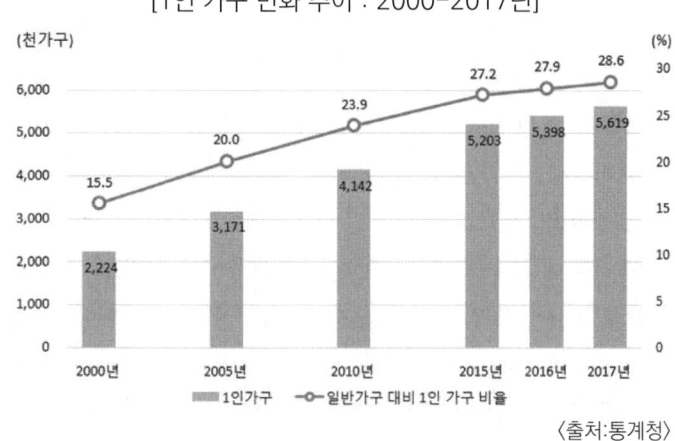

〈출처:통계청〉

교사: 1인 가구의 의미를 확인해 봤고, 이제 이 그래프를 보세요. 한국의 1인 가구의 비중을 알 수 있는 그래프인데요. 2017년 한국의 1인 가구 비율이 어떻습니까?

학생: 2017년 한국의 1인 가구 비율은 28.6%입니다.

이 단계에서는 한국의 1인 가구 현황을 알 수 있는 그래프를 보고 1인 가구의 의미, 1인 가구 증가 원인, 자신의 나라와의 1인 가구 현황 비교 등에 대해 이야기해 보면서 본수업에 들어가기 전 1인 가구에 대한 배경 지식을 활성화 시키고 주제에 대한 관심을 이끌어 낸다.

〈내용학습 단계〉에서는 이전 단계에서 토론한 것과 관련 있는 새로운 내용을 접하는 단계이다. 학습자들이 '내용'을 학습하는 단계로 제시된 본문을 이해할 수 있도록 학습자들의 상호작용을 이끄는 활동을 진행하고 말하기와 쓰기 활동을 통해 읽기 과정을 보충한다. 또한 학습자 상호간의 질문으로 단어 목록화, 단어 연습 등을 진행할 수 있다. 다음은 〈내용 학습 단계〉에서 할 수 있는 활동 중 일부의 예이다.

〈예시 2〉

※ 다음은 전문가가 한국의 가족 형태 변화에 대해 쓴 글입니다. 글을 읽고 단락별로 중심 내용을 정리해 봅시다.

> 1인 가구가 25% 넘어선 '고독한 한국'[123]
>
> 한국 사회의 가족이 점차 쪼개지고 늙어가고 있다. 혼자 사는 1인 가구가 우리 사회의 대표적 가구 유형이 될 전망이다. 통계청이 최근 발표한 '2010~2035년 장래 가구 변화 보고서'는 충격적인 가족 해체를 예측했다. 올해 '1인 가구'의 비율이 전체 가구 중 25.3%로 1위로 올라서고 2035년에는 34.3%에 달할 것이라고 발표했다. 70년대에 산업화와 도시화로 인해 '4인 가족'개념이 전통적인 '3대 가족' 개념을 깨고 주류가 되었다. 그런 '4인 가족' 개념이 올해를 기점으로 '1~2인 가구' 형태에 왕좌를 물려주고, 오는 2035년에는 거의 해체될 것으로 보인다.
> '1인 가구'의 증가는 세계적인 추세이지만 한국의 '1인 가구' 증가세는 세계에서 가장 빠른 수준이다. 한국의 '1인 가구'는 ...
>
> - 이하 생략 -
>
> 장영권
> 한국평화미래연구소 대표
> 미래연대 대표, 정치학 박사

교사: 글을 읽고 단락별로 내용을 정리해 봅시다. 첫 번째 단락은 무슨 내용입니까?
학생: 통계청 결과에 따르면 전통적인 4인 가족 개념이 깨지고 1~2인 가구 형태로 변화하면서 결국에는 혼자 사는 1인 가구가 한국 사회의 대표적 가구 유형이 될 것이라는 내용입니다.

이 단계에서는 제시된 글을 읽으면서 내용에 집중하고 짝활동과 그룹활동을 통해 어휘 목록을 뽑아 보고 그 의미를 추측하고 확인하는 활동을 병행

---

[123] 출처: 서강대학교 한국어교육원(2014),「서강한국어 읽기 6」, 135-136, 서강대학교 국제문화교육원 출판부

제13장 내용 기반 교수

할 수 있다.

마지막으로 〈응용·확장 단계〉는 본문을 이해하는 단계를 넘어서 배운 것을 응용하는 단계이다. 교실 전체 또는 그룹 간 토론, 교실 밖 사람과의 인터뷰, 비판적 사고 기술 활동 등을 진행할 수 있다.

〈예시 3〉

※ 여러분 나라의 가족 제도는 어떻게 변화하고 있습니까? 그 변화 원인은 무엇이고, 이로 인해 발생하는 사회 문제는 무엇이 있습니까? 그리고 그 문제를 해결하기 위한 방안으로는 어떤 것이 있는지 이야기해 봅시다.

교사: 지금까지 한국의 가족 제도 변화 현상, 1인 가구의 증가 원인과 그로 인한 문제점에 대해 읽고 이야기해 봤습니다. 이번에는 여러분 나라의 가족 제도는 어떻게 변화하고 있는지 이야기해 봅시다.

학생: 일본도 1인 가구가 무척 많습니다. 아마 한국보다 더 비율이 높은 것으로 알고 있습니다. 그 중에서도 '1인 노령 가구'의 비중이 매우 커서 사회적인 문제로 여겨지고 있습니다. 그래서 혼자 사는 노인들을 위한 여러 정책들을 정부에서 시행하고 있습니다. 예를 들면……

마지막 단계의 응용 활동은 말하기뿐만 아니라 읽기, 쓰기 등 여러 언어 기능간 통합 활동으로 구성할 수 있다.

내용 기반 교수의 세 유형에 적용 가능한 수업 단계에는 앞서 제시한 'Into, Through, Beyond' 단계 외에도 CALLA 모형[124], CORI 모형[125] 등이 있

---

[124] CALLA모형은 Chamot와 O'Malley(1994)에 의해 개발된 것으로 인지 학문 언어 학습 접근법(cognitive academic language learning approach : CALLA)이다. 이 모형은 영어 사용 교실에서 영어 능력이 충분하지 않은 소수 집단 학습자들의 학문적 언어 학습 기능을 증진시키기 위해 개발되었으며, 학년 수준에 적합한 교과 내용 지식, 영어 능력, 학습 전략 습득을 목적으로 한다.

[125] 내용 학습과 독해 능력 향상을 위한 접근법인 개념 지향 읽기 교수(concept-orient-

다. 각 유형의 특징에 적합한 교수 단계를 활용하여 내용과 언어의 통합, 언어 기능 간 통합, 학습 기술의 통합을 이끌어 낼 수 있다.

1.4 적용상의 유의점

1.4.1 장·단점

내용 기반 교수에서는 학습자의 학문적 욕구를 충족시키고 요구를 반영하는 내용 기반 활동을 구성하고 학습자들에게 유의미적이고 맥락화된 목표 언어 자료를 제공함으로써 내용 학습과 언어 학습이 함께 이루어지는 것이 가장 큰 특징이다. 또한 사용되는 자료들(신문이나 잡지 기사, 비디오나 오디오 테이프, 내용적 텍스트)이 언어 교수 목적에 따라 만들어진 것이 아니라 실제의 것이 사용된다(Brinton 외, 2003). 이러한 특징을 바탕으로 내용 기반 교수의 장단점을 알아보고자 한다. 내용 기반 교수를 적용한 수업은 다음과 같은 측면에서 이점이 있다.

첫째, 학습에 대한 동기부여를 쉽게 할 수 있다. 학습자들이 필요로 하는 것을 내용으로 다루기 때문에 학습자의 내적 동기와 흥미를 유발하며 교육 효과도 촉진된다.

둘째, 교과 내용을 학습함과 동시에 엄청난 양의 언어에 노출되어 언어를 자연스럽게 학습하게 된다.

---

ed reading instruction : CORI) 모형이 있다. CORI는 제2언어와 외국어 내용 기반 교육 과정에서 독해에 대한 자극, 흥미, 동기를 유발하기 위한 교육적 원리를 근거로 한다. CORI의 수업 절차를 보면 ①학습자들의 참여를 통해 중심 주제에 몰입하게 하고, ②주제에 맞는 다양한 자료들의 정보를 수집하고 광범위한 독서 활동을 한 후, ③이해를 돕기 위한 독해 전략을 배우며, ④학습자가 배운 학습 결과물 산출을 위한 프로젝트 수업을 한다.

셋째, 실제적 자료와 과제 활동을 통해 학습자들은 정확한 문법 형태뿐만 아니라 효과적인 언어 사용에 필수적인 담화의 특징과 사회적 상호작용 패턴까지 인식하게 된다.

넷째, 습득한 언어를 새로운 지식에 활용하기 쉽다. 유의미한 맥락 속에서 언어를 자연스럽게 습득하기 때문에 다른 상황에 적용하거나 새로운 지식을 습득하는 데 유리하다.

내용 기반 교수의 여러 가지 장점에도 불구하고 실제 수업에 적용할 때 다음과 같은 문제들이 나타날 수 있다.

첫째, 교사가 언어와 내용에 모두 전문가가 되어야 한다는 점에서 이중의 부담을 갖게 된다. 내용 기반 교수에서는 언어와 내용이 동시에 학습되므로 교사는 목표 언어뿐만 아니라 학습 내용에 대한 지식도 충분히 갖추고 있어야 하므로 부담이 크다. 학습자 또한 교과 내용과 언어를 동시에 학습해야 하기 때문에 학습량의 부담이 클 수 있다. 학습자가 부담을 느낄 경우 흥미가 떨어지고 학습 의지가 저하될 수 있다.

둘째, 내용 기반 교수의 각 모형에 맞는 학습 자료를 개발하는 것이 쉽지 않다. 학습자의 요구나 필요성에 따라 내용 텍스트나 실제적 자료들을 개작하거나 보충해야 하는데 이를 위해서는 많은 시간과 노력이 요구된다.

셋째, 언어와 내용 학습이 병행되는 병존 교수에서는 언어 교수자와 내용 교수자의 긴밀한 협의가 필요한데 실제 진행 과정에서 두 교수자간의 협력이 쉽지 않다.

넷째, 내용 기반 교수에서는 언어보다는 내용에 중점을 두고 수업이 진행된다. 때문에 주제나 내용을 먼저 선정한 후 그에 맞는 언어 항목을 정하게 되므로 제시되는 언어 요소가 학습자의 언어 능력과 맞지 않을 수 있다. 이

때에는 내용과 언어 학습 모두가 효과적으로 이루어지지 않을 가능성이 크다.

1.4.2 발전적 제언

내용 기반 교수에서는 언어와 내용을 동시에 학습하는 것을 목표로 한다. 학습자들에게 필요한 내용 지식을 학습시키는 데 중점을 두면서 정규 교육 과정이나 교과 영역으로부터 추출된 주요 주제를 통한 언어 학습까지 이루어진다. 이러한 내용 기반 교수를 효과적이고 성공적으로 이끌기 위해서는 다음과 같은 점을 고려해야 할 것이다.

첫째, 내용 기반 교수에서 제2언어 학습자들은 전문적이고 학문적인 문맥을 설명하는 어휘가 부족하기 때문에 어휘 교수를 위한 체계적인 활동 및 과제를 계획하고 고안해 내는 것이 필요하다. 즉 해당 교과의 내용 어휘를 추출하고 선정한 후 지도함에 있어서 체계적인 과정을 거쳐야 할 필요가 있다. 이를 위해 해당 교과 내용의 어휘를 목록화하는 작업이 우선되어야 할 것이다.

둘째, 내용 기반 교수·학습 환경에서는 학습자의 학문적 측면의 요구나 흥미, 수준 등에 따라 언어 교수자가 학습 자료를 직접 구성하거나 개작하여 사용하게 된다. 이때 교수자 개인의 역량에 따라 자료의 질과 수업 내용이 달라지게 되고 이는 곧 학습자들의 내용 및 언어 학습에 부정적인 영향을 끼칠 수 있다. 따라서 충분한 교육적 효과를 얻기 위해서는 특정 주제, 내용, 목적에 따른 자료 및 교재가 개발되어야 한다.

셋째, 학습자의 동기 유발과 관심을 집중시키고 수업 내용과 관련된 학습자의 배경 지식을 활성화시키기 위해 시청각 자료를 적극 활용한다. 내용 기반 교수에서는 내용 이해가 무엇보다 우선시되므로 자칫 학습자의 관심을 집중시키지 못하고 수업이 딱딱하게 흘러갈 수 있다. 이를 보완하기 위해 시청각 자료를 활용하여 학습자의 수업 참여도를 높일 수 있도록 해야 한다.

이 외에도 내용 기반 교수가 적용되는 교실 상황, 학습자의 관심 분야와 목표 언어 숙달도, 교과목에 대한 이해 정도 등도 고려할 필요가 있다.

2. 내용 기반 교수의 연구 동향

2.1 성격

한국어 교육에서 내용 기반 교수와 관련된 연구는 2000년대 초반에 조금씩 나타나기 시작해 현재까지 이어져 오고 있기는 하지만 다른 연구 영역에 비하여 활발한 연구가 이루어지지 못하였다.

내용 기반 교수와 관련된 연구 논문을 살펴보면 학습자 대상이 매우 다양하게 나타난다. 국내 대학에 재학 중인 외국인 유학생과 학문 목적의 한국어 학습자, 한국 내 외국인 학교에 재학 중인 외국인 어린이, 중도입국청소년, 다문화가정자녀, 여성 결혼이민자, 이주노동자, 교포 등 다양한 학습자를 대상으로 연구가 진행되어 왔다.

연구 방법의 주 흐름은 교재나 교육 과정, 교과 과정 등을 분석하거나 내용 기반 교수의 원리를 실제 수업에 적용하는 실행 연구 등의 질적 연구 방법과 설문 조사 통계 분석을 통한 요구 조사 후 이를 반영한 수업 모형이나 교수 방안을 제시하는 등의 방법론을 취하는 양상을 보였다.

내용 기반 한국어 교수에 대한 연구는 내용 기반 교수를 이론적 근거로 한국어 교육 방안을 제시하거나 실질적인 교수-학습 단계를 설계하고 적용하는 연구, 내용 기반 교수를 활용한 어휘, 문법, 쓰기, 읽기 수업에 관한 연구, 교육 과정 및 교육 프로그램, 교육 내용과 교수요목, 그리고 교재와 같은 교육 자료 등 다방면으로 연구가 이루어져 왔다.

지금까지의 연구 양상을 보면 연구 시기가 짧고 축적된 연구물도 적지만 경향 분석을 통해 앞으로의 연구 방향을 제안할 수 있다는 점에서 의의가 있을 것이다.

2.2 연구 대상 자료

자료 수집은 2017년 3월까지 국내에서 발표된 연구물 중 1차로 '내용 기반 교수'를 핵심어로 하는 연구물 중 다시 '한국어'를 핵심어로 하는 연구들 수집, 정리하였다.[126] 한국어 교육 분야에서 내용 기반 교수와 관련된 연구물들의 동향을 살펴보는 것이 목적이기 때문에 기본적으로 한국어 교육을 전공으로 한 학위 논문과 정기적으로 발행되고 있는 학술대회 발표집 및 학술지 논문들을 분석 대상으로 삼았다. 지금까지 한국어 교육에서 이루어진 연구 중에서 내용 기반 교수와 관련된 자료들을 수집하고 검토하여 총 39편의 논문을 선정하였다. 이렇게 선정한 연구물은 다시 유형별, 연구 방법별, 주제별로 분류하여 내용 기반 교수의 연구 동향을 살피고자 한다.

2.2.1 연도 및 유형별 분류

우선 최초 논문이 발표된 2000년대를 기점으로 현재까지 이루어진 연구들을 대상으로 학위 논문과 학술지 논문 두 유형으로 분류하였고, 학위 논문은 석사, 박사 학위 논문으로 다시 구분하여 분류하였고 학술지 논문은 학술

---

[126] 자료 검색 및 수집은 '한국교육학술정보원(www.riss.kr)'과 '한국학술정보(http://kiss.kstudy.com)'를 활용하였다.

제13장 내용 기반 교수   345

지 게재 논문과 학술대회 발표 논문으로 분류하여 분석하였다. 먼저 내용 기반 교수의 시기별 연구 수를 5년 단위로 살펴보면 다음과 같다.

〈표 1〉 한국어 내용 기반 교수의 시기별 연구 현황   (단위: 편)

구분	2000년 ~ 2004년	2005년 ~ 2009년	2010년 ~ 2014년	2015년 ~ 2017년 4월	계
학위논문	2	4	12	7	25
학술지	7	2	4	1	14
합계	9	6	16	8	39

내용 기반 교수와 관련된 연구는 2001년 논문을 시작으로 2017년 3월까지 모두 39편이 발표되었다. 2000년대 초반에는 학위논문 수보다 학술지 연구 편수가 많았으나 2010년 이후부터는 학위논문의 수가 이전에 비해 월등히 많아지는 것을 볼 수 있다. 2010년을 기점으로 내용 기반 교수에 관한 연구가 대학원 학위과정에서 활발해지고 있음을 확인할 수 있다. 다음은 내용 기반 교수의 유형별 연구 현황이다.

〈표 2〉 한국어 내용 기반 교수의 유형별 연구 현황

유형		편 수
학위논문	박사 학위 논문	4
	석사 학위 논문	21
국내 학술지 및 학술대회 발표집		14

유형별 연구 수를 살펴보면 석사 학위 논문이 21편, 박사 학위 논문이 4편, 학술지 게재 논문 및 학술대회 발표 논문이 14편으로 박사학위논문과 학술지의 연구논문 편수가 적어 내용 기반 교수에 대한 심도 깊은 연구가 이루어지고 있지 않음을 확인할 수 있다. 이는 내용 기반 교수에 대한 관심의 부족과 이에 대한 이론적 연구가 질적 성장을 이룰 만큼 실제적으로 충분히 이루어지지 않고 있음을 의미한다고 할 수 있다. 또한 대학원의 석사 학위 과정보다 박사 학위 과정 개설 수가 적다는 점에서도 그 원인을 찾을 수 있을

것이다.

2.2.2 연구 방법별 분류

연구 방법별 분류는 크게 이론적 연구와 실증적 연구로 구분하여 분류 및 분석하였다.[127] 2000년대부터 2017년 3월까지 발표된 내용 기반 교수 관련 연구들을 연구 방법별로 분류하면 다음과 같다.

〈표 3〉 한국어 내용 기반 교수의 방법별 연구 현황

연구방법			편수
이론적 연구			8
실증적 연구	양적 연구	설문연구	5
		실험연구	
	질적 연구	관찰·면담	14
	양적+질적 연구		12

내용 기반 교수에서 이론적 연구 방법을 취한 연구물은 전체 연구 편수 39편 중에서 8편으로 내용 기반 교수의 원리를 분석하거나 내용 기반 언어 교육의 이론적 근거를 검토하는 연구, 내용 기반 교수를 한국어 교육에 적용하기 위한 근거를 찾기 위해 선행연구를 고찰한 연구 등이 있었다.

실증적 연구는 내용 기반 교수 전체 연구의 79%를 차지할 만큼 활발히 이루어지고 있다. 먼저 양적 연구는 설문 연구가 5편이 있다. 설문 연구는 내용 기반 교수 방법을 기반으로 한 교수 모형 등을 제시하거나 개발하기 위한 사전 연구로 학습자 및 교수자의 요구 분석을 위한 방법으로써 활용하였다. 내

---

127) 이론적 연구 방법은 이미 나와 있는 문헌을 분석, 검토하거나 선행연구를 고찰하는 등의 방법으로 연구하는 것이다. 실증적 연구는 설문조사, 실험 등의 방법으로 결과를 수치화하여 분석하는 양적 연구와 사례연구, 대화분석, 관찰, 면담 등의 방법으로 결과를 서술하는 질적 연구로 구분된다(김영규, 2005). 따라서 본 연구에서는 이를 기준으로 연구 방법별 연구 현황을 분류하였다.

용 기반 교수에서 가장 많은 방법으로 이루어진 연구는 질적 연구로 총 14편이 있다. 기존 교수 방법의 대안으로 내용 기반 교수 이론을 적용한 교육 과정 등을 실제 현장에서 적용, 실행한 연구가 10편으로 가장 많이 이루어졌다. 그 다음으로 사례 분석 연구가 3편, 면담이 1편 이루어졌는데, 이는 내용 기반 교육 과정 개발, 교재 개발, 교육 내용 및 어휘 선정 등을 위해 기존의 교육 현황을 분석하기 위한 방법이다.

다음으로 양적 연구와 질적 연구를 혼합한 연구도 12편으로 많이 이루어졌는데 주로 설문연구와 인터뷰, 설문 연구와 교재 분석 등 요구 조사를 위한 설문 연구와 다른 질적 연구와의 혼합 방식으로 이루어진 연구들이다.

내용 기반 교수의 연구 방법별 연구 현황을 살펴보면 이론적 연구(8편)보다는 실증적 연구(31편)가 많이 이루어지고 있고 연구 결과를 수치로 나타내는 양적 연구보다는 서술식의 질적 연구(14편)와 혼합 연구(12편)이 주로 이루어지고 있음을 알 수 있다. 하지만 대부분의 연구들이 교수 방안의 제안 또는 적용에만 그쳤을 뿐 효용성을 검증하는 연구는 이루어지지 않고 있다.

2.2.3 연구 주제별 분류

한국어 교육에서 내용 기반 교수의 연구 흐름을 살펴보기 위해 각 연구의 제목과 연구 목표를 기준으로 교육 방법, 교육 내용, 교육 과정, 교육 자료로 하위분류 하였다. 주제별 분류를 위해 먼저 수집한 자료들을 검토한 후 주제가 서로 관련 있는 연구별로 정리하여 귀납적으로 네 가지의 주제를 선정하였다.[128]

---

[128] 4가지 주제에 따른 분류 기준을 제시하면, 첫째, 한국어 교육 방법론적으로 내용 기반 교수를 활용하는 방안에 대한 논문들은 '교육방법'으로 분류한다. 이 주제와 관련된 연구들은 이론적 고찰 후 교수 · 학습 모형이나 수업 지도안 등을 제시하는 연구들이 속한다. 둘째, 교재나 교육과정 등의 분석을 통한 한국어 교육 내용 선정 등에 관련된 연구들은 '교육내용'으로 분류한다. 이 주제와 관련 연구들은 내용 기반 교수에서 교육 내용을 무엇으

지금까지 발표된 내용 기반 교수에 관한 연구는 교육 방법과 교육 과정, 교육 내용, 교육 자료에 대한 연구가 주를 이루고 있다. 주제별 연구 논문 수를 살펴보면 〈표 4〉와 같다.

〈표 4〉 한국어 내용 기반 교수의 주제별 연구 현황   (단위: 편)

구분	교육방법	교육과정	교육내용	교육자료
2000년 ~ 2004년	4	4		1
2005년 ~ 2009년	3	2	1	
2010년 ~ 2014년	6	7	1	2
2015년 ~ 2017년	4	1	2	1
합계	17	14	4	4

주제 범주별 전체 연구 수를 살펴보면 교육 방법에 관한 연구가 17편으로 효과적인 한국어 교수학습 방안으로 내용 기반 교수를 제안하거나 내용 기반 교수를 이론적 바탕으로 학습 지도안을 제시하고 있다. 교육 방법에 관한 연구는 다른 범주의 연구물에 비해 가장 많은 편수를 차지하고 있다. 그 다음으로 내용 기반 교수를 기반으로 한 한국어 교육 프로그램을 개발하거나 교수 모형을 설계하고 적용하는 교육 과정 개발과 관련된 연구가 총 14편으로 발표되었는데, 전체 연구 중 두 번째로 비율이 높다. 교육 방법과 교육 과정을 주제로 한 연구들은 연구 초기부터 조금씩 연구되어 오다가 2010년을 기점으로 다소 확대되는 경향을 보인다.

한편 교육 내용과 교육 자료와 관련된 연구는 내용 기반 한국어 교수 연구 초기부터 중기까지 단 한 편의 연구만 이루어졌으며 2017년 3월까지도 각각 4편으로 전체 연구 편수도 매우 적어 이 부분에 대한 논의가 활발하지

로 할 것인가에 중점을 두고 수행된 연구들을 포함한다. 셋째, 내용 기반 교수 프로그램 개발, 교수요목 설계를 위한 요구분석, 교육과정 개발을 위한 주제 및 어휘선정, 교수요목 설계 등과 같이 내용 기반 교수를 기반으로 한 교육과정개발 차원에서 설계를 중심으로 이루어진 연구들이 '교육과정' 연구에 속한다. 마지막으로 내용 기반 교수를 위한 교재 및 자료 개발을 주제로 한 연구들은 '교육자료'의 범주로 분류하였다.

제13장 내용 기반 교수

않음을 확인할 수 있다. 교육 방안과 교육 과정에 관한 연구가 전체 내용 기반 교수 연구 중 약 79%의 비중을 차지하는 것으로 봤을 때 내용 기반 교수의 대부분의 연구 주제가 교육 방안과 교육 과정에 치우쳐 있음을 알 수 있다.

내용 기반 교수에 관한 논의는 2000년대 초에 미약하게 시작하여 2010년대부터 활발히 진행되고 있으며, 연구 주제도 교육 방법과 교육 과정에 한정적이었던 것에서 교육 자료, 교육 내용에 관한 연구로 확대되고 있다.

2.3 연구 동향 분석

내용 기반 교수의 연구는 2000년대 초반 한국어 교육 방안으로 내용 기반 교수의 적합성 및 필요성을 강조하고 제안하거나 내용 기반 교수의 원리를 적용하는 연구들이 주를 이루었다면, 2000년대 중반부터 2010년대 연구들은 대학 입학 전후의 학문 목적 학습자들을 위한 한국어 교육 방안으로 내용 기반 교수를 제안하는 연구들이 많이 발표되었다. 특히 경영학, 신학, 공학 등 특정 전공 학습자들을 대상으로 한 교육 방안으로 내용 기반 교수를 제안하는 연구들이 나오면서 초기에 비해 연구 대상이 구체화되고 있음을 확인할 수 있다. 또 학문 목적의 학습자들뿐만 아니라 교포나 다문화 가정 자녀, 중도입국자 등의 아동 및 청소년, 여성결혼이민자 등 연구 대상도 다양화되었다. 한편 기능별 수업 방안에 대한 연구가 2000년대는 읽기 교육 방안 단 한 편에 불과했다면, 2010년 후부터는 쓰기, 듣기 영역의 연구도 이루어졌다.[129] 하지만 내용 기반 교수를 활용한 기능별 수업 방안에 관한 연구는 총 3편으로 그 수가 매우 미미하여 앞으로 더욱 많은 연구가 이루어져야 할 것이

---

129) 내용 기반 교수에서 학습자에게 학습 내용을 제시할 때 주로 읽기 텍스트를 기본으로 한다. 이러한 측면에서 본다면 내용 기반 교수에서의 기능별 한국어 수업은 읽기 기능에 다른 언어 기능이 결합하는 형태를 취하고 있다고 할 수 있다.

다.

　교육 과정에 관한 연구는 교육 방법에 관한 연구와 마찬가지로 증가 추세를 보이고 있다. 2000년대 초반의 연구들은 전공에 상관없이 대학 입학 전 학습자들을 위한 대학 예비 교육 과정의 모형을 제시하고 있으며, 후반으로 갈수록 특정 전공자를 위한 교육 과정을 설계, 제안하고 있는 경향을 보인다. 또한 교육 과정 연구의 초기인 2000년대에는 주로 학문목적 학습자들을 위한 과정을 제안하는 연구에 치중되었지만, 2010년대로 넘어가면서 학문목적 학습자들을 비롯하여 다문화가정 자녀, 외국인 근로자 자녀, 귀국 자녀, 결혼이주여성 등 학습자 대상도 다양화되고 그에 따른 교육 과정도 다양화 되고 세분화되는 추세이다. 최근에는 내용 기반 교수를 활용한 교육 프로그램의 효과에 대한 연구까지 이루어지고 있다.

　지난 15년간의 연구는 내용 기반 교수를 적용한 한국어 교육 방안과 교육 과정 설계 연구에 편중되었고, 교육 내용과 교육 자료에 관한 연구는 각 4편에 불과한 것으로 나타났다. 교육 내용과 교육 자료에 관한 연구는 2000년대에 1편씩 발표되었다가 2010년대에 와서야 2편이 발표되었다. 교육 내용에 관한 연구들은 내용 기반 교수를 바탕으로 특정 대상을 위한 특정 교과목이나 개념, 어휘 등을 교육 내용으로 선정하는 것을 중심으로 이루어지고 있으며 교육 자료에 관한 연구들은 교재나 학습 활동 자료를 구성하는 방식의 연구 경향을 보인다.

2.4 향후 과제와 제언

　지금까지 내용 기반 한국어 교수의 연구 경향을 전반적으로 살펴보았다. 이에 앞으로의 더 나은 내용 기반 한국어 교육을 위해 나아가야 할 방향을 다음과 같이 제시하고자 한다.

　첫째, 다양한 목적별 학습자들을 위한 명확한 수업 목표 및 교수요목 개발에 대한 연구가 필요하다. 교수요목은 교육 과정과 교재 개발의 가장 기본이 되는 부분으로 다양한 학습자에 대한 수업의 목표 설정과 그에 맞춘 교수요목의 개발이 활성화되어야 한다.

둘째, 학습자들의 한국어 수준과 수준에 따른 학습 목표별 교육 과정 및 수업 모형에 대한 연구가 필요하다. 한국어 학습자들의 학습 수준은 매우 다양하며 학습 목적도 각기 다르다. 최근 증가하고 있는 학문 목적 학습자를 위한 교수 방법으로 내용 기반 교수를 적용할 때 학습자 수준과 학습 목표에 따라 각기 다른 교수 모형을 적용해야 한다. 대학 입학 전 한국어 연수 과정을 일정기간 거친 후 들어온 학습자도 있지만 소정의 과정을 거치지 않고 바로 입학하는 학습자들도 많아지고 있다. 이들 두 집단은 언어 수준이 다르기 때문에 각기 다른 교수 모델이 적용되어야 할 것이다. 대학 입학 전의 예비 대학생과 입학 후 교양 강좌를 듣는 학습자, 그리고 전공 지식을 필요로 하는 학습자인가에 따라 교수 형태가 달라진다. 따라서 각 학습자들의 요구에 맞는 교육 과정과 구체적인 수업 모형에 대한 연구가 이루어져야 한다.

셋째, 내용 기반 한국어 수업을 위한 내용, 즉 주제나 텍스트, 어휘에 대한 연구가 필요하다. 앞서 살펴봤듯이 내용 기반 한국어 수업이 가능한 학습자들은 학문 목적 성인학습자와 다문화가정 자녀, 여성 결혼이민자, 외국인 아동 및 청소년, 교포 등으로 매우 다양하다. 이들 각각이 필요로 하는 내용은 모두 상이하며 따라서 주제나 텍스트, 어휘 등도 다르다. 그리고 같은 학문 목적 한국어 학습자라도 학습자의 개별 전공에 따라 그 내용은 또 달라 질 것이다. 따라서 세부 전공별 학습 내용과 어휘 및 개념의 범위 등에 대한 연구가 필요하다.

지금까지 내용 기반 한국어 수업에 대한 여러 가지 연구들이 있어 왔지만 실제 수업에 적용했을 때 그 효과에 대한 검증 연구는 찾아보기 힘들다. 내용 기반 한국어 수업을 하는 교사와 수업을 받는 학습자가 실제로 만족하는지 또 그 효과는 어떤지에 대해 확인할 필요가 있을 것이다. 또 내용 기반 교수의 세 유형 중에서 상대적으로 주제 중심 교수를 기반으로 한 연구의 비중이 높다. 이에 병존 교수와 내용 보호 교수 유형을 적용한 교수 방안 등에 대한 연구가 활발히 이루어져야 할 것이다.

참고문헌

김영규(2005), '연구 유형 분류를 통한 한국어교육학 연구의 경향 분석', 「한국어 교육」 16-3. 국제한국어교육학회.
이정희 · 김지영(2003), '최고급 단계 내용 중심 한국어 읽기 수업의 실제', 「외국어로서의 한국어교육」 28, 연세대학교 한국어학당.

Brinton, D. M. & Snow, M A. & Wesche, M. B(2003), *Content-Based Second Language Instruction*, University of Michigan Press.

Brinton, D. & Goodwin, J., & Ranks, L.(1994), *Helping language minority students read and write analytically: The journey into, through, and beyond*. In D. Brinton (Ed.), With different eyes: Insights into Teaching Language Minority Students across the Disciplines. (pp. 55-88). New York: Longman.

Chamot, A. U. & O'Malley, J. M..(1994), *The CLLA handbook: Implementing the Cognitive Academic Language Learning Approac*h, Reading, MA: Addison-Wesley.

Krahnke, K.(1987), Approaches to Syllabus Design for Foreign Language Teaching. New York: Prentice Hall.

Krashen, S. D.(1982), *Principles and practice in second language a The input hypothesis* : Issues and implications, London, Longman.

Met, M. (1998), *Curriculum decision-making in content-based language teaching. In Cenoz,* J. & F. Genesee (eds.), Beyond Bilingualism : Multilingualism and Multilingual education, Clevedon : Multilingual Matters.

Richards, J. C. & Rodgers, T.(2001), *Approaches and Methods in Language Teaching* (2nd ed.). Cambridge: Cambridge University Press.

Snow, M. A.(2001), *Content-Based and Immersion Models for Second Language and Foreign Language Teaching*, In M. Celce-Murcia (Ed.), Teaching English as a second or foreign language (3rd ed.), Boston: Heinle & Heinle.

Swain, M.(1985), *Commucicative competence: Some roles of comprehensible input and comprehensible output in its* development. In S. Grass & S. Madden (Ed). Input in second langeuage acqusition. Rowley, MA: Newbury House.

【부록】 내용 기반 교수의 연구 논문 목록

1. 학위논문
- 박사 논문 -

배윤경(2015), CALLA 기반 한국어 듣기 교육 연구-중국 대학 한국어 전공자를 중심으로, 부산외국어대학교 대학원.

안성호(2016), 학문 목적 한국어 학습자를 위한 내용 기반 언어 교육 연구, 한양대학교 대학원.

정미혜(2012), 공학계열 내용기반 한국어 교육과정 개발 연구 : 대학 입학 전 학습자를 중심으로, 경희대학교 대학원.

정서영(2017), 학문 목적 한국어 교육과정 개발 연구 : 인문사회계열의 대학 수학기초과정을 중심으로, 상명대학교 대학원.

- 석사논문 -

권미혜(2014), 결혼이주여성의 초등학생 자녀 양육을 위한 내용 중심한국어 교육 프로그램 개발 연구, 이화여자대학교 대학원.

김민재(2004), 외국인 유학생을 위한 내용 중심 대학예비교육과정 설계 연구, 경희대학교 대학원.

김선영(2015), 학문 목적 한국어 학습자를 위한 내용 중심 한국어 어휘 교육 연구 : 자동차공학 전공을 중심으로, 경희사이버대학교 대학원.

김연희(2011), 여성 결혼이민자를 위한 내용 중심 한국어 교육 방안 연구 : 부모교육을 중심으로, 경희대학교 대학원.

김영희(2010), 우즈베키스탄 한국어 학습자를 위한 내용 중심 교수요목 연구, 한국외국어대학교 대학원.

김지영(2008), 유학생을 위한 한국어 교육과정 연구 : 내용 보호 교수 모형을 중심으로, 동국대학교 대학원.

문병례(2006), 영어권 아동 학습자를 위한 한국어교육 방안 : 동화를 활용한 내용 중심 교수법을 중심으로, 아주대학교 대학원.

박미희(2010), 다문화 가정 자녀를 위한 내용 중심 한국어 웹 교재 개발 방안 연구, 부산외국어대학교 대학원.

박은경(2010), 다문화가정 초등학생 대상의 내용 중심 한국어 교육을 위한 교육주체 요구분석, 이화여자대학교 대학원.

박혜랑(2012), 다문화가정 자녀 대상 내용 중심 한국어교육을 위한 초등 사회과 학습 어휘 선정, 연세대학교 대학원.
성명경(2004), 어린이를 위한 내용 중심 한국어 교육과정에 대한 연구 : 한국 내 외국인 학교를 대상으로. 연세대학교 대학원.
안규정(2017), 웹툰을 활용한 내용 중심 교수법 기반 다문화학생 대상 한국사 수업 방안 연구. 이화여자대학교 대학원.
양민애(2006), 상경계 전공 외국인 유학생을 위한 경제학 기본 개념 교육에 관한 연구 : 속담 활용 모색을 통하여, 연세대학교 대학원.
원진아(2010), 귀국 초등학생의 교과학습 지원을 위한 내용 중심 한국어 교재 개발 방안 : 일반학교 통합학급 학생을 대상으로, 한양대학교 대학원.
이성미(2006), 신학전공 한국어 학습자를 위한 내용 중심 교육 연구, 경희대학교 대학원.
이주원(2017), 경영학 전공 외국인 유학생을 위한 내용 중심 한국어 교재 개발, 이화여자대학교 대학원.
이춘영(2010), 다문화가정 초등학생을 위한 내용 중심 한국어교육 프로그램 개발 방안, 한남대학교 대학원.
이혜경(2010), 상경 계열 한국어 학습자를 위한 내용 중심 교육 방안 연구 : 신문 텍스트 활용 방안을 중심으로, 인하대학교 대학원.
이혜리(2013), KSL 학습자를 위한 내용 중심 교육방안 연구 -중도입국 청소년을 대상으로, 한국외국어대학교 대학원.
정지현(2011), 다문화가정 자녀 대상 내용 중심 한국어 교육과정 개발, 부산대학교 대학원.
최유미(2016), 학령기 다문화 배경 학습자 대상의 내용 중심 한국어 교육 연구 : 과학 교과를 중심으로, 배재대학교 대학원.

2. 학술지
강현화 · 박동규(2004), '학문목적의 병존 언어 교수 모델 적용 연구 : 경영학 전공학습자를 대상으로', 「한국어교육」 15-2. 국제한국어교육학회.
김유미 · 박동호(2009), '학문 목적 학습자를 위한 한국어 교육과정 설계 연구 : 한국어학 전공생을 위한 내용 중심 접근 방법', 「언어와 문화」 5-3. 한국언어문화교육학회.
김혜영(2011), '한국학과의 접목을 위한 내용 중심 한국어 교육', 「국제한국어교육학회 학술대회논문집」, 국제한국어교육학회.
박나리 · 조선경(2003), '학문적 목적의 외국어로서의 한국어 교재 개발',

「외국어교육」 10-1. 한국외국어교육학회.
손다정(2014), '내용 중심 교수법에서 Focus on Form의 적용 방안', 「한국문법교육학회 학술발표논문집」 2014-2.한국문법교육학회.
심혜령(2015), 'KSL 학습자를 위한 내용중심한국어교육 기반 교과교육 방안 연구 : 과학교과를 중심으로', 「새국어교육」 105. 한국국어교육학회.
이남희(2011), '내용 중심 언어 교육의 이론적 근거 검토', 「국제한국어교육학회 학술대회논문집」, 국제한국어교육학회.
이정희 · 김지영(2003a), '최고급 단계 내용 중심 한국어 읽기 수업의 실제', 「외국어로서의 한국어교육」 28. 연세대학교 한국어학당.
이정희 · 김지영(2003b), '내용 중심 한국어교육과정 수립을 위한 기초 연구 : 최고급 단계를 중심으로', 「한국어 교육」 14-1. 국제한국어교육학회.
이정희 · 김지영(2003c), '고급 단계 한국어 학습자를 위한 내용 중심 한국어 교수법의 실제', 「국제한국어교육학회 학술발표논문집」, 국제한국어교육학회.
이해영(2001), '대학의 외국인 유학생을 위한 한국어 교육', 「이중언어학」 18. 이중언어학회.
이해영(2004), '학문목적 한국어 교육과정 설계 연구', 「한국어교육」 15-1. 국제한국어교육학회.
정다운(2011), '내용 중심 교육과 장르 중심 교육을 통합한 한국어 쓰기 수업 구성 방안 연구 : 학문 목적 학습자를 대상으로', 「한국언어문화학」 8-1. 국제한국언어문화학회.
진제희(2005), '한국어 수업을 위한 내용 중심 교수 방안 : 고급 수준 재미교포 학습자를 대상으로', 「한국어 교육」 16-3. 국제한국어교육학회

제13장 내용 기반 교수

제14장
맺음말: 정리와 과제

제14장 맺음말: 정리와 과제

앞에서는 언어 교수법의 흐름을 이해하고 한국어 교육에서 주목할 만한 교수 방법으로 12가지의 주제를 선정하여 그에 대한 연구 동향과 관련한 문제를 기술하였다. 여기서 기술의 대상이 된 것은 모방과 문형 연습을 비롯하여 입력 홍수, 입력 강화, 문법 의식 고양, 고쳐 말하기, 듣고 다시쓰기, 처리 교수, 협력 학습, 의미 협상, 전략 학습, 과제 활동, 내용 중심 교수 등이었다. 이들은 다음과 같이 정리된다.

언어 교수에서 모방(imitation)은 교사의 발화를 그대로 따라하거나 기계적인 반복 연습을 통해 목표 언어를 습득해 가는 방법이다. 특히 문형 연습(pattern practice)은 학습자가 특정 구조의 문장을 자동화할 수 있도록 반복하여 연습하는 것으로, 모방에서 비롯된 대표적인 교수 방법에 해당한다. 문형 연습에서는 반복적으로 노출되는 예문에 공통적으로 내재되어 있는 문장의 구조나 문법의 규칙을 학습자가 자기 주도적으로 유추하고 내재화하는 것으로 해석한다. 실제로 모방과 문형 연습은 시·공간적인 제약이 존재하는 한국어 교실 환경에서 실제적으로 가장 많이 적용되는 교수 방법이라 할 수 있다.

입력 홍수(input flood)는 명시적인 설명 없이 자연스러운 담화 상황에서 목표 언어 항목이 포함된 많은 양의 자료를 제공함으로써 학습자들이 무의식중에 그것을 익힐 수 있게 하는 형태 초점 교수 기법 중의 하나이다. 이것은 자연스러운 담화 맥락에서 목표 항목을 익히게 된다는 장점이 있는 반면, 주어진 자료의 방대함으로 학습자들이 어떠한 항목에 집중하여야 하는지 분명히 알 수 없다는 단점도 지닌다.

입력 강화(input enhancement)는 목표 문법 형태를 시각적 또는 청각적으로 두드러지게 처리하여 학습자들을 목표 형태에 주목하게 하는 방법이다. 즉, 의사소통 위주의 수업을 유지하면서 필요에 따라 학습자들이 목표 문법의 형태나 구조, 내용에 더욱 집중할 수 있도록 학습자들의 관심과 주의력을 끌어들이는 방법이라고 할 수 있다. 시각적인 것으로는 활자상의 조작(시라지기, 나타내기)이나 교사의 행동과 몸짓 등이 있으며, 청각적인 것으로는 강세나 억양, 속도, 반복 등으로 조절하는 것이 있다.

문법 의식 고양(grammatical consciousness-raising: GCR)에서는 문법 학습에 대해 형태에 주의를 집중하여 문법 항복에 대한 형태석, 의미적, 화용적 특징을 발견하고 의사소통 활동을 통해 명시적으로 이해하는 과정으로 본다. 문법 의식 고양은 교사에 의한 일방적인 교수가 아니라 학습자들이 주의를 집중하여 목표 형태의 규칙을 스스로 발견해 가설을 세우고 협상이나 과제 활동 등을 검증하는 과정을 통해 내재화하도록 유도하는 교수 방법이다.

고쳐 말하기(recast)는 수정적 피드백 유형 중 하나로 학습자가 목표 언어로 발화하는 과정에서 형태에 오류가 나타날 때 교사가 이를 바르게 고쳐 줌으로써 학습자 스스로 규칙을 재구조화할 수 있도록 하는 교수 방법이다. 오류의 수정에서 대화의 맥락과 학습자 발화의 중심 의미가 유지되도록 하는데, 이에 따라 학습자는 교사의 피드백과 자신의 발화를 비교하면서 그 차이를 인식하게 되며 올바른 형태와 의미에 집중할 수 있게 된다. 고쳐 말하기는 어휘와 문법, 발음뿐만 아니라 문장 전체에 나타난 복잡한 오류에도 적용할 수 있기 때문에 실제 수업 현장에서도 빈번하게 사용되고 있다. 그러나 명시적이고 직접적으로 오류를 수정해 주지 않기 때문에 오류에 대한 인식이 모호하다는 문제가 제기되기도 한다.

듣고 다시쓰기(dictogloss)는 교사가 들려주는 텍스트를 학습자가 들은 후 그대로 옮겨 쓰는 기존의 받아쓰기와는 달리 학습자가 들은 내용을 다른 구성원들과의 협상 과정을 통해 재구성하는 활동이다. 듣고 다시쓰기는 학습자가 배경지식을 최대한 활용해 의미를 유추해 내는 능력과 목표어로 생각하고 표현하는 능력을 향상시켜 주며, 학습자의 상호작용을 통해 적극적 학습 참여를 유도한다.

처리 교수(processing instruction: PI)는 학습자의 언어 습득 능력은 반복 훈련을 통해서 길러지는 것이 아니라 학습자가 가진 본래의 인지 능력을 최대한 끌어내어 활용해야 한다는 믿음을 바탕으로 한다. 처리 교수는 학습자의 언어 습득 단계 중 첫 번째 단계인 입력 단계에서 교사가 체계화된 입력 처리 활동을 제공하여 학습자들이 올바른 입력에 초점을 맞추도록 유도해 주는 교수 방법이다. 그리고 처리 교수는 명시적 설명과 처리 전략 정보 제시, 구조화된 입력 활동으로 구성되며, 처리는 목표 문법의 형태와 의미, 기능을 바르게 연결하는 것을 뜻하고, 처리 전략은 학습자들이 입력을 내재화하는 과정에서 입력된 언어 형태와 의미를 연결시키기 위해 사용하는 무의식적인 전략이나 방법을 의미한다.

협력 학습(collaborative learning)은 학습자들이 동료들과의 대화와 타협을 통하여 상호작용이나 상호 수정을 능동적으로 추진하고 자신의 정보로 내재화하여 의사소통 능력을 증진시키는 학습자 중심의 접근 방법이다. 여기서 협력은 학습에서 학습자가 스스로의 능력으로는 해결할 수 없는 어려운 과제가 주어졌을 때 자신보다 뛰어난 타인, 즉 동료나 협력자와의 사회적인 상호작용을 통한 도움을 받는 것을 의미한다. 한국어 교실 수업에서는 협력

제14장 맺음말: 정리와 과제

학습을 활용함으로써 의사소통 과제를 짝이나 그룹으로 수행하게 하여 학습자들에게 내재된 언어 정보의 출력을 극대화할 수 있다.

의미 협상(negotiation of meaning)은 교사와 학습자 또는 학습자 사이에 정보 전달이 어려울 때 다시 묻거나 재구성하는 과정을 통해 공통된 이해에 도달하는 과정을 의미한다. 의미 협상의 주요한 원리는 크게 이해 가능한 입력과 학습자의 출력이라는 두 가지 원리로 나뉘는데, 전자는 언어적 조정을 통해서 입력을 이해 가능하게 하는 것이고, 후자는 학습자들이 스스로 발화를 생산하기 위해 목표 언어의 구조를 내재화하여 단어나 표현들을 끼워 넣어 발화하는 것을 말한다. 의미 협상은 언어 습득에 필요한 기회를 제공한다는 점에서 의의가 있지만 지나친 의사소통 장애로 수업의 효율성이 떨어지거나 학습자의 심리적 위축이 초래될 수 있다는 점에서는 주의가 필요하다.

외국어 습득에서 전략(strategies)은 발화 과정에서의 어려움을 해결하고 발화 상대와 효과적으로 담화를 이어가는 기술로, 입력과 관련되는 학습 전략과 출력 측면의 의사소통 전략으로 구분된다. 언어 학습 전략은 설문조사와 면담, 일지, 관찰 등을 통해 우수한 학습자의 특성을 구체적으로 분석하기 시작하였는데, 언어 학습과의 관계에 따라 직접적으로 영향을 주는 전략과 간접적인 전략으로 유형화되었고, 이후 인지 중심과 의사소통 중심, 통합적인 것으로 세분화되었다. 전략 교수와 관련한 많은 연구에서는 학습 내용과 전략을 통합적으로 교수하는 것이 효과적이며, 공지된 전략 훈련이 내재된 훈련보다 더 성공적인 결과를 가져온다고 보았다. 한국어 교육에서도 학습자들은 전략 훈련을 통해 자신에게 맞는 학습 전략을 발견함으로써 스스로 학습 과정을 계획하고 조정하는 능동적인 학습자가 되도록 유도할 필요가 있다.

과제 기반 언어 교수(task-based language teaching; TBLT)는 학습자가 수업에서 주어진 과제를 수행하는 과정을 통해 목표 언어로 소통할 수 있는 기회를 얻어 자연스럽게 목표 언어에 노출될 수 있도록 하는 교수 방법이다.

교사가 주도적으로 수업을 이끄는 결과 중심의 방법들과 달리, 과제 기반 교수에서는 학습자들이 적극적으로 과제를 수행해 나가는 과정 자체가 학습 과정이 된다. 과제를 수행하는 동안 학습자들은 문제를 해결하기 위해 서로 협력하는 가운데 목표 언어의 실제적 의사소통 능력을 향상시킬 수 있다.

내용 기반 교수(content-based instruction: CBI)는 다양한 교과목의 내용이나 주제를 자연스럽게 이해하면서 동시에 언어 수행 능력을 배양해 나가는 교수 방법으로, 수업에서 내용 학습과 언어 학습의 비중에 따라 주제 중심 교수, 병존 교수, 보호 교수의 세 유형으로 나뉜다. 여기서는 실제적인 내용을 기반으로 하는 활동을 통해 학습자의 학문적 욕구를 충족시킬 수 있고 유의미한 목표 언어 자료를 제공함으로써 내용 학습과 언어 학습이 함께 이루어지는 것으로 본다. 한국어 교육에서는 내용 기반 교수를 바탕으로 하는 교육 과정의 구성을 비롯하여 교육의 내용과 방법의 구안, 교육 자료 개발 등의 연구가 활발히 이루어져 왔으며, 실제 한국어 교수·학습 현장에서도 대학이나 대학원 입학 전후의 학습자들을 대상으로 한 학문 목적의 수업에 적극적으로 활용되고 있다.

한국어 교육은 모방이나 문형 연습을 중시하는 교수 방법을 중심으로 시행되었으나, 학습자와 교육 기관의 증가와 전문 학회를 비롯한 민간단체의 연구 등을 기반으로 대내외적인 성장을 이루면서 외부 특히 영어 교육에서 적용되어 오던 다양한 교수 방법들이 활용되고 있다. 따라서 오늘날의 한국어 교육에서는 문법번역식이나 청화구두식과 같은 전통적인 교수법과 함께 의사소통적 접근법을 근간으로 하는 형태 초점 교수법과 과제 기반 교수 방법 등의 새로운 방식들이 널리 수용되고 있다. 이러한 배경에서 볼 때 앞에서 기술하였던 주제들은 한국어 교육에서 주목할 만한 교수 방법에 해당하는 것이라 할 수 있다.

한국어 교육에서는 그때그때의 변인에 따라 다양한 교수 방법이 활용되어야 하며, 따라서 외국어 교육에서 논의되는 새로운 교수법들을 도입할 필요가 있다. 이 과정에서 한국어 교수법이 지향해야 할 바를 모색해 볼 수 있다. 우선 한국어 교수법은 한국어를 통한 의사소통 능력의 신장이라는 한국어 교육의 일반 목표에 기여하도록 적용되어야 한다. 또한 언어 교육이 추구하는 유창성과 정확성이 모두 고려되고, 교사 중심과 학습자 중심, 결과 중심과 과정 중심 등 서로 대립되는 관점이 절충적으로 적용되어야 할 것이다.

한국어 교수법은 외부에서 도입한 언어 습득과 교수에 관한 이론을 그대로 적용하는 것이 아니라 형태적 교착성이나 문형의 다양성 등의 한국어의 언어적 특징과 한국어 교육의 현실적 상황을 반영하여 재구성될 필요가 있다. 이것은 한국어 교육에서 다루고자 하는 목표 언어 항목의 성격이나 교육적 변인에 따라 교수 방법이 선별적으로 적용될 수 있음을 의미한다. 그리고 한국어 교수법은 실제 언어생활과 관련되는 과제를 활용하여 흥미와 동기를 유발하고 의사소통 능력의 신장에 기여하고, 의사소통 전략이나 학습 전략의 배양에 도움이 될 수 있도록 전개되어야 할 것이다.